中国设计大家谈

设计的责任 ×1

《设计》杂志社 组编
李杰 编

机械工业出版社
CHINA MACHINE PRESS

中国设计在经历了从引进、仿制到自主创新，再到融入企业乃至国家战略的过程后走向复兴，从自我否定转变为拥有文化自觉和设计自信。但是，在一片掌声之中，我们也看到了中国现代设计依然面临很多困难和困惑。基于此，本书聚焦"设计与文化""设计与艺术""设计与扶贫"主题，集结了设计领域各界领军人物，通过一系列的专题访谈，与读者分享中国设计在各个领域所取得的成就、经验，以及对中国设计发展前景的思考和预期，希望与各位设计界同仁共谋解决问题的新思路，共图中国设计的新发展。

图书在版编目（CIP）数据

中国设计大家谈. 1，设计的责任 / 李杰编. —北京：机械工业出版社，2022.5
ISBN 978-7-111-70408-9

Ⅰ.①中… Ⅱ.①李… Ⅲ.①设计师—访问记—中国—现代 Ⅳ.①K825.72

中国版本图书馆CIP数据核字（2022）第050470号

机械工业出版社（北京市百万庄大街22号　邮政编码100037）
策划编辑：徐　强　　　　责任编辑：徐　强　何　洋
责任校对：张亚楠　贾立萍　封面设计：鞠　杨
版式设计：鞠　杨　　　　责任印制：张　博
北京利丰雅高长城印刷有限公司印刷
2022年7月第1版第1次印刷
145mm×210mm・14.625印张・3插页・355千字
标准书号：ISBN 978-7-111-70408-9
定价：128.00元

电话服务　　　　　　　　网络服务
客服电话：010-88361066　机　工　官　网：www.cmpbook.com
　　　　　010-88379833　机　工　官　博：weibo.com/cmp1952
　　　　　010-68326294　金　　　书　　网：www.golden-book.com
封底无防伪标均为盗版　　机工教育服务网：www.cmpedu.com

前言

面对当今世界正经历的百年未有之大变局，我国正在"加快构建以国内大循环为主体、国内国际双循环相互促进的新发展格局"。设计是我国消费升级和产业转型的现实选择，在促进国内消费市场转型升级、激活经济发展内生动力中将发挥重要作用。然而，在中华民族伟大复兴的历史进程中，在中华文化传承发展的时代洪流中，如何实现中国设计行业的跨越式发展成为摆在众多设计人面前的一道迫切求解之题。为此我们精心策划了"中国设计·大家谈"专栏并集结成书，汇聚设计行业领军人物，直面设计行业发展问题，展示设计行业优秀设计人才和设计思想，助力中国设计行业高质量发展。

本书的主题是"设计的责任"，包含设计与文化、设计与艺术和设计与扶贫三个章节。第一章"设计与文化"是在国人文化自信崛起的背景下，探讨设计与文化的互动需要考虑的因素；第二章"设计与艺术"是从设计教育层面切入，尝试厘清设计学与艺术学的办学方向和培养目标；第三章"设计与扶贫"着重探索设计的社会价值，"授之以鱼不如授之以渔"，探讨如何更好地普及设计教育，发挥设计的专业价值，巩固脱贫攻坚成果。

以上章节的设置体现了我们对设计价值的思考。人们生活在一个处处都是设计的社会，好的设计可以使生活更加美好，而不好的设计则会给使用者和环境带来诸多不便甚至是破坏。正是因为设计的无处不在和参差水平，就更需要关注设计背后所蕴含的价值和责任。中国设计产业为解决问题而生，成长于社会主义市场经济。它既要积极回应消费市场的需求，开发相应的产品和服务，也需要回馈社会生活和文化传承创新，为实现人民的美好生活和共同富裕而努力。因此，我们认为，设计活动至少应该包含三类责任。

一是商业责任。设计可以创造经济价值，提升品牌影响力，商业责任是设计活动的重要责任之一，尤其是以交换价值为主导下的设计活动中，商业属性更为显著。蔡军教授提出了"转型经济"的概念，他认为，"随着人口结构的变动，全球化、民粹主义抬头和环境污染问题日益严重，价值的概念已经不完全是过去产业经济下的逻辑，而是转向公平、共生、互惠和包容的利益共同体形式"。在"转型经济"的逻辑之下，未来消费市场在追求设计商业价值的同时，也将促使设计商业价值的评价标准转型升级，更加关注健康、公平和可持续。

二是文化责任。设计是文化的展现载体，设计活动本质上是对人类智力活动和社会运行规则的具象化，是对最核心文化层的外在展示，可以说，设计本质上是社会文化、家居文化、环境文化、公共空间文化等不同场景文化语境的"皮肤"，其"内里"深层次的东西正是设计所要展示的文化内核。因此，设计具有文化展示、文化传承、文化教育的作用，尤其是在中华民族伟大复兴的历史进程中，通过文化符号的创新再设计，可以使光辉灿烂的中华文化传播至世界各地。

三是社会责任。在实现"两个一百年"奋斗目标的伟大实践中，设计的社会责任同样重大。设计的社会责任体现在设计为人民服务，在乡村振兴、美好生活、共同富裕等领域有所作为。这与帕帕奈克在《为真实的世界设计》中提出的设计原则具有异曲同工之妙——设计应该为广大人民服务，设计应该考虑为社会福祉服务，设计应该考虑地球的有限资源等。

我们希望本书对设计责任的探讨能吸引设计行业相关人员或者更广泛的人们能更多地关注设计在社会、经济和环境可持续发展中所承担的责任。如李立新教授所言"中国设计需要有自己的语言"，我们期待中国设计师们向世界发出更负责任、更洪亮的时代之音！

李杰

前言

第一章　设计与文化

- 002　李　杰　设计与文化
- 005　方李莉　设计·手艺与中国文化复兴
- 021　李立新　中国设计需要有自己的语言
- 031　李砚祖　设计的文化与历史责任
- 049　陆长德　应该有客观、科学、实事求是的所思所做
- 065　庞学元　家居不同的需求是人们个性化需求的总和
- 077　石振宇　做事要有目标，但不要有目的
- 089　王爱红　设计与艺术不断互动才能产生优秀作品
- 099　许　平　建构多种文化感受与思考的亚洲设计平台
- 113　张夫也　设计是社会文化的创造硬核
- 149　曾　辉　大设计观与社会创新设计
- 165　郑建启　设计文化的本质是协调人-物-环境的关系场

第二章　设计与艺术

- 180　李　杰　后疫情时代的设计教育
- 183　长　北　抓牢学术链条，建成自身的理论体系
- 201　陈劲松　身处彩云之南，把民族文化资源融入设计
- 217　郭春方　设计与设计教育关乎人类的未来
- 231　郭线庐　中国设计要走出一条兼具时代精神与民族气韵之路

目录

239 李超德　艺术是"我",设计是"我们"
257 刘元风　要占领传统与时尚这碰撞的两极
271 吕品田　设计艺术的精神性根源在于创造性自由
283 李英杰　跨界与再设计是社会转型期的现实需求
299 潘鲁生　以"为人民而设计"为办学方向
317 王　中　城市的发展一定要回归美学
333 朱炳仁　艺术需要解释,而设计是共识

第三章　设计与扶贫

348 李　杰　设计与扶贫
351 陈兴义　扶贫攻坚需要有社会责任感、奉献精神和创新精神的高素质设计人才
371 封昌红　艰难而荣耀 用设计专业能力创造社会价值
381 季　铁　设计扶贫要坚持"在地、在场、在线"
395 兰翠芹　地域民族的传统文化的再设计
409 马牧群　设计是扶贫攻坚系统工程的"协调人"
421 汤　健　设计进化——从产品设计、产业设计到社会化设计
435 王庆斌　"设计扶贫"是典型的"政产学研"协同创新项目
449 章莉莉　"非遗"活态传承:重链手工艺和现代生活需求

文化 与 设计 | 第一章

设计与文化
Design and Culture

《设计》杂志社主编 李杰

当今中国，正处在国内外文化融合、新旧文化交替的浪潮之下。在人类文明演进的格局中，西方发展经验和设计理念在非西方世界出现"水土不服"，全球话语权中心出现转移。在这"百年未有之大变局"中，讨论设计与文化的关系不仅是要创造更合理、更健康的生存方式，而且要引领设计从业人员以更宏观的视野、更前瞻的视角来思考和审视这历史性的变局。

我们都知道，文化是生活的高度浓缩，它无色无形无味，却又无处不在、生生不息。就像许平老师所说：文化就充斥在我们的周围，虽然看不见摸不着，但是它能够决定设计的生存、设计的发展、设计的价值、设计的喜好，甚至是设计趣味的根本条件。不同地域文化孕育了自己独特的设计理念。例如，西方古代以认识论作为处理人和自然关系的总纲，认为自然的本质是水，或是气，或是数等，主张利用自然法则来改造自然，多表现出一种"以人为中心、人力胜自然"的设计理念；我国在儒道思想影响下，主张人和自然的调和，这些哲学观对我国文化的影响是深远的，在设计表现上多主张"天人合一"。因此，有人说西方设计文化是科学的，东方设计文化则是哲学的。

人类学家弗朗兹·博阿兹(Franz Boaz)从人与文化的角度出发，把文化分成三类：物质文化；社会关系；艺术、宗教、伦理。在这个概念之下，设计这一人类活动的产物被认为是一种文化。设计文化是造物文化，是人类用艺术的方式造物的文化。作为艺术的造物形式，设计不同于广泛意义上的艺术造物，它具有生活的实用性。从最初制造简单的工具到现在大批量的人工制品，设计体现出独特的文化品质，它来源于人的生活，服务于生活，又作用于生活，并反作用于文化，影响、改变甚至重塑文化传统。一方面，文化语境是设计的根本遵循，设计为文化展形提供了一个工具，通过消费观念与审美意识的扩展不断更新人的精神观念。人们认为，设计与消费观念是相互影响、相互制约的，设计只有符合文化语境，通过消费体验，才能在人的日常生活、工作和实践中以"文化"的形式彰显出来。另一方面，文化是可塑的。人类通过方方面面的设计在不断的文化重塑中发展。例如在一段时间内，"消费主义设计"理论对消费文化产生了长远而深入的影响。但是，文化不单纯是"历时性"的存在，它不仅是过去，而且是现在和未来。未来我国设计文化的发展、延续和更新，需要站在中华民族几千年的历史上，以更加宏观的、面向现代化、面向世界、面向未来的视角去审视。在这个背景下，设计文化本身所带来的创新驱动力和设计这一新兴产业所带来的制造业变革驱动力，将成为实现中华民族伟大复兴历史进程中的一股重要力量。

在本质上，设计要追求实用性和功能性，设计作品不能只有概念，而是要具备产业化的能力和价值，与人们的生活方式、产业的生产方式以及交易方式产生关联，才能在未来中国社会经济的发展过程中占据一席之地。目前全球已经有20多个国家将设计纳入国家战略，国内某些地区也将设计看作促进经济发展的第三动能，以第三动能助推经济高质量发展，促使地方经济从"规模扩张"向"结构升级"、从"要素驱动"向"创新驱动"转型，这正切合了我国的经济发展理念。在新时代，设计与政治文化、经济文化、社会文化和生态文化等越发明显地交融在一起，相辅相成。当前我国正处于近代以来的良好发展时期，设计与文化的交融必将为中华民族的伟大复兴带来新的动力！

设计·手艺与中国文化复兴
——方李莉谈"设计与文化"

DESIGN · CRAFT AND CHINESE CULTURAL RENEWAL
——FANG LILI ON "DESIGN AND CULTURE"

方李莉
东南大学特聘首席教授、博士生导师

方李莉,东南大学特聘首席教授,东南大学艺术人类学与社会学研究所所长,博士生导师,中国艺术研究院艺术人类学研究所研究员,英国杜伦大学客座高级研究员,中国艺术人类学学会会长,国家非物质文化遗产专家委员会委员。出版专著十余部,并在各类杂志上发表论文近200篇,承担过多项国家重大及重点研究项目,多篇论文和专著被翻译成英文、西班牙文、法文、阿拉伯文等不同国家的文字并出版。曾应邀到美国、英国、加拿大、韩国、日本等不同国家的大学做学术讲座,并到亚洲、非洲、欧洲、美洲不同国家的博物馆做考察。

在方李莉看来,生活器用不仅是满足人们生理需求的物质设备,也是塑造人们价值体系的文化设备。从这个角度来看,在这个层面上设计一个物品的时候,同时可能会考虑很多方面的东西。设计不是简单的造物过程前的构想,它不仅是在制造物品,同时也是在制造文化。

《设计》：您认为艺术设计与文化之间存在着何种关联？

方李莉：设计主要是人类在制造生活器用之前的设想和构思。当然，最终它要作用在设计器用的制作和出现上，文化主要是一种价值的体现，是一种审美选择的价值体系，这两者是不可分割的。从文化的角度来看，文化是看不见的，所以必须附着在某些物品上面，因此设计的物品不仅要从人机功能这种实用性角度去思考，而且要有一种文化方面的思考。也就是说，这种器用不仅仅是满足人的生理上的需求，更要满足人的文化需求。所以，它需要有审美选择。其实审美选择就是一种价值体系，任何事物都具有其两面性。就如同人的两面性一样，人既是生物的人，也是社会的人。对于生物的人而言，主要是满足生理的需求；而作为社会的人而言，就不光是要满足生理上的需求，还需要满足文化上的需求。

文化就是一套价值观、一套理念、一套社会秩序、一种社会结构的体现，而这不仅体现在语言上，也体现在各种装饰和造型的符号上，这些符号和造型往往会通过一系列的生活器用体现出来。所以，生活器用不仅是满足人们生理需求的物质设备，也是塑造人们价值体系的文化设备。从这个角度来看，在这个层面上设计一个物品的时候，同时可能会考虑很多方面的东西。其实设计不是简单的造物过程前的构想，它不仅是在制造物品，同时也是在制造文化。也就是说，动物可以依照本能生存，但是人类不行，人类不仅是依照本能生存的，还要依照文化的规则生存。文化的规则是体现在各个方面的，也会体现在人们使用的东西上。所以，设计之中是包含着文化的，而且在未来，技术和一些设计软件的差别都不会很大，文化的含义和符号的塑造也许更能体现产品的特点和文化附加值。因此，今后产品的竞争里面，文化创意的比例将会加大。

《设计》:您认为艺术设计在文化传承中应当如何发挥作用?

方李莉:其实"设计"这一概念来自工业文明,也是来自西方世界。其产生于物质贫乏的 20 世纪初,其出现是为了适应工业化的大生产模式。这种模式的出现自然会铲除多样化的地方性传统文化,因为如果没有统一的文化,就很难接受标准化的、规模化的工业产品。那是一个追求效益和高速度的物质生产的时代。但在 20 世纪八九十年代以后,随着全球化的加剧发展,后现代主义思潮的一步步深入,以及文化产业和旅游业的兴起,人们开始进行反思,提出了文化多样性发展的口号,同时也开始建设有地域特色的人文景观。这样的背景是由于工业文明时期的大量物质生产让人类社会开始从物质贫乏的时代进入物质相对丰裕的时代。人类从追求物质、追求效益开始转向追求意义、追求文化保护和环境保护。我们的当代设计如何转型?如何从工业设计的概念转向文化设计?尤其转向关注地方性文化和传统文化,这是非常重要的转型。在这样的转型中,我们自然会关注自己的本土文化,而且这种本土文化不是抽象的,是具有地域性和民族性的。它需要我们将设计的根扎入民间和民众的生活之中,努力学习不同的地方文化及民族文化,从中找到灵感。这样的过程既是创造的过程,也是传承和学习的过程。

《设计》:您认为在当下的社会语境当中,手工艺的传承创新有何价值和意义?

方李莉:包豪斯设计学院可以说是现代设计的倡导者。当时,包豪斯提出了一系列新的宣言,其中的一个宣言是:"我们的任务是用现有手段重塑一个新世界"。这一宣言是一切为了人民意志而产生的,因为第二次世界大战前后是物质极度贫乏的时代,必须通过工厂的批量化、规模化生产来覆盖整个世界,让即使是普通的人民群众也能过上相对富裕的生活。在这样的背景下,"传统的延续和影响力已经不复存在",因为传统是多元的。但包豪斯的思想认为："今天我们的生活需求在标准上是相同的。真正相同的最可靠标志是通过相同的方式满足平等的需求，这种集体的需求就是标准化产品""我们的标准化水平是我们经济的一个指标"。所谓的"标准化"，就是要"扫荡"一些多元的传统文化，形成一个巨大的标准化市场。因此，包豪斯提出了"装饰就是罪恶"的口号。因为所有的装饰都带有不同民族的文化符号，只有去除这些文化符号，把人变成"人本人"——一种类似橱窗中的"模特儿"似的没有个性特征的标准化的人，人类才会体现出文化的共性。对于包豪斯来说，"纯粹的结构是新形态世界的标志。建设性没有祖国；它是无国籍的，是一种国际化精神的体现"。在这样的背景下，技术开始与艺术分离。因此，包豪斯提出："建筑是一个技术发展的过程，而不是一个美学过程，建筑的功能与美学总是会构成相互矛盾。最理想的情况是这些元素能让我们的住宅成为一台住的机器。"要达到此目的，只有将技术与艺术分离开来——设计所有的建筑和器用唯一要思考的就是其功能性，而不是艺术性。于是，包豪斯由最初的与当代艺术合作，到最终将艺术剔除，使当代艺术与工业设计分道扬镳，走上两条不同的道路。

100多年过去了，包豪斯的理念已深入人心，其成果也让当今世界的人文景观与农业时代相比较，的确是焕然一新：每个国家的每个大城市的建筑基本都是一样的，都是具有国际化风格的方盒子。进入各种星级酒店的内部，我们几乎看不出地域和国家的特征，整齐划一的外观设计和内部装修让我们迷失于其中，失去了了解此地域的热情，因为我们看不到其自身的特征。

20世纪70年代的能源危机，工业文明高速发展带来的空气污染，自然生态遭到破坏等，使人们对世界的看法开始改变，认识到地球资源的有限性，以及环境保护的重要性。从对自然物种多样性的保护，到开

2019年3月,中国艺术研究院主办的"中国艺术乡村建设展"在中华世纪坛举行开幕式,图为中国艺术研究院院长韩子勇致开幕词

始重新发现小地方的"部落"文化和社会价值。与此同时，催生了北美和非洲一些部落的一种思潮，即主张民族依靠文化认同来维系。抽象、无形的文化认同需要具体的物质文化遗产来体现。特定族群与文化遗产应有紧密的关系，该民族有权生存在由文化遗产构成的环境中，认同文化，享受文化，传承文化。文化遗产也应留在原处，一方面，使该族群人民及其后世子孙便于接近、利用；另一方面，此文物与周边环境关系密切，其"脉络"关联着丰富的知识与信息，有助于当地人对文物历史的了解。同时，这一趋势既是对全球化发展的挑战与反弹，又促使了文化多样性保护思想的产生。

在这样的背景下，作为传统文化代表的手工艺开始得以复兴。但其复兴不是一种单纯的兴起，其必须与当代设计、当代文化，甚至当代高科技融为一体，成为推动当代社会进步的重要力量之一，才能充分体现其价值，也才有其创新的基础、理由及源泉。

我国自古以来就是一个农工相哺的国家，不仅有发达的农业，还有发达的手工业。但以往我们常常忽视了这一点，总是强调"乡土中国"，而很少强调"手艺中国"。"手艺中国"之所以被忽视，可能是人们认为这是传统保守文化的标志，同时也是落后生产力的标志。但我认为，以后这样的观念将会得到极大的改变。

在提倡以国际化风格"扫荡"传统的现代主义时代，人们可能很少反思自己的文化、自己原创性的艺术哲学基础。但今天，人类社会正在从一个重视统一的国际风格的现代主义时代，开始进入一个重视多元文化的后现代主义时代、一个与全球化同时出现的再地方化的时代。新的时代要有新的观念来引领，在国际化风格时代，我国没有获得在观念艺术中的话语权，那么在今天，我们应如何争取话语权，这是需要思考的，也是需要时机的。我认为目前的时机正在成熟。

第一，这个时机就是需要重新思考我们的传统文化，包括传统的造物文化。《考工记》中写道："天有时，地有气，材有美，工有巧，合此四者，然后可以为良。"其实这里面表达的就是中国人将技术和艺术及审美合而为一的观念。这里面包含了"天、地、人、材"，是一条完整的生态链。天和地是人存在的环境，材是人用来建构自己生存条件的器具，其来自自然，有自然属性的天然之美。人的"工巧"不是要改变材的自然属性的天然之美，而是要利用这种天然之美，做到"鬼斧神工""巧夺天工"。在这些概念里，人和物不是对立的，而是天人合一、物我两忘的。重塑人与自然的关系非常重要，如何运用这些传统的整体观和审美价值，重新调整人与自然、人与物、人与人、人与社会之间的关系，这是非常重要的。

第二，在人类经历了第四次工业革命以后，一场从量变到质变的社会转型正在到来，工业文明正在结束，一个新的时代和新的社会形态正在形成之中。将其称之为信息化、数字化、智能化都不能完全概括，我则是将其定义为智能化的生态社会。其理由是，工业革命具有不可持续性，要有一个在高科技和高智能基础上形成的、可持续发展的、绿色的、和平发展的社会来取代它。如果未来不能走向这样可持续发展的和平社会，人类就不会有未来。在这样的社会到来之前，不仅要有一场新的思想革命，还有可能会产生一种新的生产技术，就像当年工业革命带来的机械化制造一样。在今天的时代能否出现手工艺加当代设计，加3D打印、加计算机、加互联网的新的生产方式与销售形式？对于我来讲，手工艺的创新不仅仅停留在审美形式上，而是在于带动整个人类审美价值的转变、生产模式的转变上。我国是一个手工艺的大国，如果我们能率先做一些这样的思考和社会实践，不仅对祖国的发展有所贡献，也是对世界探讨绿色的、可持续发展模式的一项贡献。

《设计》：您认为设计师与手工艺者应当如何在实践中传承文化？

方李莉：手工艺者与当代设计师或当代艺术家合作，我认为也许会是一种好的文化传承形式。一般来讲，本土手工艺者具有较好的本土技术，熟悉本土的材料，但仅仅这一点是不够的，每一种本土文化的发展都需要有外来文化的刺激。当代设计师和当代艺术家往往是外来者，外来者对当地文化的陌生反而会极其敏感，能一眼捕捉到其最显著的优势，另外，其对世界前沿的时尚趋势也比本土手工艺者更为了解。因此，他们的结合能发挥各自的优势，寻找到许多新的可能性。如邬建安与姚惠芬合作而成的作品《崖山》。在以前，很难想象一位当代艺术家会与一位江苏镇湖的本土手工艺者合作创作作品。但这样的合作不是简单的手艺与艺术的相加，而是在合作中促使了当代艺术家对刺绣技艺的发掘。在发掘中，他要做的并不是简单地用手艺来发现作品，而是试图对刺绣技艺的"基因"进行重组。我觉得，邬建安提出来的这一理念很有意思。经过历史的积累，刺绣的技艺种类很多，但在不同时期人们用在刺绣上的技艺是很少的，因为不同时期满足其审美所需要的技艺并不太多。但通过把以往不常用到的技艺全部发掘出来，进行重组而产生新的刺绣技艺，也许从艺术的层面促进了技艺更丰富的表现形式，构成新时代的审美语言，同时这也促使姚惠芬对自己的技艺进行自觉的思考，即实现了从文化自觉到技艺自觉。

融设计图书馆也有很多的设计案例值得关注。例如，他们的团队将传统的油纸伞技艺进行了结构重组。油纸伞作为时代之物被扬弃了，融设计图书馆将其技艺抽取出来，请艺术家利用这一技艺和方式以及材料进行重组，创作了许多纯观念的当代艺术作品，其中还有具有现代设计意味的实用品。这种手工化的实用品，不仅具有实用性，还有很强的艺术性、审美性、地方性以及情感上的温度。这是与包豪斯时代将艺术与技术分离的不一样的实用品,其讲究的不仅是技术化的人机功能,还包含艺术化的情感传递。在这里我们看到了艺术与技术的合而为一。当然像这样的例子还很多,如许多当代设计师和艺术家在景德镇的艺术实践,有的保持设计师和艺术家的身份与本土工匠合作,有的自己学习传统技艺,将工匠技术与自己的创作结合在一起,成为新型的当代手艺人等。

我认为文化的传承并不意味着保守和屏除创造性,相反,是要在创新中传承,在传承中创新。这样我们的传统文化才会有活力,才能保持其真正的生命力。

《设计》:您认为艺术人类学和设计人类学研究有何区别?艺术人类学研究有何现实价值?

方李莉:其实设计人类学也包含在艺术人类学之中,两者都涉及在对地域文化研究的基础上,对艺术符号进行研究,对审美形式进行研究,对艺术风格进行研究。当然设计人类学也有自己的特点,这个特点就是如何在设计的过程当中,不仅考虑人的社会性和文化性,还要考虑人的生物性。因为设计是为人的实用性服务的,就像包豪斯时期的设计,虽然也考虑文化的影响,但是文化不是其第一要义,主要还是考虑人的生物性,也就是人机功能的问题。因此,其提出了"装饰就是罪恶"的口号,因为装饰就是文化符号,剔除了装饰就是剔除了文化符号。文化是多元的、地域性的,所以剔除文化符号就是消除地域文化。包豪斯时期考虑的不是地方性文化,而是国际性风格,考虑的是统一的文化。但是,其实文化是不能统一的,一旦文化统一了,就相当于没有文化了。因为文化本身就是多样性的,所以未来的文化可能又会回归多样性的文化,会与传统历史有所联系。所以,设计人类学可能要反其道而行之,要在重视人机功能的基础上,重新思考各种不同跨文化的设计比较,强调设计的多元性和文化性。我认为,从这一研究的角度出发,其与艺术人类学所寻

2019年10月,中国艺术人类学学会与华侨城共同主办的"中国艺术乡村建设展·深圳"在深圳华侨城开幕,图为参加开幕式的嘉宾与参展者们合影

求的语言是相同的，所以它们是有共同语言的，只是适用于不同的地方，艺术人类学所包括的面要更宽一些。艺术人类学下面有许多的分支，我认为设计人类学应该是艺术人类学的分支之一。

《设计》：您提出了"遗产资源论"，请问该理论目前是否已经被运用于实践当中？是否已经取得成果？

方李莉：这一理论是在费孝通先生的指导下，由我牵头负责的国家重点项目"西部人文资源的保护、开发和利用"的研究成果，是在总结了70多个实地考察案例的基础上提出来的。这一课题的总报告书的题目就是《从遗产到资源》。遗产资源论可以说应用得非常广泛，因为这是我们研究"非遗"的传承与保护中必然会讨论的问题。而且，这一观点的提出非常重要。其重要性在于，当下整个人类社会正在发生巨大的转型，有史以来人类面对的是物质贫乏问题，所以我们要建造大量的"物"来解决这一问题。在这样的背景下，人类注重开发的是自然资源，因为只有开发自然资源才能让我们创造更多的"物"。但当到我们走到今天这样一个物质泛滥的时代，在地球资源有限的情况下，再加上太多的垃圾使地球不堪重负的时候，人类必须考虑另外一个发展的方向——开发新的资源，建构一个超越"物"的精神世界，包括今天出现的虚拟世界。这一资源就是人文资源，而人文资源的源头是祖祖辈辈留下来的物质的和非物质的文化遗产。如果没有文化遗产，就没有文化资源，就无法生产文化产品，就不会有文化产业和旅游业。

人文资源和自然资源最大的区别在于：自然资源是有限的，人们为了占有这些有限的自然资源就会发生争斗，甚至爆发战争；但是人文资源是无形的，是可以分享的，并通过分享而不断得到新的创造，所以人文资源也是可以让人们美美与共的资源。所谓保护、开发和利用人文资源。

就是在保护多样性人文资源的基础上，激发出不同的文化潜力，在此基础上让不同文化的群体做到相互欣赏，并在相互欣赏中走向和睦相处。

前面已经提到过，所谓的人文资源，就是一个地方的历史和文化传统，包括我们现在讲的"非遗"，其实也是人文资源的一部分。所以，只要我们去考察，只要我们讨论非物质文化遗产，只要我们讨论一个地方或者一个城市如何发展旅游业，或者如何保护"非遗"，如何在这个过程当中创造新的文化的时候，都会谈到"遗产资源论"的相关理论。因为这个所谓的"遗产"不再代表着过去那种仅留存在博物馆供人们观看的标本，而是可以成为我们去开发、利用的资源。我们可以利用这一资源去创造未来新的文化，甚至是新的经济模式。

在这样的基础上去理解"非遗"保护，可能就会有不同的看法，提出不同的保护模式。我认为，"非遗"保护应该分为两个部分来谈：一个部分是保存，所谓的保存就是用影像资料，通过数据库原封不动地保存下来；另一个部分是保育，不仅是要保护它，还需要培育它。就像是一颗种子，如果不去浇灌它，它就永远是一颗种子，永远也长不成大树，所以要想把种子变成大树，就要去培育它、发展它。

这颗"种子"的培育和发展过程，其实也是一个重新利用的过程，重新诱导它生长的过程。在这一过程中，种子就不仅是种子，同时也是能帮助社会发展的资源。人类社会的发展离不开自然资源，同样也离不开人文资源。我们对自然资源的认识已经很深刻了，但对人文资源，也就是遗产资源的认识才刚刚开始。我相信，这样的认识将会越来越深刻，这样的理论也会越来越丰富和完善。

《设计》：从您的角度出发，您认为我们的设计教育如何与文化结合？怎样关注教育文化的融合？请同我们做个分享。

方李莉：我认为设计教育首先要加强文化教育，同时要加强本土文化教育。

以往的设计理论大多来自西方，我们应该有中国自己的原创性设计理论。这一理论的出现一方面是加强了中国设计史的教育，我看到已有这类的教材出版了，这非常好；另一方面，还要认识到中国是一个多元一体的国家，不仅存在汉文化，还有少数民族文化，不仅存在宫廷文化，还存在民间文化。在这些不同地域、不同阶层的文化中，都存在其造物的理论、造物的技术以及造物的设计文化。所以，要是能编写设计人类学或者便携设计人类学方面的教材，也许能帮助我们理解和利用我国不同地域、不同阶层长期留存下来的各种设计资源，以及人工造物的技术资源。

《设计》：在设计界中，或者从整个国家战略的层面来讲，"非遗"都是非常受重视的，您认为设计界应该怎样更好地认识"非遗"？有哪些好的认知方式？

方李莉：我认为，在社会发生大变革的时代，设计所起的作用是极其重要的。首先，从中国制造走向中国创造的过程，就是设计的社会发展中逐步发生的越来越重要的过程。就像伦敦曾经是世界的制造业之都而后来转向世界的创意之都一样，最重要的就是设计在起作用。

另外，在国家的工艺振兴、乡村振兴、非物质文化遗产保护的大战略中，设计界不仅可以参与，而且可以大显身手，成为其中的主力军之一。在前面一些问题的回答中，我已谈到了设计与工艺振兴和"非遗"保护之间的关系。接下来，我还可以谈谈设计在国家重大战略乡村振兴中的价值和意义。

2019年，我一共策划了两次"中国艺术乡村建设展"，展览的主题是艺术介入乡村建设，里面介绍的案例主要是以当代艺术和当代设计去激活乡村传统文化及传统手工艺。我国改革开放40年来，经济得到了高速发展，人们的生活得到了极大改善，这是非常好的现象。但由于大量引进西方设计理念，全国的各大城市几乎千篇一律，方盒子式的建筑改变了中国城市的人文景观。而中国乡村如果也如此改变，恐怕很难实现振兴。因为中国乡村自古以来就人多地少，农民仅仅靠种地是难以维持生计的，所以传统的乡村生活，往往是农忙时种地，农闲时做手艺，手艺产品在供自己使用的同时也在附近的集市贩卖。所以，传统的乡村往往都会有自己擅长的一些手艺。如有的是做陶器，我在陕西考察时，就考察过一个"罐罐村"，农忙时种地，农闲时做坛坛罐罐。此外，还有做染布的村庄、做年画的村庄、做风筝的村庄等，有的村庄还同时掌握好几种手艺。未来的乡村建设，不仅是新的房屋的设计、器用的设计，还需要设计师根据地方特色来做更多的设计，更重要的是需要设计师与当地人一起，激活传统的手工艺、传统的审美价值、传统的文化理念，并在此基础上建构新的、有地方特色的人文景观、人文风俗符号，并发展出新的文化产业，建立起各种新的手工艺作坊。这不仅可以传承乡土文化，还可以找到新的经济增长点。我认为，这是设计加入国家乡村振兴重要战略中的最好方式之一。

《设计》：您认为当代中国手工艺复兴取得成功的标准和标志是什么？

方李莉：我承担了国家重点项目"社会转型中的工艺美术发展"的研究。为了完成这一课题，我组织队伍在12个不同的区域进行工艺复兴的考察。其实在这之前，我就一直在景德镇做手工艺复兴的追踪考察。通过考察，我看到了近20年景德镇陶瓷手工艺复兴的整个过程，从恢复手工作坊制作仿古瓷，到名人名作的陈设瓷的出现，再到艺术化的生活用瓷的制作。景德镇经历了由下岗工人与农民工共同构成的最初的手工艺队伍，由当地的陶瓷艺术大师和院校教授构成的名人集群，再到由来自全国各地甚至世界各地的艺术家、大专院校毕业生一起构成的"景漂"队伍，在景德镇形成了12万人的传统与当代相结合的巨大的手工艺人群体，共同推动了这座城市的发展。

但仅仅是景德镇一个案例，很难告诉大家什么是当代手工艺复兴，它是个别地方的现象，还是一个时代的许多地方都在出现的普遍社会现象。所以，我又组织人员考察了江苏宜兴，那里生活着10万名做紫砂茶壶的手艺人；还有广东佛山，那里也有几万名做陶瓷雕塑和器具的手艺人；在福建仙游镇，有20余万名做红木家具的手艺人；在云南新华村、江苏镇湖，都聚集了几千名绣娘；还有一个村庄的人致富都是依赖制作银器手工艺品，等等。通过这些考察，我们看到手工艺复兴不仅仅是一个概念，而是一个事实，正在托起一个个村庄，一条条街道，一个个小镇，或一座座城市的文化和经济的发展。这是值得我们关注的。在这样的一些地区正在出现许多既能设计又能自己动手的当代设计师，他们既有现代的前卫眼光，又拥有深厚的传统文化涵养和地方性知识，成为各地手工艺复兴的推动者和强有力的支持者。

《设计》：您认为，中国传统文化将以何种形式在当代社会得以重构和再生？

方李莉：我认为，文化是生活方式的总和。传统文化的复兴，首先要融入人们的现代生活，成为现代生活的一部分。如果其脱离了人们的现代生活，只存在于博物馆里或舞台表演中，其生命力就消失了。我觉得，传统手工艺就像种子一样，需要生长，所以当代设计就像促进它生长的条件一样。我认为，我国传统文化在当代社会重构的重要途径之一，就是通过当代设计和传统文化的结合，制造出流行于当代生活中衣食住行的产品，来引领当代中国的时尚生活。从用传统文化来重塑中国人的生活方式开始，来重建新的当代中国文化，看起来是恢复传统，实际上是以古为新，是在"古"的基础上接通传统的血脉，而创造新的文化。就像是欧洲的文艺复兴，看起来是复古，实际上是创新。这是一个非常具有理论性而又非常具有社会实践性的工作，为了推动这一新的社会实践，中国艺术人类学学会正在积极支持筹建"艺术与生活样式设计"专业委员会，希望以此为基础，培育人类学与设计学之间的学术共同体，一起推动中国社会及中国文化向前发展。

	1300
	朝鲜统一 1392
	郑和第一次出使西洋 140
	明都由南京迁北京 14
	谷登堡发明印刷
	哥伦布发现新大
	奥斯曼攻入君士坦丁
	新教改革 151
1520	
西班牙殖民地时代 1530	法律共产党
	欧洲科学
	英国脱
	法国启
	法国第一
	美国独
	法国大
	美国南
	第一国际
	英法联军
墨西哥	秘鲁

中国设计需要有自己的语言
——李立新谈"设计与文化"

CHINESE DESIGN NEEDS TO HAVE ITS OWN LANGUAGE
——LI LIXIN ON "DESIGN AND CULTURE"

李立新
南京艺术学院教授、博士生导师

李立新,南京艺术学院教授、博士生导师,《美术与设计》版常务副主编,国务院学位委员会第七届设计学科评议组成员,中国艺术人类学学会常务理事;主要从事设计史、设计方法论、设计价值论和艺术人类学的研究。出版专著6部,其中《中国设计艺术史论》获第七届高等学校科学研究优秀成果二等奖,《设计艺术学研究方法》获第六届高等学校科学研究优秀成果三等奖,《设计价值论》获江苏省第十二届哲学社会科学优秀成果二等奖,主编《造物》丛刊等5种。

《设计》：您认为设计史的研究对设计文化的构建有哪些意义？

李立新： 这个问题我也一直在思考，可以从几个方面来谈，都很有意义。

首先是我对于历史上多元设计的认识。设计的不同是文化的不同，不同的文化产生不同的设计，而任何一种文化都有自己的历史，这种历史一旦中断，其文化也就不复存在。西方现代主义设计的观念只重视功能与技术，并不注重历史文化，甚至有反传统的倾向，我们深受其制约与影响。直到现在，所谓的全球一体化加深了这种制约，致使中国设计中缺失了我们自身的历史文化。现在我们要找回自己的文化，需要设计史的支撑。这是意义之一。

其次是一个我觉得非常重要的实例。我们以前总觉得设计是外来的，是工业革命的产物，设计学更是西方传入的。对这个问题，我几年前从历史的角度写过一篇《中国设计学源流辩》，从中西设计的源头上辨识各自的异同。解决这个问题的意义在于：寻找一门学科的源头，不是仅指学术学科的产生，最根本的源头是这门学科的社会实践、发展历史和文化传统。中国设计学的社会实践是中国设计的本土实践，是中国设计发展的历史过程，是植根于中国社会生活的"土壤"之中的。假如中国设计学术的源头不从中国设计最基本的文化基因中寻找，而向西方设计"认祖归宗"，那中国设计将会成为无源之水，无本之木，中国设计文化的建构就没有了基石。

最后是看待设计历史的视角，我认为也很有必要。这是从意大利著名建筑师格雷戈蒂（Gregotti）那里得来的。他说："历史是设计的工具。"在设计界，忽视历史是一个普遍的现象，但是，设计的历史对于设计实践和研究的重要作用不可或缺。文丘里（Venturi）提出历史的文脉主义、装饰主义思想，就因为他具有历史的意识。历史上的设计智慧为他的设计提供了全新的角度。

《设计》：**在这个迅速转型的时代，我们该如何看待设计的价值？**

李立新：价值与转型很有意思。在反思中国设计存在的各种问题时，我们需要关注设计价值。这是解决一系列设计问题的关键。但对设计价值问题的探讨，在西方也常常被忽视，而设计价值的冲突不只是在中国，也是全球范围内的现象。经济一体化带来了一系列全球化问题，但全球化并不能让"设计的价值观"完全一致，人类的文化与生活不可能一体化，总会以各种不同的方式呈现。

我国正经历着各种转型，社会、经济、文化等，我个人认为，所有的转型都是价值的转型，只有当价值系统更新了，转型才真正成功了。社会转型是社会价值的转型，在社会转型中摧毁了旧有的价值观，以新的社会价值系统的建立标志其转型的完成。设计转型是设计价值的转型，在百年设计转型中，中国传统的设计价值系统受到西方设计文化的巨大冲击，而中国自身的新的设计价值观及系统尚未建立。当然，目前并不是处在设计价值的真空地带，而是处在西方现代设计价值的支配下。

在这里我想提几位老前辈：陈之佛、庞薰琹、雷圭元、郑可等，虽然他们早年留学西方，深受现代主义设计影响，但是他们没有"言必包豪斯"。他们在设计中强调中国文化本位，一方面吸收、输入外来设计学说，另一方面不忘本民族所具有的设计价值，将外来"变异"成为本土设计的一部分，将民族性转为现代性。而这或许就是前辈们构建设计新价值系统的努力，可惜我们这一代人还缺少这样的眼光，还没有这种认识。

《设计》：**您认为中国缺乏原创性的语言与理论体系，那么到底怎样的设计才是符合中国文化的设计语言和体系？**

李立新：在国际设计舞台的喧嚣中，独独缺少中国的声音，中国设计患了"失语症"。其实，中国设计并不是没有"语"，之所以在国际上"失语",一部分原因是西方设计发展势头迅猛,而我们被一些五花八门的"观念"和"国际奖项"冲昏了头脑,另一部分是我们过去的工业水平较差,导致设计落后,近年来又过多地屈服于西方理论,也无勇气和识见去回顾我们自己的历史文化,去梳理设计价值极高的传统工艺及其思维模式。

那么,怎样的设计才是我们自己的语言呢?我把这个寄托在设计实践上:先由设计家在设计实践中取得突破,然后才能从理论上进行归纳总结。我想这种设计的语言并不是过去那种传统语言,应该是结合了现代的,融进了西方的,又立足于中国自己的文化。我很期待,也许这种语言很快就会出现。

《设计》:您曾对多个国家进行过考察,他们的设计史研究对构建中国的设计史体系有何启发?

李立新:西方设计史研究是中国设计史研究的参照系。我曾与英国皇家艺术学院设计史系前主任彭妮·斯帕克 (Penny Sparke) 一起参加过一个会议,她是班纳姆 (Banham) 的学生,是欧洲著名的设计史家。她关注的设计史是工业革命之后的一个"短时段",研究中表现出层面的"横向模式",如她的著作《设计与文化导论》,她还研究设计与性别等。她说她的研究已向前推进到巴洛克时期,准备再推到文艺复兴时期,而她的同行还没有这样做过。

西方设计史研究的是工业化后的现代设计史,并将设计史纳入视觉文化的研究之中,更像是设计理论的研究。中国设计史以研究"长时段"为主,古代设计史是重点,是"纵向模式"研究。我们可以学一学"横向模式",将历史上的设计与当时的社会、文化、经济、消费相结合。我们的断代史类似这种模式,但没有为阅读提供一个理解物质文化的环境,这是需要学习的重点之一。我想,这样的纵横交叉可以凸显中国设计史的史学特色。

上 / 与课题组成员及硕士生、博士生一起探讨
下 / 城市智能化移动微厕所　设计：何晓佑、葛琳琳

考工記總論

吳澄曰周官非火于秦也其亡久矣蓋自周轍東遷之後諸侯惡其害己而滅去其籍是以太平鉅典不聞於孔門學者之傳習亦不見於先秦傳記之所紀載遺言湮沒誠可歎也其亦幸而煨燼既息復出於漢也其又不幸而編帙散逸文理錯亂使冬官闕焉漢河間獻王以千金求之弗獲於是以考工記補之嗟乎考工記豈周書也按書周官始言三公次言三孤次言六卿以及九牧了無一言及百工者考工記之首曰國有六職百工與居一

《设计》：我国的设计学虽然在快速发展中建立，但仍与国际水准有较大差距，您认为我们还要在哪些方面进行完善？

李立新：在我国，设计学作为一门学科建立的时间很短，还有很多地方需要完善。

首先要立足中国实际，把握中国设计的实践逻辑，这是当前一个重要的学术命题。具体地说，需要实现从西方设计到中国设计的转换，在实践中推进中国设计的发展。作为后发的设计大国，中国崛起必定意味着"设计语言"与"理论话语"体系的重建，让西方设计在中国转化，包括范式的适用和文化融汇。

其次要寻求更广泛的学科合作与更深层次的渗透，确立设计的主体性实现方式。这是学科建设过程中，在中国设计的现代性方面进一步探讨的理论动机。以上两项涉及中国设计学科的发展方向。

再次是需要在结构上予以完善，包括设计内外领域的拓展等。比如，设计与政策、设计与数字化、设计与影视、设计与人类学等都可列入学科结构加以深入研究。中国设计学将在学习西方、发扬传统、承继并创新中自成特色，与西方设计学界的平等对话可以期待。

《设计》：现在提倡"大设计"的理念，您如何从哲学的高度审视设计的本质？

李立新："设计"主要与人类的衣、食、住、行、用有关，这是从设计存在的性质来看的，按照这个性质，设计的本质应该是"创造生活"。如果说设计已不止是过去的造型、色彩、功能、审美，而扩展为数字、虚拟、交互、服务，我认为这很好，也很及时，这是设计随时代进程发展必然会产生的。但现在所谓"大设计"的概念并不仅仅指这些。所谓"大"，就是超出了原来设计所涉及的范畴，不再做生活、材料与学科的分类，而是如系统设计、智能设计、战略设计等，几乎无所不包。而当一门学科无所不包的时候,学科定位、范畴、目标也将模糊不清,甚至混乱。目前就是这样一个状态。

当今,技术的进步与更迭正在重塑设计结构与人类生活,打破了既有的学科边界,打破了原有的共同体边界和人与社会的关系模式。无所不包的设计行为重新分配了话语权力,对社会群体、设计心理、协调合作产生重要影响。不同的设计群体对设计终端有着巨大的差异化选择和应用取向,进一步强化了设计分化的形态。按照这样一个庞大复杂的系统,从事物所固有的根本属性来看,设计的本质依然是"创造生活",因为它存在的性质没有改变。

《设计》:请介绍下您主持的国家社科艺术学重大项目"中国设计思想及其当代实践研究"目前所取得的成果。

李立新:这个项目有四个子课题,都以"传统与创新"为主题,建立传统与现代的深度对话合作,开展了多层面的合作尝试。目前提出:在设计领域要建设设计共同体,重构中国设计价值体系;以传统造物思想启迪现代创新设计,重在构建设计创新实践平台;激活中国传统中的优秀设计思想和理念,展现中国人的设计智慧,以传统设计智慧驱动当代设计创新发展,并通过本土设计培植,走向国际交流平台。

三年来,课题组系统整理中国传统造物思想,将古代与现代放置于一个统一的研究背景与语境下,初步勾勒出中国造物体系的发展框架,并以传统和地域特色,重点打造了2017年"江苏发展大会"的整体设计;"中国传统造物智慧启迪现代创新设计研究"专题的18件作品参加了在山东烟台举行的"2019世界工业设计大会",获得社会各界好评;将手工艺结合传统遗产,探寻中国设计的国际化与市场化,以陶瓷、木工、首饰等实践作品多次参加国际重要展览。

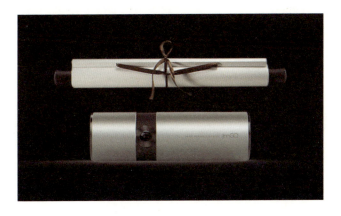

上 / 结合地域文化与传统工艺的"江苏发展大会"会标　设计：何方
下 / 开卷有益——智能投影仪　设计：陈兴博

设计的文化与历史责任
——李砚祖谈"设计与文化"

CULTURAL AND HISTORICAL RESPONSIBILITY OF DESIGN
—— LI YANZU ON "DESIGN AND CULTURE"

李砚祖
清华大学美术学院教授、博士生导师

  李砚祖,博士,清华大学美术学院教授,博士生导师,《艺术与科学》丛刊、《陶瓷研究》杂志主编。长期从事工艺美术、设计艺术的创作、研究与教学工作,出版著作20余部,发表论文180余篇。2003年获首届国家级教学名师奖、北京市教学名师奖、清华大学教书育人奖;2002年获全国高校优秀教材一等奖、二等奖各一项;1995年获全国高校首届人文社会科学研究优秀成果奖二等奖;1993年获北京市高校优秀教学成果一等奖,北京市高校青年骨干教师称号;享受国务院政府特殊津贴专家。

  谈及设计与文化,李砚祖教授认为,如习近平总书记提出的文化自信那样,设计自信的力量就在于我们的文化自信。西方人之所以设计,之所以如此设计,是建立在西方文化的基础上。我们过去学习西方的设计主要还是在形式层面上,知其然而不知其所以然。经历过了这个阶段之后,我们才能真正意识到设计应该怎么做。设计是建立在一个民族、一个国家的文化之根上面的。而文化之根,实际上就是生活。设计本身不是目的,而是工具,是方法。设计的目的是适应和满足大众日常生活的需求,设计的创造实际上就是文化的创造。这就是文化与设计的关系。

《设计》：您认为设计与文化之间是一种什么样的关系？

李砚祖：从大文化的角度来看，设计和艺术等都属于文化。如果说把设计与文化作为一种对立的关系来谈，也就是把设计作为一个专业或者一个行业，其与文化的关系，可以解读为文化是设计的内核。这涉及我们对设计本身的认知。仅从设计的角度来看，设计是文化的产物和标志物。设计反映文化，也是一种创新的文化。从整个人类历史的发展来看，人类的需求和创新首先通过设计表现出来，设计的成果也就必然反映了文化的进步、文化的发展以及文化的期待。文化的样貌可以通过设计体现或者通过设计得到解释。所以，我们可以把设计作为了解一个民族、一个国家、一种时代文化的窗口和标志。设计的发展不仅可以反映时代文化的面貌，而且可以反映时代文化发展的趋势和本质。

从另一个层面，我们可以从文化的角度来理解设计。社会以及文化的发展，赋予了设计一种文化的责任、一种文化的担当。所以，设计的好坏在一定程度上反映了我们对文化的认知和对文化的整体把握。从这个角度来看，就要求我们的设计、设计师以及设计管理，都要具有相当高的文化素质。设计往往是文化的"代言人"，无论古今中外，文化都是设计最重要的内在本质，也即设计的内在性。可以说，设计内在性的本质就是文化。

从我国当代设计的发展来看，从19世纪末20世纪初，一些学者在我国经济社会发生转型的时刻，为了发展民族工业，从日本引进了"工艺美术"或者"美术工艺"的概念，这其实就是早期现代设计的概念。在20世纪二三十年代，俞剑华等学者撰著的图案类书籍，谈的不是纹样而是"设计"，"图案"后面加了括号标的是"design"。

当时，"工艺美术"和"图案"是两个并列的概念。工艺美术相当于现在的设计，或者艺术设计，或者称设计艺术。图案就是怎样做设计，有平面图案、立体图案等，即设计的效果图和立体模型，这些都被称为"图案"。当时的图案并不是我们今天所理解的纹样。从19世纪末到20世纪初，中国发展民族工业，要解决生产产品落后的状况，所以要发展工艺美术。从20世纪初到今天的100多年里，"工艺美术"演变成"现代设计"只是名称的改变。20世纪40年代以后，很多人把工艺美术分成陈设和欣赏的工艺，以致后来大家看到的所谓"工艺美术"，就是景泰蓝、牙雕、蓝印花布、剪纸等传统手工艺了。实际上，这时候已经把工艺美术的原意给遮蔽了。

工艺美术的起源，就是设计的起源。因为手工艺是为了造物，而设计也是解决造物的问题。回溯历史，设计从人类开始要想制造一种东西、要想谋划一件事情起，就必然性地存在了，不分种族、不分民族甚至可以追溯到几万年、几十万年前。

我国的现代设计或者现代设计文化的开端，应该追溯到19世纪末20世纪初工艺美术概念和图案概念的诞生开始。但是，要作为一个现代学科，真正的建设和成为一个专业的现代学科应该是从改革开放开始，一直到今天。

我个人理解，这一段历史可以这样划分：19世纪末20世纪初到新中国成立前作为第一个阶段；新中国成立后到改革开放前，这30年可以作为现代设计和中国设计教育的第二个阶段；改革开放后一直到今天，可以作为设计发展的第三个阶段。我认为这三个阶段是完全连续的。从19世纪末期一直到今天，设计与文化的关系变化过程，在另外一个层面上也可以理解成中国设计的现代性发展过程，也就是文化现代性的过程。设计的现代性与文化的现代性密切相关。我们在理解设计本身与文化的关系时，从历史的角度来看是发展的。现代设计的发展已经有100多年历史了，我们的工业生产和各个方面的发展进步都能够通过设计反映出来。

《设计》：您刚才提到了中国设计发展的三个阶段，是否能具体谈一下这三个阶段各自具有怎样的特征？

李砚祖：第一个阶段，是19世纪末20世纪初到新中国成立前。这个阶段的内容非常丰富。它的外因是当时西方洋货充斥中国。为了改变这种状况，建立我们自己的民族工业，中国的有识之士提出了一些政治性的、文化性的和经济性的主张，一大批学者出国留学。在艺术设计方面，我们有些学者到日本、欧洲去学习，后来回国创办了如上海的尚美图案馆等设计机构。还有一些职业设计师，如张光宇等人在英美烟草公司从事设计工作，当时代表性的设计是被称为"月份牌"的广告招贴以及其他一些包装等具有中国特色的设计。所以，第一个阶段可以理解成民族设计自强的阶段。这个阶段设计的发展建立在民族自强、文化自立、经济发展的基础上。所以，当时的设计没有得到政府的提倡，而是随着社会经济发展而自然生存的。这是在外力和中国学者自觉性的基础上经历的一个阶段。

第二个阶段，是从新中国成立后到改革开放前。新中国成立后，各项事业走上正轨，当时的设计有各种各样的名称，例如，平面设计叫商业美术，室内设计叫室内装潢。这个阶段实际上是专业化、学科化现代设计教育的开始。1956年中央工艺美院的成立标志着中国现代设计或者说当代设计教育的一个新的开端。第二个阶段可以说外力的影响非常小，是我们中国人自力更生、奋发图强建设新中国的举措，是我们在设计方面自己做出的努力和规划，也取得了非常卓越的成绩。这个时期虽然没有提倡设计的民族化，但是它本身却完全是民族化的，是发自于我们的内心、服务于工业生产和商品生产的设计。教育也是如此，当时关于图案教学的会议、杂志等，都是围绕着发展国家经济

上 / 庞薰琹及其设计作品
下 / 陈之佛及其论著

和文化建设的。所以，第二阶段中国设计的发展，可以说是新中国成立后社会经济文化建设的发展的缩影。总之，外力作用很小、自力更生、奋发图强是这一阶段设计发展的本质特点。

第三个阶段，是改革开放后直到现在。改革开放对中国设计发展的最重要的驱动力之一是当国门打开以后，西方现代设计随着商品进入我国，西方设计的观念、设计的产品、设计教育的方法，从各方面全方位地对我国原有的设计带来了冲击和变革。改革开放40多年以来的设计发展也可以分为三个时段：1978年到20世纪90年代中期，我们基本上是先学我国香港、台湾地区，再学日本。到了20世纪90年代中期，我国的平面设计基本上与世界平面设计站在了同一水平线上，但是产品设计方面还存在不足。因为工业产品设计与一个国家的工业发展水平密切相关，而当时我国的工业发展水平还处于比较滞后的阶段，所以我国的产品设计当时落后于西方。20世纪90年代后期设计的发展预示着设计民族文化自觉性的出现。进入21世纪以后，随着中外文化交流全面展开，一方面，我国的设计水平不断提升，尤其是2001年我国加入世界贸易组织（WTO）后，中国产品得以在更为国际化的市场和语境中流通，促进了文化的双向交流；另一方面，大量中国学生出国留学，越来越多的人有了出国考察的机会，对西方有了进一步了解，也对自己的传统有了更深的理解。所以，21世纪以后，中国设计的文化内生性逐渐成为设计的主流。大体而言，改革开放后的前20年，我国的设计在一定程度上可以说是处于西方设计的阴影之下，经过20余年的努力，现在已经走出了这个阴影，因为我们有了自己的设计语言和风格，有了自己的设计教育体系和实力。设计教育的规模不断扩大，生源质量也大幅度提高。从整体来说，中国设计一手伸向现代，一手伸向传统，不仅密切关注整个世界设计的发展，同时加深了对传统文化和设计传统的理解和运用，民族文化成为当代设计的文化本质和动力源泉。我想可能不久的将来我们会进入设计的第四个阶段：形成中国设计产业和设计教育的完整体系。所以，如果回到设计与文化的关系，通过分析设计发展的三个阶段，我们可以看到设计与文化之间是密切相关的。

正如习近平总书记提出的文化自信，设计自信的力量来源于我们的文化自信。西方人之所以设计，之所以如此设计，建立在西方文化的基础上。我们过去学习西方的设计主要是在形式层面上，知其然而不知其所以然。经历过了这个阶段之后，我们才能真正意识到设计应该怎么做。设计是建立在一个民族、一个国家的文化之根上面的，而文化之根，实际上就是生活。设计本身不是目的，而是工具、是方法。设计的目的是适应和满足大众日常生活的需求，设计的创造实际上就是文化的创造。这就是文化与设计的关系。

《设计》：您认为设计史研究对设计文化构建有哪些意义和价值？

李砚祖：之所以要研究历史，就是要总结我们是怎么走过来的，以利未来。在几千年甚至上万年设计发展的过程中，我国有自己的经验需要总结，而且这种经验是国人在日常生活和创造中不断形成的。比如《考工记》，作为《周礼》的一部分，它记述了当时造物、用物的规章制度，能反映当时的设计和观念。在这方面，中国设计史研究尤其要注重设计与其他艺术和文化之间的关系。例如，将近 2000 年的青铜文化史，不称为青铜器史，而称为青铜文化史。为什么要称为文化？因为只有独特的时代文化才能产生这些器物，还有瓷器、丝绸、服装等都是如此。现在世界各大博物馆中作为镇馆之宝的中国瓷器，之所以有这种造型和装饰，便是文化使然。我们要通过对设计史的研究，把设计与其他文化、艺术的关系以及与生活的关系完全展现出来。

研究设计史至少有两个作用：一是从历史的角度对设计的发展进行系统的梳理和总结，这是设计文化自信的立足点，要探究我们古人在设计方面取得哪些成就、为什么取得这些成就；二是作为中国当代设计发展的思想资源和艺术资源，它可以提供很多的经验和启示，解答我们的文化精神和设计的内在精神从何而来的疑问。这种历史脉络不会中断，设计的形式可以变化，但内在的文化精神不会变。民族的文化特征就像血脉一样，会一代代传递下去，所以对历史的总结不会过时。

现在的设计教育，缺少对我国古代设计的全方位总结和理解。西方学者已经开始关注这一点，但是我们还没有提供可以供世界设计学界参照的中国设计史。有些学生在上设计史论课的时候，可能会觉得这门课程都是在谈论从前的事情，与现在要做的事没有什么关系，因而削减了学习热情。这其实反映了目前设计史研究的局限性，不能怪学生。如果能把我们过去有什么设计，为什么设计，以及设计与生活和文化的关系、与其他艺术和传统的关系进行深刻的阐述，我想学生会愿意学习并有很大收获。

《设计》：有学者认为，设计史研究可以分为四个阶段。第一阶段是以佩夫斯纳(Pevsner)为代表的、参考美术史叙事方式的英雄主义史观。第二阶段是强调设计的"无名史"，关注对象由生产者转向对生产方式的探索。这两个阶段还是以西方为中心，以男性为主导，第三阶段则开始关注日常生活，开始关注女性。第四阶段，也就是现在，"西方中心论"被打破，全球设计史开始逐渐为全世界的学者所重视。您是否赞同这一观点？为什么？

李砚祖：西方学者把西方设计史论研究分为这四个阶段，我认为是对的。2019年年底我在澳门科技大学给20余位博士生上"中外设计史"课，没有具体地讲中外设计史，而是以江苏凤凰美术出版社出版的设计理论

上左 /《装饰》杂志创刊号
上右 / 常沙娜设计的民族文化宫大门装饰
下 / 电热水壶·茶素材·汀壶

研究译丛中的《设计史：理解理论与方法》《设计史与设计的历史》《设计研究：方法与视角》为主要教材，深入探讨西方设计史研究的思路与方法，大家感到收获很大。我们最近在翻译马格林(Margolin)的《世界设计史》，能够看出他的设计史研究开始破除"西方中心论"，关注亚洲、非洲、尤其是关注中国设计。他对中国设计史的理解虽然极其有限，但是总的来说是起了个头。对于中国设计学界而言，如何写出具有世界性眼光且有中国特色的中国设计史，是一个巨大的时代性课题。我国学者撰写的中国设计史已经有了好几个版本，但并不理想。其中，资料，设计史研究的思路与方法，以及高度等方面存在的问题还没有真正得到解决。

  设计史研究实际上涉及几个方面的问题，其中包括与艺术史的关系。早期西方设计史是以介绍代表作品和代表人物这个思路来编写的。这种所谓英雄史观实际上来源于西方艺术史，艺术史就是按照代表作品和代表人物进行写作，这是第一阶段。第二阶段就是设计的"无名史"，由生产者转向生产方式的探索。在西方，虽然有些学者把"无名史"作为设计史论研究的第二阶段，但它实际上是设计史学者试图努力改变设计史论研究第一阶段的写作思路，这一方面的著作并不多。

  我认为比较好的西方设计史著作是大卫·瑞兹曼(David Raizman)的《现代设计史》，其中对社会、文化、生产的整体把握相当不错。还有英国著名设计史学者彭妮·斯帕克的一系列著作也非常不错。从她的著作可以看到西方设计史进入第三阶段的状态，更关注日常生活，关注女性。如果对西方社会思潮、哲学思潮有所了解就可以看出，设计学界的这些变化是受到整个西方文化思潮、哲学思潮的影响。如对女性主义设计的关注实际上是西方女性主义、女权主义运动的必然结果，这也从一个侧面反映了设计与社会文化的关系。第四阶段，所谓破除"西方中心论",全球设计史开始为设计史学者所重视,其实只是西方学者的一种美好的愿望。从西方设计史的代表人物马格林以及诸多学者的设计史论著中,我们能够发现,他们对东方设计,尤其对中国设计的了解十分肤浅。

我们不需要按照西方的这四个阶段走,但是,我们完全可以把比较好的历史研究方法、思路拿来作为参照。这也是我多年来一直组织翻译西方设计史论方面著作的根本原因。设计作为一门现代学科,是从西方引进的,是以西方作为参照的。我们要谈设计是什么,首先看看西方是怎么说的,如果对西方这一切都不了解,又如何去谈呢?

结合中国设计史论来看,我主要从事设计理论研究,也密切关注中国设计史研究。中国的设计理论研究有比较好的基础,但是现在有些学者倾向于建立所谓宏大的叙事结构,无限拔高,以致空洞无物、令人生畏。理论研究和指导非常重要,但设计毕竟是实践性很强的一个专业,无处不在、无时不有,但它并不是无所不包、无所不能的。设计是广泛涉及人类所有事业、所有专业的一个宏观学科。艺术院校的设计学科是以艺术设计作为方法和工具,主要解决的还是造型和形式方面的问题。这种形式与功能、材料与产品和可持续发展密切相关,但无论怎么相关,我们做得毕竟还是有限的。当代设计越来越受到高速发展的科学技术的全方位影响,设计包括艺术设计越来越技术化,具有了更多科学技术的内容和特质。作为艺术与科学统合产物的设计,这种变化和趋势是可以理解和接受的,但这里还存在一个度的问题。综合院校的设计专业,这种趋势更为明显,即设计专业的工科化倾向十分显著,以致形成了设计教育界的艺术院校与综合性院校的两种类型,各有长处。这两种类型之间有较大的游离空间。

无论是古代还是近现代,中国的设计都不同于西方,有我们自己

上 / G20 国宴餐具 "西湖盛宴"　2016 年
下 / G20 国宴餐具 "三潭印月"　2016 年

的特色和无限内容。但为什么这些还没有被写出来呢？古代工艺美术或者说设计很多都被归类在艺术史中，因为找不到代表人物，于是就主要分析它的造型和装饰，而对设计本身的探讨却很少。因此，要研究它们是怎么设计出来的。西方将整个设计史论作为一门学科，从各个方面建立了一个完整的框架，诞生了相当多的成果。西方学者关于设计、历史的写作有很多深刻的思考，这对于我们的研究有一定的帮助，值得我们消化、吸收。所以，我们应该先沉下心来，安安心心地写出真正能让国际设计学界接受的中国设计史。

《设计》：您认为艺术史研究跟设计史研究从方法上来讲有哪些异同？

李砚祖：设计是他律的，纯艺术是自律的，纯艺术不依靠其他而存在，但设计只是一个工具或者过程，设计自身不是目的。所以，在研究思路和方法上就有了根本的区别。但是，有些研究方法还是一样的，比如对资料的收集、整理，对形式的分析，对形式之后的内容与形式关系的分析等。所谓的设计研究，一方面也是设计的艺术研究，它整体来讲与艺术研究和艺术史研究有一定的联系。历史上的设计与所有的艺术形式都密切相关，包括造型艺术、戏剧、文学等。

我带的一个博士生其论文研究的选题是景德镇明清时期的青花瓷图像。这个题材中有很多关于戏曲的故事。明清时期戏曲盛行，当时木板年画中关于戏曲的表现很多，工匠就将它移植过来，成为陶瓷绘画和陶瓷装饰。除此之外，从社会和文化出发可以看到另一个根本原因，就是人的因素。当时，人们关注戏曲就像我们今天关注手机、电视一样，景德镇的工匠热衷于表现戏曲，除了受木版画的影响外，与他们本身对戏剧的喜爱分不开。因为是很多工匠都来自景德镇市的乐平，乐平是一个戏剧重镇，现在保存下来的明清戏台有400余座。也就是说，这些工匠从小在农村就喜欢看戏。所以，戏剧文化与陶瓷装饰、戏曲内容的表现有很密切的关系。

过去的那种纯艺术史的英雄史观的写作方法应该变了，设计与生活文化密切相关，不仅是吃穿住用，还与过年过节的装饰、服饰、观看、读书、旅游等多个方面都相关。只有这样全方位、全视角地去观察，我们的设计史才能进入一个新的阶段，才能够书写一本真正的设计史。

《设计》：在这个技术革新日新月异的时代，我们应当怎样看待设计文化与技术之间的关系？

李砚祖：对于设计来说，技术是一种根本性存在。技术具有工具性，但它不能解决所有的设计问题。设计的技术也是设计文化的一个方面，它不是单独的，设计文化中包括技术文化。有西方学者认为，现在这个时代是技术统治文化的一个时代。在某种意义上来说，这个时代是一个比较重视技术的时代。旧有的手工业时代是文化引领技术的时代，技术融入文化之中，这是手工艺时代、农耕时代的特点；现在则是技术统治文化的时代，文化成为技术的"奴仆"。这也许是必须经过的一个阶段。

从设计与技术的关系来看，在现代的技术社会，不仅技术日新月异，而且技术对社会各方面的主导性、支配性日益增强，从人造物、环境、人的生活甚至到人的精神领域都打上了现代技术的烙印。社会的网络化、数字化，人工智能等以交互的形态成为设计的新语境，科学技术不仅改变了设计的工具与方法，更重要的是改变了人们认知设计的路径和可能性。当代诸多设计新概念的产生就是一例。如学者们注意到，数字化对设计的改造及其实践，使设计越来越具有新媒介的属性，它导致社会行动与人与人、人与机器互动方式的变化和更新，以及新的社群关系和人与人之间新关系的建构。因为技术的变革与影响，设计不仅成为这种变革的桥梁，而且其本身的社会性乃至政治性也凸显出来，设计与艺术、工程技术与计算机、消费及其产品与社会政治行为被整合，内在于设计本身的技术本质和形式赋予能力。又如所谓的"思辨设计"，思辨的不是技术与设计的现实本身，而是在现代技术基础上的设计可能性的推演，推演其可能性的后果，最终还是试图揭示技术可能存在的危险性。这既是对技术乐观主义的反对，也是人类对此类问题的深度思考在设计界的反映。在这里，我更愿意把这些变化都看作一种文化互动性表现，是文化以新的方式通过技术对设计的一种改造与更新，也是设计与文化关系的一种新展演、新存在。今天有"思辨设计""对抗性设计"等诸多概念，以后还会有更多诸如此类的新概念、新认知，可能会令人眼花缭乱，但其本质并没有多大变化，即技术只是工具，最终设计还必须有文化的引领。在设计界，必须是文化引领技术，而不是技术统治文化，这是由设计的内在本质性和未来性所决定的。

所以，设计师本身的文化素质和修养很重要。现在设计师的培养主要靠中国当代的设计教育，也就是说，高层次的设计教育要着力解决文化教育和素质培养的问题。设计教育有不同的层面，因此中等职业教育和高等专业教育应该有不同的培养目标，但现在看不出区别。中等职业教育是一种技术教育，教学生如何设计；高等专业教育不仅是教学生如何设计，还要教为何设计，教为谁设计。而我们对这一方面过去不够注重，很多地方连基本的设计史论课都没有开设，更不要说其他的文化类课程了。要鼓励和要求学生自觉在课余时间大量读书。做设计，实际上对文化素质的要求超过很多行业，因为涉及的面太广、责任太重了。社会把设计的责任交给了设计师，交给了设计院校毕业的学生，如果设计师缺少文化，做出来的设计，可能会对整个社会都产生不好的影响。一个设计师缺少文化，会"毁灭"一个产品，"毁灭"

上 / 2018 年登上纽约时装周的"国潮"品牌李宁
下 / 中国画的三维解构　杨明洁　2015 米兰设计周

产品的使用者。

《设计》：从传统文化中汲取养分，构建富有中国文化语汇的设计，是目前很多中国设计师在努力追求的。您认为在这一过程中有哪些需要警惕和避免的地方？

李砚祖：设计界有几个口号我一直有所质疑，其中一个就是设计的"中国元素"。中国设计师为中国人做设计，谈什么中国元素？若是西方人到中国来办企业销售产品，那么有个本土化的问题——要为中国消费者服务，必须从设计各个方面照顾到当地人的生活习惯与喜好。中国设计师为中国人做设计，本身是中国人，其所做的一切应该都是本土的，哪来的"中国元素"呢？中国人为自己做设计，只需要面向生活，为了更适合使用者的需要而设计。难道我们是为了某种元素而去设计吗？我认为设计界要口号少一点、概念少一点，更精心地去做设计，更好地服务于人们的日常生活，才是最好的设计。

当代设计存在设计之"过"的问题。所谓"过"，一是过犹而不及之"过"、过分之"过"；二是过错之"过"。100多年前卢斯（Loos）曾经说过"装饰就是罪恶"，设计的过错之"过"类同于此。很多设计是为了设计而设计，真正好的设计，是设计到最后看不出设计。不是不设计，而是设计到最后，看不出有设计的痕迹。如果到处显示出设计过的痕迹，那这个设计就不是最好的。我国古代就讲，"绚烂至极，归于平淡"，饰极返素，装饰的极点是没有装饰，都是谈这个道理。我们要明确设计的目的和手段，毕竟设计本身只是一种工具。

应该有客观、科学、实事求是的所思所做
——陆长德谈"设计与文化"

THERE SHOULD BE OBJECTIVE, SCIENTIFIC AND REALISTIC THINKING AND DOING
——LU CHANGDE ON "DESIGN AND CULTURE"

陆长德
西北工业大学教授、博士生导师

陆长德，西北工业大学工业设计教授，博士生导师，西安设计联合会会长，丝绸之路创新设计产业联盟常务副理事长，西北工业大学蒋震基金工业设计培训中心主任，西北工业大学工业设计研究所名誉所长，中国机械工程学会工业设计分会副理事长，中国工业设计协会常务理事，中国创新设计产业战略联盟高级顾问。1999年首倡"大设计"新概念；创办工业设计博士及硕士点，已培养硕、博研究生200余人；完成国家重大科研攻关、国家自然科学基金等20余项，获得国家及省部级科技进步奖十余项；参加中国工程院重大咨询研究项目"创新设计发展战略研究"；2012年获得中国光华设计基金会光华龙腾奖之中国设计贡献奖金质奖章。

陆长德教授在采访中提出了具体的问题：设计中国今后的路在哪，怎么走？如2020年面临全面小康，是大政方针的设计、国家发展战略的设计，又如习近平主席提出的"一带一路"倡议，也属于大设计。这里也用"设计"这个词，设计全人类、设计全世界。

《设计》：您如何定义设计文化以及文化与文风的关系？

陆长德：谈起设计，仁者见仁，智者见智，可怕的是混为一谈、不知所云。如何对待设计、设计创新以及文化并文风，是新时代的大课题、大文章。新时代中机遇宽阔、挑战严峻，更需要有真知灼见、战略眼光，不忘初心，牢记使命。现在谈谈工业设计及设计文化的问题。凡讨论问题总应先划定一个范围，以免野马脱缰。关于工业设计，就不得不涉及其定义了。各国、各学派乃至个人都按照各自的文化水平有自己的理解，给出了不同的定义或释义。"工业设计"的称谓也不尽相同，有诸如工业设计、艺术设计、设计艺术、绿色设计、精益设计、交互设计等。闻邦椿院士收集了100多种设计，都未能将所有的设计全覆盖，比如"毕业设计"就没收集进去。宏观方面的设计包括国家大政方针、政治、经济、军事、文化、商贸、教育等设计。比如我们说邓小平是"改革开放的总设计师"。设计的内涵是什么？外延是什么？设计在中国，今后的路该怎么走？2020年面临的全面小康社会，是大政方针的设计、国家发展战略的设计。又如习近平主席提出的"一带一路"倡议，也属于大设计。

不论设计、文化还是文风，凡我们所想、所说、所做，都应该对历史负责，对人民负责。特别是身处创新驱动发展战略的新时代、中国特色社会主义的新时代，也是"一带一路"倡议大发展的新时代，我们要想真正对人类社会做出贡献，不管是设计、商业、制造、生产和服务等，也不管是狭义的文化或者广义的文化，都应该用客观、科学的方法以及实事求是的态度正确认识、区别对待。

改革开放以来，在巨大变化、激烈竞争中，有各种文化的交流与碰撞，于是人们眼花缭乱，也出现了各种各样的问题需要解决。所以，我认为媒体、编辑、出版部门都承担着文化宣传、推广，特别是设计文化的重大责任，你们的文字功夫尤为重要！但是，文字功夫、语言功夫只是表象，它的内在是思维。若思考不到位，就使言语表达不到位，思维混乱，势必造成书面或口头表达的错误。经济、政治、文化都属于广义的文化范畴，文化、设计文化方面的问题都会影响全局，正所谓"牵一发而动全身"。但是，往往又存在一些不可预见的情况。人们的言论、行为、生产、生活除了零次自然以外，包括人类自身都属于文化，人人都在讲在做，却不知道什么是文化。文化像一部显微镜、望远镜，用它来分析问题便一目了然。许多纠缠不清的设计问题，以设计文化视角来看，就迎刃而解了，如各种各样的设计之间的关系问题，它们都属于设计文化系统，又各自成为子系统。对科研成果造假及学术论文剽窃，伪劣假冒，泛滥成灾，人人唾弃。这不但是文风不正，甚至是违法犯罪，它涉及教风、学风、党风、政风、民风等，皆与文风密切相关，互为因果，为社会文明所不容。文风是文化建设中的重大问题。现代媒体宣传界要能体现信息美学，实现真正的现实信息美。信息有发送单位、发送者，发送文件资料称作信源；传播的途径称作信道；信息到达目的地，接收信息的观众、读者称作信宿。到达信宿，信息才变成现实信息，才完成信息美学应用的全过程。其中介通道就是传媒，整个过程是庞大的系统工程，需要系统设计。媒体的责任重大，文风是核心问题。比如我们今天的访谈，如果发出正确的信息，就会授益信宿，否则就会误导受众。在新时代，面对大变局的机遇和挑战，文风具有特殊的意义，更应坚持中国特色社会主义的大方向，发扬文化自觉性，为树立中国特色社会主义的新文化而努力，创新驱动发展，为人民谋幸福。

《设计》：您如何理解"设计文化"？

陆长德：经过半个世纪的思考，谈文化、设计文化需要有真知灼见，需要辩证思维，需要有正确的文化观与方法论、正确的世界观与方法论作指导。应当运用哲学思想，全面地看待，否则就会陷入迷魂阵，做无用功。

我们想问题、做事情都应该以全面性观点来统筹。"设计文化"是我们讨论的对象，要想讨论它，就要把它的本质论述清楚，就要研究它的一切方面，包括一切联系和媒介，避免主观片面性，实事求是。毛主席早就引用列宁的话说："要真正地认识对象，就必须把握和研究它的一切方面、一切联系和'媒介'。我们决不会完全地作到这一点，可是要求全面性，将使我们防止错误，防止僵化。"我多次在论坛报告、座谈会等相关场合引用这个科学论断。这些至理名言应当是我们行动的指南，岂能狂妄自大、数典忘祖？我们就按照这个哲学准则来研究"设计文化"吧。什么是设计文化？设计就是谋划活动方案，文化就是自然的人化，设计文化就是设计的文化化，就是设计的总和。这些观点只是个人的管窥之见，意在抛砖引玉，欢迎大家批评指正。

《设计》：您对中国工业设计 40 年发展历程的看法是？

陆长德：与许多新事物一样，工业设计的发展历程起伏跌宕，是非功过，众说纷纭，喜忧参半。20 世纪 80 年代，工业设计传入我国，许多学者到日本、德国访学，成了所谓的"日本派""德国派"。他们回国后又引导我们，受到设计教育界人士的广泛欢迎。我是一名老的工业设计教育工作者，早在 20 世纪 80 年代就开始学习应用工业造型设计了，那时也有人称它为技术美学、工艺美学等。大家如饥似渴地学习译作、论文、报告、教材，听取有关报告，参加设计培训，同时积极推广应用，于是便成了启蒙先行的第一代工业设计教育工作者。"工业设计"比较权威的定义是 1980 年国际工业设计协会联合会给出的定义，20 多年没有变动。一直到 2006 年才又给出新的定义，2015 年又给出了更新的定义，国际工业设计协会联合会也更名为国际设计组织了。"工业设计"的名字也是经过几十年演变而来的。最开始的时候以包豪斯为开端，或者从 1850 年"水晶宫"国际工业博览会算起，有些人称它为工业美学，有些人称它为技术美学，没有一个统一的名称。1850年英国举办世界第一届工业博览会，又称水晶宫博览会，影响深远，引起各界名流、学者、专家的关注，发生了激烈的争论，有的人批评，有的人赞扬，但都认为这个博览会在人类历史上是一个开创性的里程碑。但是它也存在很多问题，大家都认为展品过时了，应该革新。只有少数展品，如美国展出的短枪等工业产品获得好评。论战涉及多个学派，推动了工业设计的萌发。

1919年，美国工业设计爱好者西奈尔（Sinel）首先使用了"工业设计"（Industry Design，ID）这个词。1982年，湖南大学在我国工科院校中首先开始试办"工业造型设计"专业。加入"造型"二字，是为了体现包豪斯关于"工业设计是技术与艺术新统一"的宣言。直接翻译为"工业设计"，可能会会造成对艺术的忽略。有人会认为工业设计等同于机械设计、工程设计，这就不是欧洲、美国、日本所搞的工业设计了，于是我们把它翻译成"工业造型设计"。因为影视、戏剧、音乐、美术等艺术界中都讲"造型"，似乎更能体现艺术性，所以给它加入了"造型"一词，就叫"工业造型设计"了。于是，不管是有意无意，都与传统的机械设计、工程设计、平面设计区别开来了。但是这也带来了一些"后遗症"，如有些人误认为工业造型设计只涉及外观造型，形同化妆术、包装艺术，只搞外观设计，这就片面化了。为防止偏颇，我在教学、科研过程中，常采用"工业（造型）设计"的文字表述，把"造型"二字括起来。若连读，就把括弧里的"造型"一词读出来，就是我们国家最早的试办专业名称"工业造型设计"了；若省略"造型"二字，不就是"工业设计"了吗。国内老一代、早期成立的学会也有叫工业造型设计学会的。后来由于工业设计逐渐被人们所认识，也就渐渐地把"造型"二字省略了，正式的专业就叫"工业设计"，归属机械工程类。从那以后，我们就统一叫工业设计，工业设计理论、会议、研讨会、组织了。

工业设计在中国这片土地上传播、学习、运用发展的40年是与改革开放同步的，在这个过程中，发展最快的就是学术交流、专业教学、人才交流，以与制造业相关的行业为主。改革开放后，受我国国情的限制，制造业等各行各业都走过了一段以学、仿、抄为主的历程，以模仿为主，把技术拿来照抄。因为我们曾经的落后，采用照抄的这个方法是无可奈何的，从简易的东西开始学、仿、抄是必经学习之路，我们不必为那一段时期的仿抄行为而纠结，觉得难堪、尴尬而讳疾忌医，加以掩饰。从普遍性来说，人类的学习都是从仿抄走向创造发明的，可以说仿抄是创造之母。中华民族有几千年的发明创造史，特别是四大发明传遍全世界，西方发达国家将四大发明本国化、民族化、平民化、创造化，从而提前进入了资本主义社会。是科技革命使西方取得繁荣发展。所以有的哲学家说，如果没有中国的四大发明，资本主义还不知何时才能出现。不过，有战略眼光的人在仿抄时就会时刻想着后来的创造才是目标。如有远见的老师都懂得，首先要教会学生走路，然后才教他学习跑马拉松，要告诉学生一步一步地学跑步，将来是要跑马拉松的。要真正认识对象，就必须认识对象的一切方面，我们无法完全做到这一点，可是追求全面性将使我们防止错误，防止僵化。我们在宣传、学习、仿制工业设计这一段时期，是很努力的，但是对创新发明、自力更生注意的不足，这是受到当时整个制造业仿抄的影响，那时没有多少对创新的需求。你说要创新发展、创造、革命、改革、别人也不能理解，仿抄还来不及呢，能赚钱就行了。因此，我国工业制造业40年来一直在仿制的阴影里徘徊，未能创成自主的风格，而这40年中发达国家仍在前进中。我国工业设计发展迅速，高等院校培养了一批又一批的学生。无论本科生还是研究生一直面对着抄仿大环境，社会还未形成真正的创新设计氛围，但设计的本质是创新的。新中国成立以来，我们国家学习苏联，苏联帮助我们国家156项大工程建设。当时机械制造、机械产品基本都是仿抄，在仿抄的过程中没人呼吁创造发明，有些图样我们都是拿来就用，也不敢改，不知道人家的尺寸、数字是怎么得来的，更不知道人家为什么要用那个工差与配合、那样的加工精度，连一个螺钉的尺寸标注错误也不敢改。这当然应有科学严谨的一面，因为如果一个螺钉出了问题，就可能造成机毁人亡。

客观条件有必然的一面，也有不足的一面。由于我国长期处于社会主义初级阶段，市场经济欠发达，严重制约了创新发展，致使工业制造业及工业设计长期仿抄、克隆，未能完成国产化，创出中国模式。近年来，随着科技的进步、经济的崛起、金融的增长、综合国力的增强，抄仿的空间也所剩无几了，于是迎来了企业转型升级、创新驱动与国际并行发展的新局面。我国的北斗卫星导航系统、"天河一号"超级计算机、"复兴号"高速列车、天眼望远镜等重大成果，捷报频传。这些都是自主创新设计制造的典范。尚未完成国产化的工业设计终于迎来了春天，逐渐有条件走自己的路了。努力打造中国特色社会主义的工业设计，就是正确的选择、历史的必然，是中国的设计梦。什么是创新？什么是创新驱动发展？设计怎样引领创新？面对这些重大问题，人们一时难以应对。在学术界、教育界和舆论界，有的人对这些基本理念都搞不清楚，又怎么能教懂别人呢。老师都不清楚，怎么能让学生清楚？反过来，学生要问这些问题，老师也就无言以对，只好敷衍塞责了。久而久之，便会形成不正文风、教风和学风，十分令人担忧。实践是检验真理的唯一标准，市场是无情的，丁是丁，卯是卯，螺钉尺寸是英尺还是公制标注的区别一定要翻译准，否则机器就无法装配，一颗小小的螺钉出了问题，轮船就可能会沉没了，飞机就可能会坠毁，卫星火箭就可能会爆炸。无情的现实逼迫我们必须科学化，必须认真，必须坚守清风正气，发扬工匠精神。实践出真知，总结起来，广义的设计就是为目的预先谋划、表达及其结果。

时代呼唤中国特色社会主义的工业设计。

《设计》：如何在中国文化的基础上谈设计？谈设计文化是否涉及文风等问题？

陆长德：《现代汉语词典》中对"设计"的解释是"在正式做某项工作之前，根据一定的目的要求，预先制定方法、图样等"。这主要是指工程或机械设计，并不包括工业设计。这个定义在新中国成立前，在商务印书馆出版的词典里就有。那个时候没有工业设计、现代工业设计，所以设计不是指工业设计，甚至它也不专指建筑设计。中国近现代虽然经济水平有所落后，但是照样盖房子、照样穿服装，所以我们的建筑设计没断线，服装设计没断线，日常生活用品的工艺美术、民间手工艺更没有断线，即设计文化没断线，甚至在战争年代，不仅中国，世界各国、各民族的设计也都在延续着。这时的设计就是指这个设计定义中的那个时代的设计，就是设计的内涵，其所包括的范围就是设计的外延。当然，不能说它就是我们现代的网络设计、智能设计、绿色设计、工业设计等。它们之间的关系在于它们有着共同的基因，是遗传与变异的关系。谈到基因，不能不涉及狭义的文化及广义的文化。孔子所理解的文化与我们今天的文化既有区别，又有相同点。它们有一样的基因内核，基本的内涵中存在共同的基因，基因在遗传当中也会有变异，甚至突变，不过千百万年来在传递过程中的变异，基因变化缓慢，相对稳定，几近恒定。太阳底下无新事，从本质上来说基因没有新东西，过若干年后还会出现新的事物，但它的根源还是在于基因传承。所以，既要承认事物是千变万化的，人们常说"只有变化是永远不变的"，滴水见太阳，从两点论来说，缺一不可，事物都是真善美与假丑恶相对比而存在、相斗争而发展的，这是人类历史揭示的真理。

《现代汉语词典》中对"文化"解释是"人类在社会历史发展过程中所创造的物质财富和精神财富的总和，特指精神财富"，浅显、易懂、又相对全面。可是这些却常被个别所谓"大咖"所忽视，单凭个人主观想象，任意发挥，奇谈怪论，以致所写的文章别人看了三五遍还是不懂。关于写文章，早年毛主席就曾告诫我们："鲁迅说'至少看两遍'，至多呢？他没有说，我看重要的文章不妨看它十多遍，认真地加以删改，然后发表。"即使在长征的艰苦征途中，毛主席写的文章仍是深入浅出、语言平易、意义深大，这就是高尚的文风、优良的传统。有些人的文章故弄玄虚、东拼西凑，特别是改革开放以来，大量翻译作品涌现，即使有母语功底的人，因自己看不懂外语原文，只好引用别人翻译的文章，虽原模原样照搬，仍因译文糟糕而谬误迭出，时间长了、数量大了，就形成了文风的问题。后来理论界号召人们要学点儿逻辑、学点儿语法、学点儿修辞，不能因循守旧。许多场合中的争议、混战，往往是由偏激或妄言引起的，做学问的人需具备真才实学，文风也是在斗争中不断前进的。我们不苛求四平八稳，都是正能量，如果没有了负能量，正能量也就没有动力了。古人说得好，乱中有治，大乱大治，不乱不治。为了"大治"，我们国家开展反腐倡廉，社会风气大大改观，老百姓拍手称快。设计及文化的定义，在前面已经说过了。文化是人为了生存发展而逐步创造的，就是人化的自然，自从有了人就有了文化。日月星辰、山川草木、飞鸟鱼虫这些都在人类出现之前就已存在，这叫"零次自然"。现在我们的周围已经没有真正的零次自然了，周围所有的一切几乎都是人类改造的、认识的、创造的、已知的东西。这个范围就是文化的外延，它的内涵就是人化，是自然的人化。这里仍然需要运用《毛主席语录》所表达的思想，指导我们研究认识对象。什么是设计文化，如前所述，设计文化就是设计的文化化，就是设计的总和。

《设计》：请谈谈您对当代文创设计的理解。

陆长德：目前文创设计仍徘徊在狭义文化范畴之中，部分"文创专家"对文创中的"文"怎么定义都含糊不清。"文"如模糊，如何做"创"？"创"的是什么？文化分为广义的文化和狭义的文化。文创中的"文"属于哪种？文创设计的根本问题在于找出普遍性的规律、特殊性的原则。有人说文创包括服装、LOGO、平面设计、影视、戏剧及动画等。人类要生存要发展，首先就要穿衣吃饭，围绕它们的设计自然是属于文创范围的。那么原子弹、航空母舰、高铁、核潜艇、两弹一星、矿山、重型机械呢？文创设计管不管，文创制造包不包括？文创不仅是装饰，只限于日用品文化设计。有很多自我标榜为文创的设计，就是把皇帝、宰相的服饰、颜色、纹样涂装到自己的作品上，穿衣戴帽，叠床架屋，这都算不上真正的文创。工业文化创新，搞卫星、火箭不能违背宇宙三大定律，就是要符合科学原理。从理论上来说，五花八门、数不尽的文化的共同点就是基因，当然也存在变异。文化的多样性使得文创作品丰富多彩，良品在哪里？市场是无情的，大浪淘沙，最后的结果必是优胜劣汰。因为有正负能量的对比，才使人们认识到正能量的可贵，没有假丑恶怎么知道真善美是如此珍贵？文创设计定会与时俱进、创新发展，摸索出一条中国特色社会主义文化创意设计之路。

《设计》：请谈谈您对中国工业设计的看法。

陆长德：工业设计对中国来说是新生事物，在仿抄阶段虽然轰轰烈烈，却没有标志性成果。衡量一个学科专业是否成熟，需要权衡以下诸因素：一是流派，二是风格，三是大师，四是名著，五是品牌。迄今中国工业设计的品牌在哪里？世界上的名牌又有哪些？总体而言，中国的工业设计已初见端倪。高铁起蛟龙，卫星火箭遨游太空，各种船舶畅游海洋，

国际交流——拉脱维亚代表团来访（一）

国际交流——拉脱维亚代表团来访（二）

就像毛主席诗词所说的,真正实现了"可上九天揽月,可下五洋捉鳖"的梦想。这些方面我们都有了,特别是航天方面,没人让我们抄,没人让我们买,没人让我们学,逼上梁山,自主创造,如今我们都有了,如此艰难,有过流血牺牲,值得中华民族骄傲与自豪。2019年新中国成立70周年大庆,威武的武器装备、雄壮的武装方队、整齐的游行队伍,如此惊天动地,如此英姿潇洒!装备中的东风-17、东风-21D导弹性能威力惊人,已达到10倍音速,被称为"航母杀手"。所以,这方面的设计、品牌逐渐都有了,并可以追赶超越了。这些产品都是由工程师们的机械设计所主宰的,但是工业设计、建筑设计、艺术设计、平面设计、网络设计、智能设计越来越多地参与、渗透其中,大有用武之地,特别是新时代呼唤成熟的工业设计、绿色设计、交互设计、网页设计、智能设计等,为市场经济设计创新服务、为民生设计服务、为民族复兴的伟大中国梦服务,光荣使命,责无旁贷。

"工业设计"是设计园地里的一朵奇葩,"设计"是设计文化大花园里的一朵奇葩,"设计文化"是文化百花苑里的一朵奇葩。我们现在提倡创新驱动发展,设计、工业设计、创新设计应当充分发挥引领创新的历史作用,为国家的创新发展、为人类命运共同体的建设建功立业。

《设计》:对古今中外的文化要采取"扬弃"的态度,对哪些要"扬",哪些要"弃"?

陆长德:对待事物,特别是新生事物,多用"扬弃",抑浊扬清,抑恶扬善。要区分"抛弃"与"扬弃"的异同,对工业设计要"扬弃",对中外文化都要"扬弃",继承优良传统创新服务,抛弃设计文化中的糟粕。玻璃文化、水泥文化、塑料文化和手机文化都是人类的重大发明,它们都被誉为一个时代,功不可没,但利害兼备,作用明显,不能全部肯定也不能全部否定。"现代病"与日俱增,人心恐惧,理应根除,可又确实需要，扬或弃实属两难，只能抑害扬利了。我们在设计钢筋水泥建筑物时，就要想到若干年后损坏了怎么处理。如今放眼四顾，水泥高楼林立，水泥桥梁纵横，水泥电线杆多如牛毛，水泥地板、水泥道路等数不尽，说不完，它们报废之后怎么办？都会伤害人与自然，殃及子孙后代，所以我们要趋利避害。当然，是避免它们有害的一面，提醒人们在设计前端就尽心减少人造物、人为自然的后遗症，竭力使负效应最小化。如今气温上升、冰山速融、天灾加重、疾病增多……设计师位于产品开发决策的上游，应该将"利"最大化，使"害"最小化，这是最大的善、最大的义务。在研发设计时就要考虑将人造物废弃时的"害"最小化：少用或不用汽油，用电或太阳能替代；少用或不用塑料，用可降解的材料替代；少用或不用水泥，用生物材料替代；有节制地使用手机等。当世享用了钢筋水泥等人造物，可是100年后怎么办？零次自然该如何恢复？社会怎样可持续发展？江河污染、天空污染、宇宙垃圾满天飞，我们虽不必杞人忧天，可绝对需要忧国忧民，想到未来，造福人类。迄今为止，除零次自然外，包括太阳黑洞、暗物质等都是被我们认识的非零次自然、二次自然、三次自然、人化自然，"举杯邀明月，对影成三人"，被我们改造过的就成为文化。如果空气和水被污染了，没有人能幸免，每个人的行为都要为人类负责，也是为自己负责。所以，党和国家倡导建立人类命运共同体，引领世界可持续发展。要树立文化自觉，对人类文化要批判继承，综合创新，大道之行，天下为公。

《设计》：工业设计该如何平衡科学技术与艺术美学之间的关系？

陆长德：真善美是一体的，没有真善何谈美？美是真善的尺度，美是衡量一切事物的标准，事物真善登峰造极了就是美，美是模糊的艺术和技术。"清水出芙蓉，天然去雕饰"，不必过多装饰，但是如果锦上添花，岂不是更好？那什么是平衡呢？作为一个整体恰到好处地达到真善美合一的程度，这就是美，否则，欠和过都不叫美。技术和艺术仅就这两元素研究起来各占50%，就是平衡点。凡是我们日常用的质量好的物品，看起来美观，用起来也满意，拿人来打比方，可以说是帅哥靓妹，以人喻物、以物喻人，这时就构成了生态平衡。纯艺术比如绘画、音乐的技术少，纯技术不讲什么美，但是并不等于没有美，因为人类所创造的一切，只有技术或只有艺术的东西是不存在的。比如张择端的《清明上河图》是艺术品，画画在纸上，纸、颜料、笔都是材料、技术和物质，作画的人也是技术和艺术、物质和精神的统一体。所以说技术和艺术、物质和精神都是对立统一的，只是在非平衡点有不一样的量比，从而造就了多姿多彩的色彩世界。

最后又要回到辩证法上。世界事物都有两面性、多面性，大家、学者如果只谈某一部分，即如盲人摸象，难以自圆其说，在否定别人的同时也否定了自己，反之亦然。只有博学大才才能说明各种事理，看清世界，古往今来，如是而已。

家居不同的需求是人们个性化需求的总和
——庞学元谈"设计与文化"

THE DIFFERENT NEEDS OF HOME ARE THE SUM OF PEOPLE'S INDIVIDUAL NEEDS
——PANG XUEYUAN ON "DESIGN AND CULTURE"

庞学元
大信家居董事长

庞学元,郑州大信家居有限公司董事长,中国五金制品协会副理事长,中国工业设计协会特邀副会长。2018年11月,作为家居行业唯一入选企业,大信家居参加了"庆祝改革开放40周年大型展"。董事长庞学元认为,文物是文化的物证,文化是生活的高级表现,需要剥丝抽茧,找到规律,然后找到规律模块,进而成为工业软件的源代码,实现人机交互和大工业系统相匹配,实现家居产品的大规模个性化定制。

庞学元从汉字中受到了启发:汉字有8万个,常用的3500个就像一个个模块、一个个细胞,人们可以使用它们为世界上古今中外的人写(定制)一部自传,就像定制家具一样。那么定制家具需要多少个模块?它的基因要素是什么?它的语法(算法)是什么?这是一个"造字"工程,十分复杂。为了确保"造字"的系统性、完整性、可用性,大信家居建立了大信厨房博物馆和大信家居生活博物馆,尝试解决信息化时代大规模个性化设计、大规模个性化定制、大规模个性化服务等问题。

《设计》：为何要建立厨房博物馆和家居博物馆？

庞学元：2018年11月，大信家居入选"庆祝改革开放40周年大型展"，成为家居行业唯一入选的企业。之所以能入选，是因为大信家居以工业设计为驱动，原创了大信"易简"大规模个性化定制系统，实现了产业的革命。这一成就的取得和大信投资建立的大信厨房博物馆和大信家居生活博物馆密不可分。

所有产业的变革，都是基础研究的厚积薄发。我1980年参加工作，在中国百货公司开封市百货大楼，从一个美工成长为该百货公司总经理。1992年离开百货公司创业，从事建筑装饰行业，并成为该行业的佼佼者。在实际工作中我发现，在购买家具产品时，顾客两口子之间意见不统一，其背后的根本原因是人们的生活方式不同，对家居生活产品的个性化需求无法得到普遍性满足。而这是由工业革命造成的。工业革命前，人们是通过手工业定制来实现家居个性化需求的，工业革命有效降低了平均成本，实现了预先设计，大批量生产，有效降低了社会平均成本，但戕害了个性化需求，使人们不快乐。家居行业也因而受到伤害，全球家具行业40000亿元产值，没有一个家居生产企业产值超过100亿元。家居行业是全球极少没有资本集中、企业整合的行业，成为工业革命给人类留下的产业伤疤。从问题导向出发，1999年我创建了郑州大信家居有限公司，目标就是解决这个难题。

实现这一目标的底层逻辑，一定不是"艺术和科技的结合"那么简单，它需要一个全新的世界观和方法论。在大信家居之前，人们认为，家居的不同需求是造型、风格和功能的不同，需要固化不同的设计方案，然后批量生产。大信家居认为，家居的不同需求是人们个性化需求的总和，而不同的背后是组成"基因和细胞"的不同。"基因和细胞"是什么？大信家居从汉字中受到启发：汉字本来就是一幅画，在商代时有近5000

上 / 大信厨房博物馆实景图
下 / 大信厨房博物馆实景图 —— 汉陶鼎特写

上 / 古代厨房 —— 七星灶及橱柜
下 / 古代厨房 —— 七星灶近景

个汉字，留存下来现在还在使用的有 1500 个左右，全是单音节汉字，就像一个模块、一个细胞。汉字有 8 万个，常用的有 3500 个，人们可以使用它为世界上古今中外的每一个人写（定制）一个自传，就像定制家具一样，那么定制家具需要多少个模块？它的基因要素是什么？它的语法（算法）究竟是什么？大信家居要解决这些问题，必须给出明确的回答。

这是一个"造字"工程，十分复杂，要给"字"下定义。我们发明了"十方关联"的标准体系，它是标准的标准，是工业设计的模块，是最终实现工业化软件的源代码，是实现大规模个性化家居定制的细胞和基因要素。而我们苦心创造"字"的目的是从中找到标准"字"的需求，确定它的个数，然后把它全部批量化、大规模、工业化地生产出来，通过智能分拣组合，提高效率、降低成本，实现家居的大规模个性化定制。

实现"造字"需要深入研究生活，因为设计源于生活，是大数据的研究。从现实生活出发，1999 年起，我们从实际设计的 10 万个家居方案里总结出 4635 个解决方案。它是情报级的，不能直接解决问题，它也不是方法论，大信家居必须把它上升到认知和知识，然后把它软件化、智能化，和智能设备连接在一起，实现大规模个性化定制。当下可以通过大数据等方式来研究，但是未来呢？未来没有答案，未来是还没有发生的，创新遇到了瓶颈。

清华大学美术学院资深文学教授、"中国工业设计之父"柳冠中先生讲"工业设计是传统的再造"，往后看多远就能往前走多远。回望历史，从过往的生活方式上找、从文化上找，我们跑了很多图书馆，请教了许多专家，发现人们对生活方式的认知，大多停留在传说中。比如西方用餐时为什么用刀叉，而中国人吃中餐为什么用筷子？西方发明了蒸汽机，为什么没有低温的蒸制食品？中国人爆炒食物的方式是否是中国人继续使用的饮食方式？这些简单的问题如果得不到回答，那我们的"造字"

模块化就无法进行。要找到科学的依据,只有从文物上找,向后看多远就能向前看多远,文物是文化的物证,文化是生活的高级表现,需要抽丝剥茧,找到规律,然后找到规律模块,进而成为工业软件的源代码,实现人机交互和大工业系统相匹配,实现家居产品的大规模个性化定制。为了确保"造字"的系统性、完整性、可用性,我们建立了大信厨房博物馆和大信家居生活博物馆。

《设计》:请介绍下博物馆的建立背景,做了哪些调研?

庞学元:对大规模个性化定制的研究,我们是从厨房家居定制入手的。人类最早用吊锅做饭,西方以打渔、狩猎、放牧、商贸文明为基础,究其原因,大多是由地理决定的,也就是人类生活的环境。而我国是精细农耕文明,在耕种的过程当中需要停留较长的时间,中国人就在吊锅的下面加上三条腿,这三条腿的高度决定了火焰的高度,火焰的外焰是最热的,有了稳定的火源,有了对火的充分利用,就可以煲粥了,所以欧洲人称我们为鼎食民族。欧洲的主要生活方式是航海和游牧,用吊锅做饭比较方便,所以欧洲人发明了蒸汽机,而没有发明蒸锅。这是人类生物进化的过程和科学进步的不同步。如此等等,我们进行了20多年的研究,我的爱人以前在某大学艺术学院做副院长,为了更好地完成此项工作,毅然辞掉副院长职务,专职带领团队投入博物馆的建设和研究工作中。我们先后保护了5000多件珍贵文物,并全部在国家文物部门进行了登记,建立了工业设计的研究平台,免费对公众开放,接待了40多个国家的大专院校、科研院所和研究机构。近十年来,每年都有十万多专家学者、科研人员及普通游客到博物馆参观交流、查询资料、游览观光,创造了极好的社会效益。

所有产业的革命都是基础研究的厚积薄发。没有建立这样的博物馆,没有深入系统的研究,家居产业的革命是不可能实现的。大信厨房博物馆和大信家居生活博物馆是我们进入国家"庆祝改革开放40周年大型展"的重要支撑,也是我们文化自信、创造创新的源泉。

《设计》:博物馆的建立对研发现代家居和厨房产品有怎样的帮助?

庞学元:大信家居从现实大数据和历史大数据中找到了基因模块,最后抽象成逻辑,找到了背后的算法,创建了"鸿逸"工业软件,从而以工业设计为驱动,在此基础上创造了大信五维工业制程系统,实现了效果图形与制造数字的交互、数字与设备的交互,做到了智能分拣,实现了家具产品的大规模个性化定制,完成了家具行业的产业革命,解决了工业时代定制家居周期长、质量不可控、效率低、成本高的四大难题。大信家居把定制家居的交货周期从德国、日本世界领先的18~45天周期缩短到最长4天,把用材率从世界较好水平的76%提高到94%,把差错率从世界领先水平的6%~8%降低到3‰以下,把综合成本降低到世界领先水平的1/2,并且实现了零库存。

《设计》:整体橱柜的概念源自西方,如何与中国人独特的餐饮文化结合?

庞学元:现代整体橱柜是从西方传到中国的,我们向西方学习,但整体厨房的概念是中国人创造的。

我国的厨房在2000年前就是一个装置系统、一个整体的概念,从烟囱到台面,包括对火的利用,都是一套完整的装置,整体厨房就是在我国诞生的——七星灶。现代橱柜是国外传过来的,是与现代人的生活和工业时代相匹配的。我国的蔬菜种类数是欧洲的5倍,而中国人不以肉食和奶食为主要食物来源,我国的器皿与西方的也不一样。要向好的、先进的学习,以人为本的设计才是我们需要的。

举个例子,中国的料理台宽,欧洲的一般是60cm左右,而中国的一般是80cm。因为中国的饮食比较复杂,料理的过程,包括食物制成

上 / 2000 年前的整体厨房（出土文物，藏于大信厨房博物馆）
下 / 家设计工厂、色彩博物馆序厅

后摆放所需要的空间都不一样。究其根源，就是生活方式不一样，对功能的需求也不一样。我国加入 WTO 后，世界货物产品交流频繁，但有三样东西国外品牌进入我国都"全军覆没"：一个是抽烟机，一个是燃气灶，还有一个就是整体厨房。无论是欧洲的整体厨房出口到中国，还是中国的厨房出口到欧洲，都要对当地消费者的生活习惯、饮食习惯，包括文化充分尊重，并进行深入细致的研究。以人为本，才能找到打开市场的钥匙。

《设计》：博物馆给设计行业带来了哪些影响？

庞学元：设计源于生活，文物是生活的高级表现。博物馆对设计的影响是根源性。东西方文化是两大不同的文化，比如对颜色的喜好。中国的白色代表悼念，代表死亡；西方的白色代表纯洁，如婚纱；西方的红色代表战争，中国代表喜庆；西方的黑色代表死亡，中国秦朝的主色就是黑色，崇尚黑色。所以，色彩崇拜和习俗、地理环境等都有很大的关系。要将这些要素系统整理出来，形成一个公共平台。在这个基础上，大信家居正在建设东方色彩博物馆，供大家共同研究。我们学习欧美发达国家的研究方式和技术，但想在西方国家研究出中国的流行色是不可能的，中国的流行色还得要中国人来研究，寻找本根。我国 56 个民族的色彩、色谱、色彩构成、色相、色温、光谱等都需要整理出来，总结出对的逻辑，进而形成软件的代码；把历朝历代的色彩变化总结出来，比如汉代的红和唐代的红不一样，宋代明清的红色也都是不一样的，这些都需要研究，需要一个研究的平台，需要色彩知识的普及和色彩教育公民化。所以，大信家居拿出 $6000m^2$ 的空间，投资建立一个东方色彩博物馆，依托企业，服务企业，服务社会。

2017 年，我受李克强总理邀请到中南海参加座谈会，回来后彻夜不眠。中华文明是有别于西方文明的文明形式，中华文明是东方文明的代表之一。中华文明有不间断的5000年文明历史，在历史的长河中，为世界文明做出了卓尔不凡的贡献。我们在过去200多年的追赶和学习西方现代文明的过程中，获得了很大的收益，使中华文明迸发新的活力。随着中国工业化的实现，我们从工业自信回眸中华文明，从中寻找东方文明应该为世界文明做出新贡献的理由，将先进制造业和现代文创服务业深度融合，使其耦合并联、相向而生，创造一种新模式、新业态，在此基础上搭建家居工业设计中心和工业设计研究，是大信人的梦想。

我们在中国各大房地产公司中甄选了20个经典户型，选择了20种不同的人群，设计了20个不同风格的套房，对20种人群进行研究，然后使其适配。

《设计》：您从何时开始意识到设计的重要性，逐步把大信打造成以设计为引领的高科技企业？请您谈下设计在整个研发中起到的作用。

庞学元：我从小喜欢美术，从一个美工成长为百货公司总经理，人生的背景是设计师，离开百货公司以后就开了装饰公司。在开装饰公司的时候我发现了顾客的痛点，也发现了不能工业化对环境的污染和材料等资源的浪费，而且规模也小。从那天开始，我找到问题以后就一直想解决这个问题，于是在1999年建立了大信家居。我是以设计师和企业家的双重身份，将资本和设计融为一体，在这个基础上建立了大信。这里的设计不是狭义的设计，不是设计一个产品，而是设计一个工业系统，它包括大规模个性化设计、大规模个性化制造和大规模个性化服务。为此，确立了大信家居的品牌宣言是："真""善""美"是世界永恒的主题，是人类美好生活的再现，更是大信品牌核心价值追求！

我们的"真"是对顾客需求的真正满足；"善"是奉献优品优家、经久耐用、环保放心的产品；"美"是让设计呈现美观大方的家居生活场景。让中华优良文化传承永续，让"真""善""美"弥新人类美好生活，成就大信人的历史担当！

"真""善""美"是世界永恒的内容，是人类美好生活的目标，更是大信品牌和设计师的精神追求！设计师的"真"是以平庸为敌；设计师的"善"是为美好涅槃；计师的"美"是让设计永恒。以"真""善""美"妆点、充满与设计世界，设计精神推动着你、我、他，用心孜孜不倦地描绘心中的日月，始终为提升全民生活幸福感和推动设计文化社会化，创造美好，用心为全民设计！

设计不仅是外观或者功能的设计，它是一条生态链乃至一个工业系统的再造，从中国制造到中国设计的一次伟大变革。设计首先是设计基因要素，研究的是人的生活方式，对象是基因要素，启发是汉字，解决的问题是大规模个性化设计、大规模个性化定制、大规模个性化服务，它的背景是信息化时代。既作为企业家又作为设计师，这种双重身份可以让我的想法变成现实，因为资金掌握在自己手里，可以拿着钱改造设备、改造物流、改造一切，可以使得梦想成真。大信家居是以工业设计为驱动的，它不仅驱动设计，还驱动设计理论的创新，还驱动制造方式的创新（五维工业），创造三边极效、六要合一、五维十方的系统等，逐步成长为一个社会型企业。

做事要有目标，但不要有目的
——石振宇谈"设计与文化"
DO THINGS WITH A GOAL, NOT A PURPOSE
—— SHI ZHENYU ON "DESIGN AND CULTURE"

石振宇
A-ONE 创新设计学研中心董事长、清华大学美术学院工业设计系副教授

　　石振宇，中国第一代设计人，A-ONE 创新设计学研中心董事长，清华大学美术学院工业设计系副教授，清华大学艺术与科学研究中心设计战略与原型创新研究所副所长，中央美术学院设计学院客座教授，广州美术学院设计学院客座教授，中国工业设计协会常务理事，国际设计联合会大中华区分会常务理事。

《设计》：为何工业设计要做基础研究？

石振宇：10年前我应该是中国第一个搞基础研究的。现在基础研究有很大的市场，有些企业已经开始认识到它的重要性。基础研究是中国工业设计的灵魂所在，没有基础研究就没有真正的创新。我们在基础研究中发现需求和关系。基础研究包括两个内容：第一是对人和生活方式的研究。我们一说到"卫浴"，就想到坐便器、喷淋、洗脸盆这几样，这些都是卫浴用具；而卫浴是一个环境，做基础研究的时候就要先研究这个环境。中国人的卫生间到底多大？到底存在哪些问题？这些都没有人研究。他们做的都是改造商品，怎么让产品好看，怎样能够卖出去，跟设计没有关系。我们要研究卫浴，首先要研究：为什么人要洗澡？中国人现有的洗澡方式是怎样的？怎样洗澡才是最舒服、安全的？我们调查了全世界的家庭事故率，人类有4%的死亡是由家庭事故导致的，而这其中80%发生在卫生间。为什么发生在卫生间？因为卫生间的设计不合理，所以才要改造卫浴环境。第二是对科学技术的研究。我们研究椅子时，在全世界买了25把椅子，对每一把椅子进行了结构拆解，去了解通过怎样的结构原理完成舒适的体验。这叫作产品研究，研究的是技术，搞清楚技术之后才可能去做设计。设计师应该关心的不是材料的研发，而是材料的特性及其应用、产地、价格。这些基础研究有两大功能：一是在研究的过程中找到了产品的方向；二是建立了评价标准。这两个功能不是甲方提出来的，而是设计师靠自己的研究得到的。如果在一个企业里销售人员的工资最高，证明这个企业还处在初级阶段。销售谈论的都是昨天和今天，而设计师要谈的是明天的事。我们根据研究去做适当的设计，这才是真正的引领，而不是追随市场。我都是做行业设计，而不只是设计一个具体的产品，因为研究生活方式才能改变行为，解决了这些行业的瓶颈问题，其他问题才能迎刃而解。

现在有很多企业找我做基础研究，但是遇到一个巨大问题：我们培养的学生千军易找，一将难求。工业设计界的博士虽然是学理论的，但是必须有非常丰富的实操经验，才可能把理论上升。我国培养了大批"无私"的学生：心中装满全世界，唯独没有他自己。老师上课说今天要做冰箱，于是所有的同学都去看日本的冰箱、韩国的冰箱、意大利的冰箱……到别人那里去找灵感，最后总结出一个自己的灵感，叫创作来源。从来不去研究为什么要有冰箱，中国人的冰箱到底应该什么样，什么样的家庭用什么样的冰箱……设计这种创造性的工作，严格来说是一个人的工作，不是集体劳动。创意永远是一个人的，后来实现的过程才是集体劳动。

《设计》：您如何看待当下的设计教育？

石振宇：中国设计如果要发展，需要踏踏实实地去思考中国的社会、产业界到底需要什么样的设计，我们的设计师需要什么样的知识结构，再返回来给我们的学生授课。设计师是学校和社会共同培养的。一个设计只有接地气才能够生产，设计不是一项单独的活动。但是，目前学校里教的工业设计很大一部分都是简单的产品、对国民没有太大贡献的产品。因为学校不考虑技术对接，真正的设计应该是能够推进国家发展的，是我们的汽车、火车，是高科技与人的生活的联系。我们的设计实际上是要做这方面的突破。

现在的效果图已经发展成一个新的画种，而不是为工业设计服务的手段了。现在很多学生画效果图，就是一个大概，没有尺寸，没有结构，如何保证设计的质量？我的一张图样画了12天，所有的尺寸细节都在脑子里，下到工厂就全部拆解成100多个零件。这样做出来就不会走样，保证了设计的质量。作为设计师，必须扩展自己的知识结构，才能完成一个设计。很多设计师都无法与工程师对话，设计师必须向工程师靠拢，用工程师的语言和他们交流。设计是由内向外的，结构不能与外观分开，工业设计里根本没有外观设计,外观就是结构的外构架。如果我们的教学都到不了这一步,怎么减小差距?

包豪斯有一个最大优点,就是在实际中教学。如果现在我国的教育改革都是在实际中教学,可能很多教师适应不了,教改最根本的是教师的改变。设计师不是知识分子,设计师是劳动者。设计是应用专业,在欧洲,实用专业只有硕士而没有博士。实践学科培养的是职业人员,这是一种职业教育。职业教育中有两个主要内容:一个是职业道德,另一个是职业技能。

我之前花了三年时间去研究唱臂,现学物理找专家验证,里面存在大量科学技术与设计之间的关系。后来有一天,一位70多岁的美国人直接找上门来,要看我做的唱臂。这种探索精神真是值得我们学习。如果我们能把人都培养到这种程度,就是教育的胜利。

《设计》:您认为一个理想的设计学院应该是怎样的?

石振宇:第一,要自由,有学生自由想象的空间;第二,让学生去接触文化、接触社会;第三,多去实践;第四,去学各种各样的知识。一个学生要保持好奇心,保持激情。很多学生没读过世界名著,他们的知识贫乏,而且越来越实际。老师教给学生的不是知识而是方法,方法和思想是很重要的。工业设计概论总是把工业设计放在窄小的框里去研究,而没有站在大历史的角度。在工业设计发展的同期,科学、音乐、文学、哲学都是怎样的?我们要做这种大历史的对比,放到大时代的背景下去看待这个历史时期的事情。对于学生来说,就是要探究世界历史的整个根源。所以我们现在不应该再写设计史,而是文明史。

《设计》：目前的设计界存在哪些问题？

石振宇：设计是一个实用专业、应用专业，不是理论专业，设计学才是理论专业。设计是干出来的，不是说出来的，必须知行合一。"纸上得来终觉浅，绝知此事要躬行。"中国设计界的人群很庞大，但是很多大师都没有设计作品。现在的设计不是在实践中去完善自己，而是变成了一种推理小说。中国的哲学很难走出来，也是因为永远在研究，没有人去做实验。什么时候中国的哲学界有了实验室，才真正走入了学术。我们总是搞不清楚理论和实践的关系。理论是实践的总结，而不是指导；实践是理论的再突破。一切都在发展，唯独这一块不发展，总用一种理论来指导我们的行动。发展依靠理论，但是理论要有突破，要创造新的理论。搞学术要有理论逻辑，形成体系。很多事情发展不起来的根本原因就在这里。

《设计》：您如何看待科技的进步？

石振宇：设计是不断促进人类生长的，而不是灭亡人类的。法国的笛卡儿提出，过去的古典科学是不实用的。文艺复兴之后，新科学应该是为人服务的。我们回顾从 16 世纪到 20 世纪，这些前进的过程给人类带来了什么？爱因斯坦之后我们还出过哪些大师？最初这些东西都是为人服务的，科技只是手段而不是目的。如果科技不断满足人类的欲望，人类就会逐步走向灭亡。所以，设计师首先要做的是如何让科技回到科技的位置，为人类保留足够大的空间，不至于让人性毁灭。手机对人类的发展到底好不好？让后世去评论。我们不是放飞科技，而是把科技圈在这个笼子里，让它为人服务，而且是在不侵犯人之为人的基础上。这是最根本的。工业设计也是一种手段，目的是让生活变得更好。我们最终是要让生活的各方面都恢复最好的人性，让人的生活和工作达到最完美的状态，现在只是在用各种不同的手段去实现这个目的。

上 / 中国南北极科考专用表
下 / 三电机双臂托黑胶唱盘机

《设计》：您怎样看待艺术和技术的结合？

石振宇：搞艺术和科技的人永远要保持一种新鲜感。一块加工后的金属表面可以打磨得那么精细，让人有种心动的感觉。如果能把这些最感人的东西都用在一起，就不分艺术和科技，只有欣赏。

一方面，我们要有商业服务，通过技术降低成本，做普及化的产品；另一方面，我们也要为文化或者美的东西而服务。数字化是有边界的，是阶梯状的，如红和绿之间有非常清晰的边界。而人是边缘，人看红和绿的时候，中间总有一个模糊不清的地带。人的感情也是这样，高兴中带点淡淡的悲伤，悲伤里还有淡淡的甜蜜。人的伟大就在于模糊性，因此数字化不能代替很多东西。黑胶唱片之所以回归，就因为它是模拟的，它是边缘而不是边界。设计要留给人一定的生活空间。

《设计》：您觉得怎样才是好的设计文化？

石振宇：设计文化要符合本土最大的自由，我们不能忽略习俗，中国有5000年的文明，我们要学会正视自己，才能有发展。在欧洲做设计师，一个想法产生后，所有的工程师都会配合你把这个好的想法实现，因为他们懂得欣赏。这一点在国内是很难达到的，工程师缺乏美学经验，会根据国家规范认为这不能做，那也不能做。

我国目前的设计美学领域还是大块空白。设计美学不是视觉美学，严格说是价值美学、文化美学，还包括人的道德。如果缺少美学细胞，一个人就会麻木枯燥，对一切都没有激情。很多年轻人读研究生就为一纸文凭，根本没有理想。以前我们可以依靠理想把一群人团结起来，一起做一件事情，现在却很难现实。当然这也是社会现状导致的，如果不考虑现实因素就没法生存，但这只是社会的一方面。很多设计师被商业绑架了，导致不能坚持自己。什么时候设计师不妥协了，他们的时代就到来了。有文化修养的设计师是看得很远的。我常说,设计不在设计之内。而在设计之外。设计之外培养的就是眼界,设计师必须有开阔的眼界,要什么都知道。一个设计师搞了一辈子设计,实际上只完成了60%,再往后才能成为大师。设计师最重要的就是不断地积累。

这么多年来我最成功的案例就是做了SUIT椅子。四年以来,厂商和我们一路走下来,他们培养了我们,我们也培养了他们,是一个相互成就的过程。很多厂家没有眼光,没有认知,更不用说理想了。他们总是选择很平庸的设计方案,还是集体的决议。我的设计在加工的时候经常与工厂发生矛盾,他们认为我做得太复杂,我说如果不复杂你们怎么进步,永远是用老的东西。工业设计在整个社会里起到润滑剂的作用,它打破了行业与行业之间的界限,让一种技术发挥到极致,这才是它真正的社会价值。

《设计》:您认为一个设计师应该具备怎样的文化素养?

石振宇:他应该对周边的东西都有很好的敏感性,能捕捉微妙的感觉。在国外,做汽车设计的人都会玩车,一听声音就知道不对,体会的是一种车的感觉,已经融入了车的"内脏"。我们的很多设计师还在考虑外形,在学校里画不能生产的概念车。

我除了做设计,这么多年还一直在画画。同时,我对京剧非常熟悉,研究黄梅戏和歌剧,我还听交响乐,听中国古典音乐。所有这些都不是对立的。绘画是设计的老师,它最重要的作用就是教会一个人观察。设计师其实是在解决关系问题,而绘画恰恰也是。我们学画的时候,老师经常会说注意大关系。大关系就是黑白灰的关系,通过对比的手段达到整体效果。面部最黑的是眉毛,通过一级一级的比较来达到整体观察。

这个训练是非常重要的。设计就是要处理各种矛盾之间的关系，对各种关系进行排队。因为不可能解决所有的问题，首先就要解决主要的，而且问题总是随着时代在改变。好的设计师可以从几个角度入手，而不一定按照设计的程序方法。有的从材料切入，有的从造型切入，但无论从哪个点切入，都是在一个封闭圈里，找到一个点，这个点正好卡在中间，材料上合适，功能上合适，各方面都合适。找到这个点以后，它和周围的关系也就改变了。而移动这个点，设计就会随之进步。

《设计》：我们之前受很多西方文化的影响，现在如何建立我们自己的文化自信？

石振宇：严格地说，我们从小接触的都是西方教育。我学画的时候是油画，甚至对中国画不感兴趣。但是我在20世纪80年代的时候观念发生了巨大的转变。我去故宫看扬州八怪的画，才发现我在西画里追求了那么长时间的东西，我们国家很早以前就有了。中国的写意画不在于画得像，而在于它所表达的意见。这让我们慢慢看到中国文化里很多辉煌的东西。对我们自己的民族，很多时候是通过跟世界的对比借鉴才逐渐认清的。中国人不会因为穿上西装就变成外国人，无论走到哪里，身上的一股劲儿自然会带出来，这种东西是不可言喻的。所以，只可意会不可言传，美就美在这些地方。中国人对很多东西的理解是基于整个民族的特点，妙在似与不似之间，这里面牵扯很多问题。人是依靠联想的，很多东西必须有丰富的阅历才能体会到。我这一辈子最讨厌写文章，写完了永远不是自己想说的，总觉得词不达意。或许正是人类的语言太贫乏，才出现了音乐等各种各样的创造来弥补语言的不足。

《设计》：请您给年轻人一些建议。

石振宇：对来我这儿的研究生，我做的第一件事就是规定他们要看的东西，有几本书、几部电影、几部音乐，都是必须要看、要听的。我不看

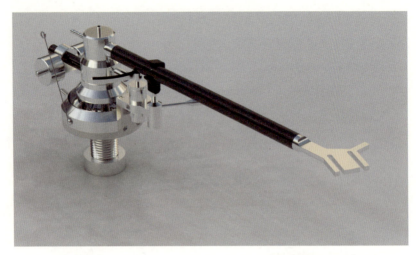

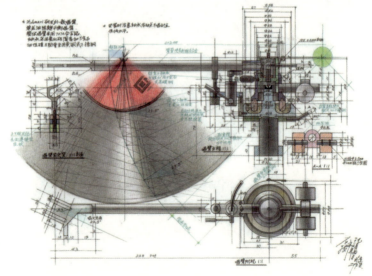

单点油阻静平衡唱臂

设计方面的书，而看闲书，我喜欢看科学杂志。人要不断陶冶自己，而不能太功利。

很多年轻人说在中国做设计师很难走出来，我说我那时候比你们还难，也不知道怎么活过来的。可能做了很多目前得不到效益的无用的设计，但也要激励自己不断前进。做设计的时候目的性不要太强。我们做事要有目标，但不要有目的。我们可以看到，很多比赛上的东西真的对设计产业没有任何突破。我非常提倡适度设计。中国有一些真正在做设计的人，他们是真的用心在做设计，是为下一代、为未来在做设计。一个题目能让他们激动到睡不着觉，把梦想和情怀融合在一起。保时捷设计总监的一句话我一直记得，他说，我从来不做没有二手价值的产品。所以，他做收音机不做半导体，做机械表不做电子表。

设计与艺术不断互动才能产生优秀作品
——王爱红谈"设计与文化"

THE INTERACTION BETWEEN DESIGN AND ART CAN PRODUCE EXCELLENT WORKS
——WANG AIHONG ON "DESIGN AND CULTURE"

王爱红
景德镇陶瓷大学教授、博士生导师

  王爱红,景德镇陶瓷大学二级教授、博士研究生导师,中国陶瓷艺术设计研究中心副主任,伦敦艺术大学中央圣马丁学院访问学者,中国工业设计十佳教育工作者,中国陶瓷设计艺术大师,享受政府特殊津贴专家。主要研究方向为产品设计与陶瓷材料研究、工业设计与理论研究。主持完成了科技部、文化部等省、部级立项项目十余项。

  王爱红教授一直扎根于设计教学、设计实践,借助设计学科的方法及理论,通过接触新的设计理念、新的艺术表现形式、新的思维方式来提升自己的艺术修养。在她看来,设计学脱胎于艺术学,设计与艺术之间存在一定的继承与发展关系。虽然当下设计与艺术之间的表现方式、表达目的不同,但是二者之间的关系仍然无法割裂。艺术与设计的关系是个性与共性的关系,艺术的存在是一种个性的存在;而设计的存在则是一种共性的存在。"隔行不隔理",设计学科的思维方式、表现手法不同于艺术创作,但是运用设计学的方式让她在创作的过程中拥有丰富的创作源泉和方法。

《设计》：陶瓷本身就是中国文化的象征，您怎样理解这其中的文化内涵？

王爱红：陶瓷是陶与瓷的统称。我国是历史悠久的陶瓷古国，从陶器的制作到瓷器的发明创造源远流长，并且中国陶瓷从原料选配、造型创作、装饰加工到烧制成型，整个过程都有自己一套独特、完整的语言体系和技术程序。从本质上讲，陶瓷文化内涵的形成是几千年来中国人的生活方式的积淀。

"陶瓷"作为一种独特的功能材料和艺术表现材质，集物质文化与精神文化于一体，反映了不同时期的不同群体日常生活中的功能需求和审美特征。随着人们生活方式、审美趣味的变化，逐渐形成了悠久而丰富的陶瓷文化，从陶瓷器物的角度具体概括起来，涉及我国的食文化、酒文化、茶文化、医药卫生文化、丧葬文化、文人文化、书画艺术、民俗文化、市井文化、对外文化交流等内容。此外，陶瓷通过诗、书、绘画、雕刻，将中国意境中的"诗中有画，画中有诗""景中有情，情中有景"体现得淋漓尽致；将儒家的"仁学""礼学"用"藏礼于器"的形式展现；将道家的"崇尚自然""简约闲澹"用"器以载道"的形式体现。

《设计》：中国传统文化如何在陶瓷的设计中体现？

王爱红：陶瓷作为中国传统文化的载体，与人们的生活方式息息相关。自原始彩陶的出现到如今瓷器的多元化发展，陶瓷作为一种实用器皿，记录着不同时期、不同使用者的生活形态、审美观念以及陶瓷器物本身所承载的工艺技术、意识形态等文化信息。陶瓷从实用器皿向艺术品的发展转变，使陶瓷摆脱了实用器物的功能形式，成为艺术精神诉求的载体，并从造型、装饰、工艺等方面融合了传统文化元素进行表现。近几年陶瓷文化创意产业兴起，产生了大批的陶瓷文化产品，其中对传统文化的体现多数还停留在符号层面，存在与当下生活语境脱离的问题。在陶瓷设计中挖掘中国传统文化，既包括"形而下"的物质设计，也包括"形而上"的精神体现，不是简单符号的堆砌，而是对符号背后所承载的道德理念、审美价值、艺术精神、文化观念的整体表现。

《设计》：陶瓷设计应如何与现代生活结合，走出有特色的创新之路？

王爱红：陶瓷设计与现代生活结合的创新方式，具体来说，可以从功能创新、形态创新、表面装饰与风格创新、工艺创新等角度与现代生活方式进行结合。功能创新是要对当下使用者的日常生活行为习惯、使用方式、家居环境进行研究，开发符合当下使用者行为特点、生活语境的具有现代感的产品。形态创新、装饰与风格创新是在满足功能的基础上，通过新的产品形态、装饰设计形成新的风格特征，并且此风格的特征是在现代审美特征下对传统模式的现代性表达。工艺创新是借助现代的制造、生产技术，以现代化的生产管理方式来达到个性化或批量化生产的途径。整体而言，陶瓷设计与现代生活的结合，是陶瓷材料在继承传统文化资源的基础上所进行的当代性转化。

《设计》：您既教设计也做艺术，您是如何理解设计与艺术之间关系的？

王爱红：设计学脱胎于艺术学，设计与艺术之间存在一定的继承与发展关系。虽然当下设计与艺术之间的表现方式、表达目的不同，但是二者之间的关系仍然无法割裂。艺术与设计的关系是个性与共性的关系，艺术的存在是一种个性的存在；而设计的存在则是一种共性的存在。在设计教学及实践中，设计与艺术之间是相辅相成的关系，艺术层面的创造性思维以及艺术化的审美与表达方式对设计会产生直接影响，有助于设计活动的展开；而在艺术创作中，设计活动中对产品定位人群、环境、使用方式的精准性思维方式以及产品设计的创新理念会融入艺术作品的创作中，促进艺术作品的主题展现、理念表达更加明确。在我看来，设计与艺术需要二者之间不断互动，才能产生优秀的产品和作品。

《设计》：在陶瓷创作过程中，您是怎样一步步提升内在修养的？这种修养对设计艺术的创作有哪些帮助？

王爱红：优秀的作品与创作者个人的品格、文化修养、思维能力、审美感受能力、精湛的技艺等分不开的。我本人因为一直扎根于设计教学、设计实践的原因，更多的是借助设计学科的方法及理论，通过接触新的设计理念、新的艺术表现形式、新的思维方式来提升自己的艺术修养。俗话说"隔行如隔山"，但"隔行不隔理"，设计学科的思维方式、表现手法不同于艺术创作，但是运用设计学的方式能够让我在创作的过程中拥有丰富的创作源泉和方法。此外，在设计表现形式提升的同时注重对设计理念的把握，进一步增强作品的艺术表现力与感染力。

《设计》：请您介绍下景德镇陶瓷文化创意产业的发展状况及所取得的成绩。

王爱红：景德镇有着得天独厚的陶瓷资源与深厚的文化底蕴，为文化创意产业的发展提供了良好基础。近年来，为大力发展陶瓷文化创意产业，国家层面给予大力扶持，政府通过招商引资，积极建设，树立了一批国内较为知名的陶瓷品牌，也为将景德镇打造成为国家陶瓷文化试验区奠定了基础。

景德镇现已发展了陶溪川文创街区、珠山东市、陶艺街、三宝瓷谷、明清园、乐天陶社等相应的陶瓷推广与实践平台。其中，对工业遗产的保护方面，秉承继承与创新的原则，将景德镇旧瓷厂工人、艺术家和学生等群体集中在一起，使创意产业园区成为城市中创意和人才密度最大的集中区域。在推进陶瓷文物与陶瓷非物质文化遗产保护的同时，将文物的"活化"与日常生活相关联，使景德镇陶瓷文化的传承创新实现了飞跃式的发展。另外，每年一度的陶瓷博览会等展会交流对景德镇陶瓷产业的自身发展与对外交流提供了良好的机遇并注入了新的活力。我主持的国家艺术基金2018年度艺术人才资助项目——"陶瓷艺术创新设计人才培养"的学员作品展就在第十五届中国景德镇国际陶瓷博览会中展出。

《设计》：陶瓷产业目前存在哪些问题？

王爱红：目前，我国的陶瓷产业普遍缺乏对国家政策和国际环境的应变能力，对自身行业前景缺乏深刻认知，品牌意识淡薄。就景德镇陶瓷产业而言，其优势是拥有完整的陶瓷工艺链，但技术创新的力度仍显不足，产品标准化欠缺，导致质量参差不齐，产品还出现一定的同质化和抄袭等现象。

《设计》：我国的陶瓷文化如何在创新中与世界接轨？

王爱红：陶瓷是中国文化，也是世界语言。中国传统陶瓷固然优秀，但近几年欧洲陶瓷品牌发展位于世界前列，我们应该具备国际视野，在国际竞争中形成自己的企业竞争力，立足于国际市场。因此，我国的陶瓷文化想要与世界接轨，必须在与世界的对话中展现文化自信，在创新中丰富和发展伟大的民族精神。基于中国历史文脉，坚持走中国特色，打造中国品牌，树立坚定的文化自信；并且兼收并蓄，将新工业、新技术与传统陶瓷工艺合理对接应用，利用世界先进技术推动传统文化复兴，在对传统文化的继承和创新中，探索新的发展模式。

中国陶瓷要从"中国制造"向"中国创造"突破，从陶瓷大国成为陶瓷强国，必须提高产品档次、调整产品结构、重视产品创新，合理利用陶瓷资源、降低能耗，使行业可持续长久发展，与世界接轨。

《设计》：您如何培养学生在动手操作的过程中提升对艺术、文化的认知和修养？

王爱红：我目前在做陶瓷产品设计理论与实践方面的教学。由于陶瓷产品设计对陶瓷工艺特性的掌握有着极大的需求，学生在操作过程中就必须走进工艺，熟练掌握陶瓷的各种工艺并将其合理应用于实践；而出于陶瓷设计对设计创意的需求，学生又必须走出工艺。这是因为，工艺有时候会在一定程度上限制学生的创造力，使学生困于传统之中，难以进行设计创新。我们提倡工艺为设计服务，而不是为了工艺而工艺。因此，需要全面引导和培养学生的能动力与创新意识。

为了提升学生的专业艺术修养，我们每周都要举行学习汇报，集中交流设计方案和读书心得，相互沟通比较，了解他人的想法和观点，不断积累。在一些具体的项目实践中，本着立足生活的基本点，一方面，秉承向传统学习的态度，基于景德镇手工制作的传统优势，深入作坊、脚踏实地，从中国传统文化中汲取养分；另一方面，引导学生关注前沿设计发展态势，积极搭建创新平台，带领学生参与企业合作的设计项目、设计竞赛，以此调动学习积极性。近年来，我带领团队参与企业合作项目数十项，取得的成果如主创设计了G20峰会"夫人瓷"、中国—东盟博览会礼品瓷等陶瓷产品，获授权的实用新型设计专利、外观设计专利有多项。我们的学生在一些国内外知名设计大赛，如美国杰出工业设计奖（IDEA）、德国红点奖、iF设计奖、中国创新设计红星奖、亚洲设计奖以及全国美术作品展览等相关比赛和展览中获奖。这对年轻人来说无疑是最好的历练。因此，我们一直在做这方面的努力，希望把我们的学生推向更大的国际设计舞台。

《设计》：一名优秀的陶瓷创作者要具备哪些素养？

王爱红：陶瓷艺术是一项综合性很强的艺术门类，要求陶瓷创作者具备全面的专业知识,包括扎实的理论积淀与丰富的实践经验。首先,需要对陶瓷文化与历史有充分的了解;其次,能够对其材料特性、工艺技术熟练掌握,并合理应用于创作实践中;再次,需要具备敏锐的洞察力,对目前陶瓷市场存在的问题和反映出的需求有所把握;另外,还需要具备一定的国际视野和创新意识,不断培养良好的审美鉴赏能力,使陶瓷创作既能立足本土,又能推陈出新;最后,要坚守行业道德,做一名德艺双馨,全面发展的优秀陶瓷创作者。

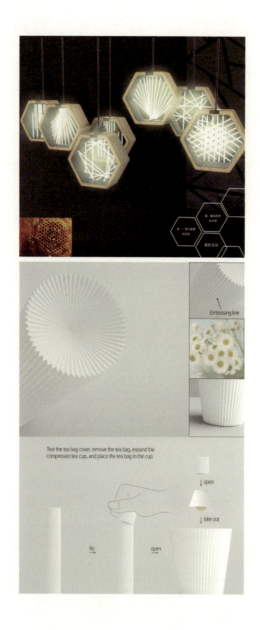

上 /《Family》 获"2013 法蓝瓷国际陶瓷设计大赛"概念组金奖
下 /《Compress Cup》 获 iF 奖

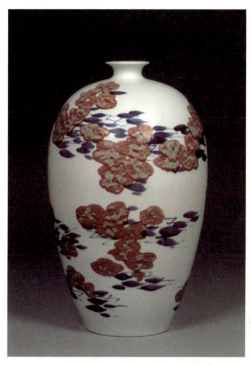 

左/《花攒锦簇》 王爱红
右/《悠然》（瓷板） 王爱红

建构多种文化感受与思考的亚洲设计平台
——许平谈"设计与文化"

ASIAN DESIGN PLATFORM BUILT FOR MULTI-CULTURAL FEELING AND THINKING
—— XU PING ON "DESIGN AND CULTURE"

许平
中国艺术教育研究院副院长、教授、博士生导师

    许平,艺术学博士,教授、博士生导师,中国艺术教育研究院副院长,中央美术学院研究生院院长,国务院(第七届设计学)学科评议组召集人。曾任中央美术学院设计学院副院长、中央美术学院研究生处处长,并兼任北京设计学会会长、中国工业设计协会常务理事、中国民间工艺专业委员会副主任委员等。

    亚洲设计文化基因在线平台(ADCG)由中国艺术教育研究院副院长许平教授主导搭建。其本身不接受商业委托、不谋求市场营利,不追逐版权保护,而以"天下公器"为真正的智慧原则,努力建设一种有序共享、共生、共治的动力机制。该项目由一批亚洲国家的设计师和教育机构自发组织,作为一项共同研究、合作交流和思想集聚的平台推送计划,以 21 世纪全球生态变化与科技革命背景之下的人类生存与设计发展为宗旨,探讨关涉亚洲未来的"文化基因"提取、凝练及再生可能。

《设计》：您最近在主导"亚洲设计文化基因在线平台"，能否简单介绍一下这个平台及其搭建初衷是什么？

许平： 自从20世纪50年代雷蒙·威廉斯（Raymond Williams，1921—1988）将"文化"与工业社会的观念问题并列以来，关于文化的定义及其社会影响的争论就始终处于时代关注的中心。正如威廉斯所说："'文化'一词的发展记录了我们对社会、经济、政治生活领域的这些变革所做出的一系列重要而持续的反应，因此，'文化'本身就可以看作是一幅特殊的地图，借助它，我们可以对这种种历史变革的本质进行探索。"（[英]雷蒙·威廉斯《文化与社会》，高晓玲译，吉林出版集团有限责任公司，2011年8月）与此同理，设计中的"文化"问题，也可以看作是设计的社会性关联的重要组成。概括起来，当代设计中所涉及的文化讨论不外乎两大部分：设计文化的"文化性"问题和设计文化的"策略性"问题。所谓"文化性"问题，也就是常说的"文化自觉"，是对设计中的文化身份、文化意识、文化认同、文化表现等一系列相关问题的自省与把握的问题；所谓"策略性"问题，是把设计问题放在文化多样性的全球语境之下进行文化构建、传播与推广的主动作为的问题。这两大问题也可视为设计文化"内部性"与"外部性"关系的问题，不仅可能交叉持存，而且可以碰撞互存。因为其中无论哪一层关系，都意味着设计发展的更为深层、主动与整体性的作为。

我在很多场合举过中国设计师在2014年—2015年推出的在线支付"小红包"产品示例。"小红包"是网络经济时代新型产品设计的典型范例，现在已经深深地渗入中国百姓的日常生活之中，可能很多人每天都在使用它，但还意识不到它也是一种网络经济的"产品创新"形式，更是现代设计"内部性"关系与"外部性"关系巧妙融合的结果。"红包支付"是产品中的中国文化，典型的表现是当它借年节社交在全球推出时没有遭遇任何文化心理的抵制。但就是这样一种微不足道的、传递人情温度的礼仪之举,短短几年间成为全球华人社交圈中的热议话题,不仅创造了单日交易达上百亿笔的规模化金融的奇迹,而且有效撬动了全球性在线支付经济的迅速扩张。它不仅证明了中国设计可以在新条件下的经济生活变革与传统文化延续中有所作为,而且宣告了一个新设计范式时代的到来。这个例子告诉我们,需要重新认真地审视新时代中的科技条件与历史文化带给我们的创造性可能。今天的中国正面临前所未有的有利态势,这也正是今天我们需要从更为彻底和更为微观的角度仰观俯察、进行文化探讨的理由。

文化是这样一种存在:它仿佛包围在我们身边的空气。当我们每天自由地生活时,感觉不到它的存在;但是一旦周边发生了变化,比如海拔高了、发生污染了,你就发现它会决定生死。它是一时一刻也不能缺失的存在。所以我觉得,当我们在谈"文化"时,是在谈生存的问题、谈创造的条件、谈未来的希望。亚洲设计文化基因在线平台(ADCG)就是在这样的预判之下发起的一门专项研究,是为准备长期致力于"文化问题"与"设计未来"研究的人搭建的一个条件平台。ADCG本身不接受商业委托、不谋求市场营利,不追逐版权保护,而以"天下公器"为真正的智慧原则,努力建设一种有序共享、共生、共治的动力机制。该项目由一批亚洲国家的设计师和教育机构自发组织,作为一项共同研究、合作交流和思想集聚的平台推送计划,以 21 世纪全球生态变化与科技革命背景之下的人类生存与设计发展为宗旨,探讨关涉亚洲未来的"文化基因"提取、凝练及再生可能。

《设计》:这样的"文化基因"研究,对于今天复杂的设计变革具有怎样的意义?尤其是"亚洲文化基因"研究的价值何在?

许平:"文化基因"的探讨由来已久。自从 1897 年法国画家保罗·高更

(Paul Gauguin)提出"我们从哪里来？我们是谁？我们往哪里去？"的世纪之问，种种关于人类生存与文化矛盾的反思此伏彼起、层出不穷。这不仅是人类内心普遍的身份焦虑与路径迷茫的彰显，更加暴露了面对外部世界的迅猛变化，人类不知何以自处的深层危机。今天，这一矛盾没有随着20世纪的终结而转换，相反，随着新科技革命到来与生态环境剧变而日益恶化，人工智能技术的突飞猛进更是将人类生命的主体价值推向岌岌可危的尴尬境地。在严峻的现实之下，支撑着数千年人类文明持续生存的生活方式史与文化经验史尤显可贵，区域性文化基因的流变及其革新延续的潜质正在新史学理念与方法的推动下彰显其对于总体文明研究的重要价值，"传统文化元素的现代转换与可持续研究"因而成为受到全球设计界普遍关注的重大课题。

亚洲是东方文明的重要载体，亚洲文明正以曾经的辉煌和新的崛起在世界文明大格局中显示其独特的文化存在和历史存在。对亚洲设计经验的历史和现实表现的关注，事实上成为从20世纪初发端的经典设计学转向21世纪新设计学范畴的一个关键。

ADCG计划基于这样的文化共识，力求从亚洲生活经验的深层发掘可能促使未来设计人类性、普适性更新的要素、方式与路径，探索新设计图式产生的可能。

文化是民族的血脉，是人民大众最终的精神归宿和生活家园。文化也是一定的共同体在一段时期内所追求的、所放弃的和所改变的原创性的经验集成，既在物的层面又不止于物的层面，即所谓"非物质性"的文化创造。文化有其传承性，因而具有血脉贯通的基因性的DNA关联。

所谓"文化基因"，是指构成民族最基本的历史文化血脉的、承载文化持续成长的基因，是影响文化发展的最核心的生命密码与能量链，是持恒、深刻、隐蔽并具有内在结构的文化方式。但这样的文化粒子，由于其位面的深层性，并不容易被观察和捕捉到，因此必须通过对基因外显形象的捕捉去感受和传递。这是文化基因研究和推送计划的立意所在。

2008年北京奥运会开幕式上数千名表演者"击缶而歌"，气势如虹的表演震撼全场。其实这里的"缶"，正是古代鼓乐制度所蕴含的"礼数"基因的外在形式。编导成功地捕捉到这一基因本质并予以光大，因而获得了历史性的成功。

中国传统文化中的文字、章纹、榫卯……这些持久、隐蔽的文化形式中，都包含结构性的深层基因，都可以视为一种基因性的持存。不同基因的多维组合构成丰富的文化表现和成长方式。因此，基因未必是文化的最小粒子，但必定是影响甚至导致更为复杂的文化呈现之因。一个民族、一个地域的文化样相，必定由几种关键性的基因组所构成，越是结成于基础性底层的基因，就越具备改变表层文化结构的巨大能量。2008年北京奥运会开幕式表演选取了鼓乐、文字、冠礼等几种基因形式加以重构，它们共同的文化再生潜质在史诗级的演绎中得到经典体现。因而，设计的文化基因不仅是存在于历史的，同时也是存在于现代的，更是链接着未来的。这是我们之所以要在"我们从哪里来？我们是谁？我们往哪里去？"的总体思考中关注文化基因、提炼文化基因和继续生成文化基因的基本思路。

文化基因是对设计文化的"内部性"问题思考的深层追索。这些年对设计文化的关注，经历了从形式关注、风格关注到符号关注、元素关注等几个不同的阶段性表现。我认为，基因关注是内部性研究进入一个新阶段、新水平的标志。因为它需要摆脱就事论事的简单推断、形式符号的思维惯性、不分主次的素材网罗……需要掌握大量丰富、细微、深刻的历史现象，继而透过历史现象捕捉其间的本质追求，并对其进行仔细的辨析，最后得出符合历史与未来可能的有效结论。需要指出的是，如同生命现象一样，文化基因是由复数的能量链组成的结合体，具有多维的复杂性，它对文化的影响既是基本的，也是丰富的。以中华民族为例，中华民族的文化基因既有其民族生存史共同建构的基本气质，也有其因地域、历史等人文条件的不同而区分的个性呈现。

在这样的梳理与检视中，需要尊重文化过程的多样性，而避免文化的单一中心主义；要反对"文化虚无"的态度，也要避免"文化决定"的简单逻辑；要极端重视和敏锐关注一切技术形式的发展，尤其是当代通信科技、生命技术、环境科技迅猛发展带来的时代巨变，同时也要关切和力避"技术取代论"的去人文化立场。文化多样性的结构来自基因层面不同约束关系下的文化粒子链接方式与集合方式。正是在这种多层次、多维度的基因组织中，形成不同区域文化各具表现力的、独特的存在方式。"它既不是普遍的，也不是特殊的，而是一个纯粹简单的具有特性的力"，是一种比人们所能感受到的表面更为深沉的、可识别的文化个性。

《设计》：能介绍一下这个项目目前的进展情况吗？具体都完成了哪些工作？

许平：我们于 2019 年 5 月 24 日—25 日在浙江杭州中国美术学院南山路校区召开第一次发起及筹备工作会议。与会人员包括来自韩国设计振兴院、中央美术学院、中国美术学院、中国艺术研究院、南京艺术学院、云南艺术学院、广西艺术学院、内蒙古农业大学等院校机构的代表。会议讨论了项目发起计划，商定 2019 年 11 月 22 日—24 日在中国杭州中国美术学院象山校区召开亚洲设计论坛暨"亚洲设计文化基因在线平台计划"首届工作会议，以及首届"亚洲设计论坛工作坊"工作计划；2019 年 7 月，上述院校在湖南大学举行第二次工作会议；2019 年 10 月，"旧与新——首届亚洲设计论坛工作坊" 在南京艺术学院设计学院圆满完成；2019年10月23日—24日，首届亚洲设计论坛暨"亚洲设计文化基因在线平台计划"工作会议在中国美术学院象山校区召开，原韩国设计振兴院院长李淳寅先生、韩国服装设计师琴基淑女士、日本工业设计师协会会长田中一雄先生、泰国艺术大学副校长瓦塔纳潘先生、马来西亚艺术学院插画专业负责人邱传美女士、英国伯明翰艺术与设计学院珠宝学院院长诺曼·切瑞先生、澳大利亚《设计史》期刊编委丹尼尔·胡帕茨先生等代表各发起机构参加会议，中国美术学院、中国艺术教育研究院、中国美术学院设计学院、中国美术学院创新设计学院、南京艺术学院设计学院、云南艺术学院设计学院、广西艺术学院设计学院、内蒙古农业大学艺术设计学院、北京服装学院等院校相关研究人员出席工作会议并进行了内容丰富的现场交流。10月23日，举办了为期一天的主旨论坛，并讨论了草拟中的《亚洲设计文化基因在线计划（ADCG）》（组织路线图）；10月24日，举办了为期一天的首届亚洲设计论坛青年论坛；同时推出"旧与新——首届亚洲设计论坛工作坊汇报展"，举行开幕式。本次会议还讨论决定了下次论坛及工作坊在云南艺术学院举办。

《设计》：能否介绍一下平台下一步的工作计划是什么？

许平：从本届开始，每期论坛会议都将形成一个阶段性成果汇总正式出版，并希望这一工作能够连续进行。每期呈现的成果并不要求结论一致，但希望是可供不同国家间贯通检索的信息集成。为此，希望形成一种开放、透明的研究态度。这意味着不同参与国家的文化可理解性、充分透明性，以及从内容到形式的多文化间性。

继上次杭州会议以后，我们又去了云南与内蒙古，最后又回到杭州，都是为了把计划继续向前推动。关于在线平台理论的阐述，在前两次会议上的基础上正在梳理，可以说达到了基础性的共识，但距离解决所有问题还有很长的路要走。我想，接下来的工作是把在线平台搭建起来。

我们目前想将收到的一部分传统文化基因的素材作为基础,以此为基础构想出一个和我们建设目的较为契合的平台构建形式。目前是中国美术学院设计学院与创新设计学院的老师正在开始搭建平台的框架,我们当然还希望有更多的学院和老师参与进来。目前的工作可能会从视觉元素的角度先填充内容,以及为将来的动力机制做一些构想。

我们计划在现有的设计与文化的研究方向下成立一个具体的工作小组,把研究性的工作和平台的搭建作为一个整体,当然其中还会牵涉一些具体的技术性设计,比如权利限制,不是一种简单的有限使用的关系。目前正在参照国际国内做得比较好的平台经验,相对可以杜绝一些今后对平台机制带来的影响。目前平台内容的整体搭建工作也正在构想中。参与院校所提供的资料是非常丰富的,包括在地创意、乡建与保护等方面的内容,还有研究者个人所提供的研究案例,内容非常详细,也很珍贵。这些会构成在线平台吸引力的基础。当然理想的内容是一座山,目前所得还只是一抔土,还需要大量的积累和奉献,希望有更多的院校和研究者个人关注我们。包括像印度、马来西亚、泰国这些国家的设计学院,也把他们的素材贡献到网站上。这样才能够形成一个真正的"亚洲平台",第一步只是理想化的抛砖引玉。比如,我们将内蒙古艺术家合作完成的草原生活方式的调研与新艺术形式创建的工作结合起来,内蒙古农大的老师们贡献了丰富的草原音乐、草原歌曲,我觉得将来放在网站上面,一定会吸引更多的研究者加入。

《设计》:为什么要吸收那么多与设计没有直接关系的内容呢?

许平: 谈到设计与文化的关系,可能容易把它设想成是"历时性"的,一讲到传统文化,就是"向后看"。我认为,设计与文化的关系不是"历时性"的,而是"共时性"的;这种关系不是纵向的,而是横向的。文化是包围着设计的语态,是一种生存的方式,是设计的生存基础。

"亚洲设计文化基因在线平台"计划会议于 2019 年 11 月 23 日、24 日在杭州中国美术学院召开,许平教授主持并发言

"亚洲设计文化基因在线平台"计划会议于 2019 年 11 月 23 日、24 日在杭州中国美术学院召开,国内外多所院校派代表参会并发言

如果对这样的语态、这样的生存方式不了解,设计肯定是脱离实际的,是与生活不相干的。以前在所谓的"外向式经济"条件之下,导致了一种畸形的设计状态,即只有为他人服务的设计,而没有关注自己的设计,我们是在这样的基础上发展起来的,所以要经历很长时间的自我调整。从为他人服务的设计,转向在地的、为自身的生存和生活服务的设计,这是今天我们研究设计文化的出发点,也是"文化基因"研究之所以在此时提出的思考出发点。

我们生活中周围的一切事物都是设计的来源。如同杭州的天气,经常处在下雨和不下雨的状态下。当下雨时,你看不见雨点在哪里;当不下雨时,又到处都是湿的,树叶上、衣服上都是湿的,在空气里一抓仿佛能抓住一把水。这种形态就像设计与文化的关系:文化就充斥在我们的周围,虽然看不见摸不着,但是它能够决定设计的生存、设计的发展、设计的价值、设计的喜好,甚至是设计趣味的根本条件。这就是文化与设计的关系。在这个意义上,我们说文化与设计的关系不是纵向的,而是横向的、共时性的关系。要研究设计,就要充分理解文化的存在。之前为出口的设计往往做得非常生硬,就是因为这不是为了身边的文化设计的,它是为我们不熟悉、不知道,对我们来说是遥远的、不存在的生活方式设计的。它距离我们的现实生活很远,也距离我们的环境很远,距离我们的喜好很远。我们只能盲目地照着有限的资料去做,找一些画报、找一些教材、找一些大师的作品来参照设计,很长时间内设计就是这样教出来的。但这并不是我们真正需要的设计,真的设计是像身边的水和空气一样揉在一块的、聚焦的、提炼的、能够形成亮点的设计。谈基因就是想找到构成我们身边所有这些模式的条件是什么?它是怎样影响我们的设计、我们的生活和我们的文化的。我们想从亚洲的图形、亚洲的色彩、亚洲的声音、亚洲的田野、亚洲的脚步……这样非常宽泛的角度来呈现亚洲。这种内容不需要形成结论，只要把人们感兴趣的、有感觉的、可思索的东西呈现出来，它的结论就可以与大家互相分享，每个人还可以把自己的感受拿到平台上再次分享，在这种相互的碰撞里寻找文化再生的可能性。我觉得这样才像是开放性、启发式的平台。如果平台只能为了学生写论文提供一些依据，提供一些注释，就失去了建立平台的意义。比如，一个蒙古族的孩子听到草原上的歌，可能并不会觉得特别兴奋；但是，如果一个马来西亚人听到来自北方草原的声音，一定会有一种非常欣喜的感觉。就像那天会议上所谈到的，文化能够显示出非常丰富的可解释性，可以给人们带来多样的想象，把"自由"理解成人的理性和感性高度结合后形成的一种状态；把"忠诚"理解成一种共有的秩序，这些人文传统的内涵恰好就是今天的设计所要体现的创造的状态、有序的状态。文化的魅力就在于可以为不同的人从不同的角度去建构不同的解释，带来不同的文化想象力，从而激发新的创造。

我想，其实设计的最终目的就在于让人们更多彩地体验生活，去重新找回生活中可能已经被封闭或麻痹的一种感受，重新找回对生活的敏锐。一旦获得这样一种感受，你会发现身边的生活对你都是开放的，这是设计最有意思的地方。我们现在在学校所教的设计其实离这个目标非常遥远。因为无数个在不同地域的学校都按照一个既定的标准在教学，都会不知不觉地把文化的差异性搁置，而去重复那些彼此相似的东西，然后就产生了很多充满埋怨和消极的教学。如果忽然有一天重新把大家聚在一起，才会发现其实彼此的生活差异那么大，而且彼此的感觉是如此不同，这一切才变得有意思起来。我们要做的就是这样一个在线教学平台，要让大家有机会碰到一起讨论。

《设计》：在技术革新日新月异的时代，应当怎样看待设计文化与技术之间的关系？

许平：技术永远要努力代替一部分的人力劳动。以往它只是代替体力劳作，将来可能变成连一部分脑力劳动也被技术所代替。这是一个大的趋势，无法阻挡。在这样的背景下，我们会思考什么是真正体现作为"人"或"人类"存在的最后标志、最后的尊严。也许到时候，人类可能只剩下一件事能做，就是"提出问题"，"提出问题"就是"邀请未来"。因为只有提出问题的能力是机器无法代替的。到目前为止，人工智能还只能停留在回答问题的层面，只是根据人类输入的条件形成一个组合的方案。而设计最伟大的本质就在于能够"发现问题"，是"提出问题"的一方。将来的文化会呈现多元混合的格局，包含人工条件的文化、半人工、混合型人工与非人工条件的文化。这种情况下对文化的判断会非常复杂，而设计也会在这种格局中呈现多界域化，但提出问题和设定界域将永远是设计的职责。

设计是社会文化的创造硬核
——张夫也谈"设计与文化"
DESIGN IS THE CREATIVE CORE OF SOCIAL CULTURE
——ZHANG FUYE ON "DESIGN AND CULTURE"

张夫也
清华大学美术学院教授、博士生导师

  张夫也,清华大学美术学院教授、博士生导师,清华大学美术学院世界艺术史研究所所长,兼任中国艺术研究院特聘教授、博士生导师,中国工艺美术研究院专家指导委员会委员,创意中国设计联盟副主席,北京工艺美术协会副会长等职。著有《外国工艺美术史》《世界装饰艺术史》《外国现代设计史》《日本美术》等多部专著和教材,并发表多篇在国内学界具有影响的学术论文。

  关于设计与文化的关系,张夫也教授认为,艺术设计本身就是文化的产物,是人类通过物质形式达到精神享受的一种途径;同时,艺术设计也是体现文化特性的一种形式。文化对艺术设计内容有着决定性的影响,是艺术设计内容的直接来源。不同文化知识形态客观上影响着对艺术设计内容的选择。正是因为各区域、各民族的历史、环境、人文文化的不同,决定了各个国家的艺术设计风格迥异、各具特色。他还谈到,设计教育的最高境界应该是树立文化自信。这一本质特征要求设计教育不仅具有关注和参与社会经济和人类生存状态的属性,而且具有超越世俗的特征。

《设计》：您早年在日本留学，您认为日本的设计文化与中国有哪些不同？

张夫也：说起设计文化，日本可以算是一个楷模，所以成为能够写进世界现代设计史的亚洲国家。因为在设计方面，它一直走在前列，有很多东西值得我国借鉴学习。例如，有时候我们学习西方的设计，很容易丢失了自己的文化身份，看不到自身的优势，一味地追求西洋风，却丢了自己的优秀传统，往往还觉察不到。日本也经历过这样一个阶段，我们应该吸取教训，不要重蹈覆辙，他们的经验是我们可以直接拿来的。日本明治维新之后，也有过一段相当"崇洋"的阶段，派了很多留学生去欧洲、美国，结果反而是欧美人士为他们指出了前进的道路，然后日本人回过头来看，才意识到日本自己的优秀传统。例如江户时代的浮世绘在欧洲的影响很大，新艺术运动就很崇尚日本的东西，这才让日本看到自己的传统魅力所在，真是"不识庐山真面目，只缘身在此山中"。所以，日本后来发起了"民艺运动"，强化自己的文化身份，提倡传统精神，这些都是值得我们参照的。在日本，多摩美术大学的设计教育很有成效。2008年，毕业自该学校的一位学生手绘制作的时长约13分钟的动画短片《回忆积木小屋》荣获了第81届奥斯卡最佳动画短片奖。《回忆积木小屋》很注重传统的做法，它的卡通形象是用彩色铅笔画出来的，题材也是关于当代社会的，能从中感受到作者对自然生态、社会生态的关注。这部短片表现的情节是虚拟的，但关注的问题是极具现实意义的很深层的问题，包括自然生态、社会生态等。该片在放映的时候，很多观众都落泪了。而目前的很多动画片过于娱乐化，观众看后一笑了之，缺乏深刻的内容和教益。

日本与我国是近邻，从地缘关系与历史发展脉络来看，两国的设计文化发展休戚相关。第二次世界大战以后，日本是率先实现现代化的东方国家，在科技、新兴制造业、工业设计等领域取得了傲人的成绩，在世界设计文化中扮演着重要的角色，是东方设计文化的典型代表之一。日本传统工艺精神与现代设计文化相结合的实践经验，对我国方兴未艾的现代设计文化有重要的借鉴参考价值。

日本独特的地理环境是其设计文化持续发展的沃土。四季分明的地方对于陶冶人的性情、抒发情怀有一定的益处。生活环境和生活经验是设计师灵感的来源，设计作品则是设计师对生活环境的客观再现和主观再创造。而环境对设计文化的影响，在社会环境上体现得则更为具体，日本即是这样一个得益于自然地理环境，形成独特设计文化特质，从而使得其设计文化得到充分发展的国家，尤其是传统工艺美术和现代设计文化的发展，凸显了这一优势。

古代日本从中国汲取了大陆文化的养分，在此基础之上，日本民族文化形成了包容、开放、擅长学习他人的特质。很多东西并不是日本人最初发明创造的，但是通过吸收与拓展，使其得到了进一步发展，这是他们的优势。日本是世界公认的擅长向外来文化学习的民族，也是一个在文化上极其包容的民族，这使得日本在设计文化方面发展迅速。他们既能接受传统，保持本民族特色，又能继续开发，进行改良创新。这样的良性循环使日本设计文化跻身世界前列，并形成了典型的、具有代表性的东方设计文化。日本设计的兼收并蓄，不断发展前行，使其设计文化保持着旺盛的生命力。

不可否认，日本设计的腾飞离不开传统手工艺的滋养，其设计精神与手工艺精神一脉相承。日本人拥有独特的美学观——侘寂美学，他们欣赏枯淡、寂静、朴素的美。这种美学观与欧美审美文化大相径庭，同时，在很多方面与我国接近，但也有所不同，我国的审美观包含欣赏豪华的美，而日本的豪华审美仅限于宫廷，大部分民众还是喜欢朴素的美。日本在国际上较为突出的设计风格，也正是来源于其传统审美。日本的

上 / 2020 年东京奥运会吉祥物
下 / 巴黎蓬皮杜文化中心的当代艺术展品

审美观比较含蓄，其内在的哲理力量是他们在设计文化中贯彻到底的精神。基于日本人的美学观，他们的意匠与设计也是沉甸甸的、有分量的、有哲理的。

对日本而言，设计的精神就是我们所说的"工匠精神"。"匠"的意思就是指"专业"，也就是主一无适、专心致志、别无二致的境界，这也是工匠精神最鲜明的特质。工匠精神就是为了把该做的事情做到极致，需要全心全意甚至把生命和灵魂都注入其中，这对人和物来说都是一种升华。这种价值是人的专利。匠师通过制作物品体现人本身的价值，也就是人的创造和精神的价值。日语中的"意匠"一词，其本身的含义就是设计，相比"工匠"强调实践，"意匠"则更强调设计思维和创意，但是"匠"这个字的存在就说明还是需要主一无适的精神，也只有怀有这种精神，才能把东西做好，才能用作品把精神力量带给大众。一些设计师受经济利益的驱使，在设计的过程中，追逐太多的功利目标，就缺失这种工匠精神。优秀设计师追求的是精神目标，出色的设计总是用生命感化生命，用灵魂呼唤灵魂。我国现阶段的环境下，一些人内心浮躁，做事急功近利。设计应尽量避免受市场因素的影响，用设计去引导市场的发展方向。

在设计文化上，中日两国还有一个根本性的区别，那就是民族性。众所周知，日本是一个单一民族的国家，其设计文化中所贯穿的精神几乎都是大和民族的精神，因此，日本的设计文化表现出了更高的纯粹性。2019年大阪G20峰会上推出的宣传短片的主题颇具特色，就是以"和"字大做文章，以"令和"新时代的开启为契机，表征会议的宗旨和主题，祈愿世界和谐、和平与圆满。而我国是一个多民族国家，所以，我国的设计文化更为包容，更加丰富多彩，万象并存、和谐发展成为中国设计文化的重要特征。

《设计》:您多年来从事艺术史的研究,您认为艺术设计与文化的关系是怎样的?

张夫也:艺术设计与文化不仅密不可分、相互依存,而且都是人类发展进程中最宝贵的财富。艺术设计不仅丰富了历史文化遗产,而且缔造了当代社会的物质文明。艺术设计是精神文明和物质文明的结晶,推动了社会的进步与发展。因此,设计与文化是不可分割的。广义的"设计"实际上已是整个社会文化的创造硬核。正因为设计有强大的创造力和推动力,才逐渐成为现代社会生活不可或缺的一部分,扮演着越来越重要的角色。

设计从诞生的那天起,就具有反映社会的物质文化和精神文化的多方面内涵的功能。随着时代的演变和社会的发展,其内涵不断扩展。设计与社会的政治、经济、文化、艺术等方面都有着密切联系,成为一种文化现象,反映着人类文明的发展状况。从某种意义上说,从一个特定时代的设计发展状况,就可看出该时代的文明程度。

我认为,艺术设计本身就是文化的产物,是作为人类通过物质形式达到精神享受的一种途径,同时,艺术设计也是体现文化特性的一种形式。文化对艺术设计的内容有着决定性影响,是艺术设计内容的直接来源。不同文化知识形态客观上影响着对艺术设计内容的选择。正是各地区、各民族的历史、环境、人文文化的不同,决定了各个国家的艺术设计风格迥异、各具特色。比如,传统的英国社会有着深厚的古典人文主义传统,德国持有功能主义的理念,美国充满着商业主义的特质,法国则散发着浪漫主义的气息……我国有着深厚的文化传统,作为文化传统主流的儒家文化也深深地影响着中国的艺术设计。

当今世界已进入了电子文明时代,是一个交融、开放的世界,也是一个突飞猛进的世界。文化对艺术设计的影响是以人为中介,作用于设计产品上而体现出来的,正是由于这个原因,艺术设计在某种程度上已经成为文化交流传播的媒介。艺术设计本身就是文化的一部分，文化以艺术设计工作者为中介，通过艺术品和设计物折射出文化特点。不同的国家、不同的文化传统，决定了设计交流的过程并不是一帆风顺的，甚至一定程度上影响了艺术设计的发展。但是，经过不断交流、融合和吸收，又会产生新的艺术设计理念和文化知识，从而推动艺术设计与文化两方面都得到巨大发展。

我想，这个世界之所以美，正是由于艺术设计与文化互补互济、共生并存，并由此带来科学技术与人文关怀，以及古典与现代的并存发展。它标志着当代科学与艺术融合的艺术设计更直接地从物质上、精神上关注着以人为核心、以人为归宿、以人为世界终极的价值判断。因而，仅仅把艺术设计看成是功能主义、功利目的和工具的观点是不可取的。

艺术设计立足今日，面向明天，它植根于文化，又能动地塑造和丰富着文化，构建人类的生存方式及新的价值观。艺术设计的发展过程，实际上是一个艺术设计更新文化的过程，为满足人及社会不断提出的新需求进行搜寻、分析、理解、操作、检验、反馈与再更新。人类文明已经走过了近万年的历程，历史证明，人类文明的进步通过不断地进行艺术设计创造得以塑造。人类文明的进步遵循一个轮回过程，艺术设计从社会文化中吸取养分，而新的艺术设计又丰富了科学文化的内涵。在这一过程中，人类不断认识和改造着客观世界，并最终回归对人类自身的认识和改造。正是人类的艺术设计创造，让人类自身更加完善，所以，艺术设计和文化一样，都有改变世界的强大功能。

《设计》：未来属于年轻一代，您认为设计教育在未来文化自信的树立过程中起到怎样的作用？

张夫也：今天，我们的设计教育必须在文化自信的基础上展开，这就需要在教育理念上保持足够的文化自觉，并在教学内容与设计实践中坚定我们的文化信心。文化自觉才能教育自觉，文化自信才能教育自信，因此，设计教育自信必须坚持文化自信。立足当下，关注未来，是设计的重要特征，也是设计的使命。在全球化背景下，在信息共享的今天，世界经济和科学技术已呈现出一体化的特征。但是我认为，文化的一体化是一件十分遗憾的事，因为文化以地域特色和民族特征为前提，应该呈现多样化和丰富性，这样我们的世界才是五彩缤纷的。因此，未来年轻的一代如何承传优秀的中华文化，并保持鲜明的民族文化特质，任重道远。

可以说，中国现代设计学科是受到西方设计发展影响的舶来学科，面对全球科学技术飞速发展和各种设计思想的融汇，我们有责任积极探讨中国特色的设计教育理念，并进行有深度的思考。展现文化自信的设计，自然是中华民族文化承传的精神基因，把中华文化的精神内核作为我国设计理论的支撑和指导方向，是加强文化自我认同、提升民族凝聚力、带动新时期社会发展、增强国民经济软实力的重要途径。我认为，与其他自信相比，文化自信更基础、更广泛、更深厚。设计教育与文化自信高度关联，要鼎力建构中国特色的多维度设计教育理念，从而树立文化自信，强化中国设计的文化身份。

设计教育既是传承文化的重要途径，也是文化的内核之一。没有文化自信，就难有教育自信；同样，没有教育自信，文化自信也很难持续。当世界变得如此之小，而我们生活和工作的半径变得如此之大的时候，面对经济全球化的到来，面对"未来唯一可以确定的就是不确定"的现实，我们应该教育什么，如何教育，将会变得十分复杂而迷茫。在此境况下，文化自信应贯穿于所有学科领域，尤其是设计教育，在未来文化自信的树立过程中将扮演十分重要的角色。

迄今为止，我们的设计教育一直偏重学习的结果、考试的成绩，却很少关注学生的学习过程和思维发展，这不能不说是一个短板。另外一个不足，是我们对培育学生的人文情怀和解决问题的能力重视不够，对培养学生的文明行为和道德品质也有所欠缺。其实，教育的终极目标就是以生命感化另一个生命，以灵魂唤醒另一个灵魂，以立德树人为根本任务，设计教育也不例外。可以说，我们现在的设计教学模式还比较陈旧，形成了一种"老师台上讲、学生台下听"的固定模式，难以发挥学生的潜力。特别是当今世界教育发展的趋势是从"教"转到"学"，让学生自己提出问题、自己解决问题，培养学生的创新思维，而教师则是创新思维的引导人。

当然，文化自信绝不是简单地从传统文化中套用文化符号来当作提高身价的装饰，而是能够站在更高的平台上，来理解传统文化的创造精神。我们要从文化中吸取的是前人的设计创造和文化自信对世界、对自己的理解，而不是具体的形式元素。文化自信的树立能够赋予设计创造新的文化的强大功能，而文化的延续性需要从文化的传统中找到创造的依据。

设计教育在未来文化自信的树立过程中，将起到潜移默化的作用。设计的生命力来自文化自信，没有文化自信，设计必然是盲目的、肤浅的。其实，文化的沿革正是经过设计者有意的设计得来的。以这种发展观看待文化，就使文化与艺术设计之间有了共同语言，从而更加符合我们从历史文化中吸取精华的目的，从而更能在艺术设计中体现对传统文化和民族文化的合理继承和发展。设计教育肩负着培育设计要从现时的物质创造中发掘人性存在的使命，并在融合文化的同时加强社会与进步的联系。可以认为，文化自信的树立，需要通过设计教育进行，因为不同的文化知识构成了设计创造的丰富内涵，不同的时代、不同的社会文明和文化传统，便有不同的艺术设计特征。

总之，树立文化自信的目的是创造新的文化，而这种新文化又作用于设计创新。设计教育的最高境界应该是树立文化自信，这一本质特征要求设计教育不仅具有关注和参与社会经济和人类生存状态的属性，而且也有超越世俗的特征。然而，抛开文化自信来探讨设计的问题，那就意味着丧失文化之本，导致设计最终走上文化身份缺失的歧途。我们要在文化自信的前提下注意一个设计教育的问题：从美学角度来看，我们可以认为与众不同、标新立异的设计创意是终极目的，但从根本上说，在突破设计传统的前提下，设计创意与文化传统和文化历史之间还是应该保持一种和谐的关系。这是成功的设计创意所遵循的一个基本原则。历史表明，设计创意的革新是延续设计历史而进行的，离开设计上的创新谈设计传统的继承，离开设计创意的革新谈设计历史延续，实际上是抛开了设计的主体意识——文化自信。

《设计》：您如何理解设计生态？设计生态都包括什么？

张夫也："设计生态"这一概念最早是由我在十多年前提出来的，它有别于之前热议的"生态设计"。"生态设计"和"设计生态"是两个完全不同的概念。之前我们探讨得更多的是绿色设计、低碳设计、环保设计、可持续设计等，这些都属于生态设计的范畴。但是反过来说设计生态的话，它一定是研究设计本身的问题。设计自身也有一个生态范畴，当下我们看到的一些问题就是在设计上已经出现了失衡的状态，所以我们对设计要进行再设计，这就是我们今天要探讨的问题——设计生态。最近十多年间，我带着博士生在做这方面的研究，他们的博士论文就是研究设计生态的问题，并取得了可观的成果。我也应邀在全国许多高校演讲，我的主张是——现在需要从生态设计走向设计生态。

当然，关于"生态学"这个概念，最早是德国学者恩斯特·海克尔（Ernst Haeckel）于1866年提出来的。当时他的研究着重在自然生态方面。所以，对于我们研究生态学来说，自然生态是框架最大的一个生态学理念，范围再缩小就有了人类生态学，再往小缩就有了社会生态研究，后来就出现了文化生态，在文化生态这个框架下有艺术生态和设计生态。所以，设计生态和艺术生态应该是平行的，都在文化生态框架下。

我想，新时期设计独特的设计精神和设计理念，就是不能把我们的设计置于一个局部，仅谈论产品、作品的造型、材质、色彩、功能等问题，而是要从根本上解决问题。设计关系到人类的生存方式，包括人类的朋友——其他生灵的生存状态，所以，我们做设计的目的实际是要营造出一个人类、其他生灵与自然之间平衡而和谐的生存环境，不断地促进我们人类和所有其他生灵生活方式的改良，要通过我们的设计优化生活空间，进而把生活状态带入一个高度合理与完善的境地。这应该是新时期设计的一种新理念。

我认为目前我国的设计存在一些问题，这些问题实际上就是在设计生态上出现了失衡，所以今天才要强调设计的生态。第一个显著的问题就是盲目跟风，文化身份虚无化。这一点表现得比较明显。比如一味地追求西方的风格，认为设计就是从西方传过来的"洋东西"，所以盲目跟风，导致中国人做的设计没有中国气息、没有东方情怀。第二就是追求高大上、奢侈化，认为做设计一定要花大钱、高预算、豪华高档。这些想法与我们的设计初衷都是相悖的，设计最主要的任务是解决问题。第三，追逐物质利益，高度商业化，忘记了设计的真正使命。通过设计来追逐物质利益，会导致设计充满了铜臭味。第四个比较严重的问题就是贪婪政绩、长官意志化。这个问题如今凸显，很多设计方案并不是设计师说了算，而是由地方官员或是甲方老总说了算，这就导致了设计长官意志化，最终的结果就是设计的非专业化。因为设计师扮演的角色仅仅是为官员或老总打工的，是实现长官意志的美工、描图员而已。从一些中小城市的广场或景观设计中都可以看出来，这个是某某书记的手笔，那个是某某市长的指示……这是非常可悲的。有一个地方，没有别的优势，但是有大量的石头，结果地方政府就想出一个招儿，用这些石头雕刻了很多大象，装点在城市的街区。记者来采访时问当地领导："你们为什么做了这么多的石头大象？表达什么意思？"领导回答说："我们做这些大象，第一是表明我们的现状非常美好，吉祥如意，这里有一个'象'；然后万象更新，这又有一个'象'；还有欣欣向荣，这又有一个'象'。"一连串居然说出了三个带'象'的词。后来记者采访老百姓的时候，回答却是："就是一片'假象'"。他们说的是真心话，因为他们关注的是自己的住房问题、生活问题、菜篮子问题，说到底就是民生问题，而并不关心这种虚伪的装扮。这种情况就是长官意志化造成的。

第五个问题就是有辱设计的使命，极端功利化，不从长计议。按道理说，设计应该是为当代人做的，更久远的应该是为未来的人做的。所以，现在遭受的很多灾难，就是因为前人没有把设计做好，比如城市内涝问题。排水设施真的是百年大计。《悲惨世界》的主人公冉·阿让逃跑的时候就是利用了巴黎的地下水道，可见排水设施多么通畅！

这些年，我很关注高校的毕业设计问题，有些情况还是挺让人担忧的。譬如，当我们在设计教学中过多强调创新理念之后，就引发了不少学生在设计和创作中追求与众不同，甚至产生了不合情理、不符逻辑规律的"怪胎"。这种创作和设计只顾标新立异，无视设计的合理性，过度强调张扬个性而与设计初衷相悖，从根本上丧失了设计的原则和精神，最终导致毕业设计与现实需求严重不符。应当说，这是高校近年来在设计教育上出现的失误和缺憾。

另外，在众多独具创意的作品背后，教师和学生都耗费了巨大的精力、物力和财力，呈现出的设计作品往往只是在毕业展中产生一点儿有限的观赏价值，难以投入市场、真正被大范围应用到社会领域，造成产学研之间严重脱节。这种情况，表面上看起来是学生自身的创作和设计

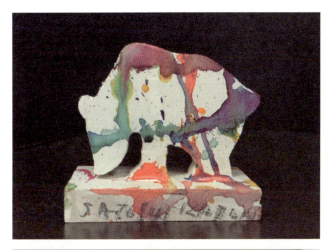

上/木艺熊（日）上远野敏　2016年
下/球形凳　日本札幌市立大学

出了问题，但在我看来，归根结底还是院校的教育出了问题。究其根源，首先是教师的学术视野不够开阔，创作理念相对固守，审美意识滞后，不能与时俱进；其次是一些教师带领学生只做教师感兴趣的设计，或利用学生完成教师自己承揽的设计任务，还美其名曰是让学生在实践中学习教师的设计方法，其实这样不仅导致学生的创作思路受限，也难以发挥和体现学生的设计创意和自主精神；再次是在教学中忽视设计历史与理论的课程，造成学生在设计审美和设计文化修养方面欠缺，致使一些毕业设计缺失文化身份和文化底蕴；还有，在教学中缺少必要的市场和消费心理调研，造成毕业设计难以与市场对接，无法满足消费者的需求。就是因为现在这些凸显的设计生态失衡问题，所以我们要提出设计生态的平衡这个问题，对设计要进行再设计。这就是我所说的设计生态问题。

《设计》：如今设计伦理被不断地提及，您认为设计伦理在整个设计文化中是怎样的地位？

张夫也：可以说，设计伦理是设计的灵魂，完美的设计是以拥有设计伦理为前提的。因此，设计伦理在整个设计文化中的地位是至高无上、不可撼动的，过去如此，现在如此，将来还是如此。古希腊哲学家苏格拉底说过这样一句话："任何一件东西如果能很好地实现它在功能方面的目的，它就同时是善的又是美的，否则它就同时是恶的又是丑的。"可见人们在2000多年前就对设计伦理有相当深入的探讨了。有了设计伦理，人类文化可以充分获益，不局限于只是寻找更多的技艺和解决问题的能力；有了设计伦理，才能确保人类拥有的技术与人类在道德价值观和伦理原则方面保持一致。设计不止于实现功能性的目标和解决技术问题，还必须以造福于人类的理念和方式行事，才能使人类与自然、其他生灵、技术之间达到高度和谐，达成高度信任，让设计产品能够在日常生活中被人们喜闻乐见、普遍使用。正如古希腊哲学家亚里士多德所阐述的"幸福"一样，这种幸福是一种人类福祉定义为社会最高美德的实践和体验。在这里，我们可以把幸福大致理解为"繁荣"，它始于人类积极的、主动的意识行为和大胆思考。因此，对伦理的这种思考有助于定义我们希望当下和未来怎样生活，获得什么样的东西。设计伦理可以将设计创意及产品与消费者和社会的价值观保持一致，也能促使我们优先将人类福祉的增加作为时代进步的重要指标。

进入信息文明时代，我们设计的人工智能及自主系统，应该确保人类的福祉和自由，并以此作为当代设计发展的核心。为了创造有助于实现这些宏伟目标的智能系统，对设计伦理的探讨和研究就显得格外重要了。我们之所以在当代设计中大力倡导伦理，就是为了保障通过系统设计的方法可以积极有效地创造人类价值。因此，与人类价值一致的设计方法应该成为现代人工智能和自主系统关注的焦点，以推动人类基于伦理准则向前发展。也就是说，机器应该服务于人类，而不是相反。就像今天人们都很依赖手机一样，一旦忘记携带手机，就像丢了魂似的，手足无措，寸步难行。这就是因为先进的设计赋予了手机太多完备的功能，为人们提供了极大的便利，事实上，人已经成为手机的俘虏。这引发了一个设计伦理上的思考：我们的设计究竟是让人做工具的主人，还是让人做机器的奴隶？所以，今天在高科技支撑下的系统设计方法只有符合伦理准则，才能确保先进的人工智能在追求经济效益和社会效益之间取得平衡。

消费主义是当今经济模式下核心的商业逻辑。尽管许多消费主义品牌表现得很符合"道德伦理"，大部分始终围绕着市场营销的品牌策略运作，但还是促使消费者疯狂购物。这实际上是一种套路，只是表象上与伦理道德没那么背道而驰。这很正常，因为这才是真实的世界。消费经济时代，脱离商业谈论设计伦理是不可能的，在这个时代，几乎没有什么设计可以脱离商业运作。因此，在现实社会中，不具备商业逻辑意识的设计师其实与艺术家无异。基于这种情况，单纯地从伦理道德层面去评判消费主义是非常无力的。但这并不意味着设计伦理已经过时或者没有存在的意义，因为现今世界，设计伦理正在细化并进入实际应用领域已是不争的事实。可以说，作为设计师，设计伦理的定义更多的是一种设计师对环境、文化、特定设计学科的整体价值观体现。这种状态其实已经上升到哲学层面，而鉴于设计哲学的复杂性，这个层面的探讨并不会比其他类别的哲学话题更容易清晰化。

我认为，设计伦理必须关联某些具体的设计学科才能落地，而这些设计学科都无法脱离消费时代的商业大环境而真空般地独立生存。我们都明白，商业无法脱离社会运作，当商业放大到社会层面的时候，自然会对环境产生影响。因此，诞生了持续性的框架——商业、社会文化、环境。从宏观层面来看，所有的设计都会对这三个层面产生一环扣一环的影响。基于量化的关于可持续设计的一些衡量标准，或许能更好地理解低伤害材料、再生材料、能源效能、情感耐用设计、可回收系统与材料，从产品到服务模式，如共享资源而不是个人拥有，理解每个设计学科的核心特质，培养策略性的设计思维，扩张对持续性理解的边界，这样的智慧和技能会随着人的工作经验在不同的时期产生不一样的效果。因此，保持开阔的视野和不断学习、积极思考的状态是对设计师的基本要求。

设计伦理关系到我们设计出来的作品是否充满善意，是否能从根本上解决问题。所以，在遵循大自然的规律、遵循人类发展规律的前提下，进行合情合理的设计，为人类解决问题、谋福祉，既是设计的初衷，也是设计的使命。这就是我们倡导设计伦理的出发点。我想，无论时代如何进步，我们还是要坚定不移地持守设计伦理立场，作为设计师，随着设计技能的提升和设计经验的积累，应该对自己的设计负起责任，尤其是对设计的长期后果负责。我认为,在这个时代,设计伦理已经不再是设计师群体的责任,也不是只有专业设计机构才能对设计上持续性产生影响。因为任何有价值的知识和积极的理念都能够对设计的持续性产生影响,可以说,这是设计伦理对人类文明的终极意义。

《设计》:中国设计应该如何做设计批评?设计批评如何促进设计文化的发展?

张夫也:我一直坚持这样一个观点:没有批评就没有设计文化。设计文化从最初产生发展到今日,有了巨大的进步和提升,成为人类最宝贵的财富之一,正是因为人拥有创造和批评这两大法宝。人们通过批评和总结不断寻求前行航向的坐标,才创造了辉煌的设计文化。我之所以热衷于探讨设计审美和设计批评问题,就是从事艺术与设计教学和研究以来,深刻体会到艺术批评虽然已经相当成熟,但是设计批评一直是一片空白。这样的状况不能继续下去,这个事情没有人做不行。尤其是看到我国在设计方面以如此大的规模、这么快的速度在发展,过程中出现了很多短板,在具体的设计上暴露了很多不尽人意的问题。我想,这可能就是没有设计批评、设计审美的缘故。如果在这方面做得到位,会避免很多问题,设计批评也就会和艺术批评一样发展。另外,既然有了设计学,就应该和艺术学一样对应,艺术批评有了,艺术管理有了,那么设计自然也应该建立相关学科。这方面的研究机构也应该健全,否则学科结构不完善。还有一个原因,是我当时在《装饰》杂志主编的岗位上想到的。《装饰》作为全国设计艺术界有影响力的刊物,应该带头做设计批评这样的事情。当时我在杂志上发表过一篇文章,文章发出后引起了相当大的反响。我是希望能掀起设计批评的热潮,在设计界树立这样的意识:设计是要有批评的。人类社会的发展进步就是依靠创造和批评,这是人的专利,只有人才懂得创造和批评。但是,批评不是谩骂和训斥,而是为之后成功

人形开瓶器 （意）亚历山德罗·门迪尼

的设计寻求依据和道法，其功能主要在这里。因此，当时我强调的是批评的重要性。那篇文章发表后，我们在大连工业大学举办了一次全国性的设计批评论坛，也是很有成效的，当时柳冠中等一些专家也参加了。但很可惜的是，这个论坛只办了那一届。最近几年，《美术观察》投入很多力量关注设计，还设置了专门的设计批评栏目，这在全国美术期刊中很不容易，对我国设计批评的展开起到了一定的促进作用。

设计批评这几年应该说是有发展的，虽然没有大规模的全国性论坛，但是在相关院校有一些中小型会议上，我看到有专家在发表自己意见的时候经常会涉及设计批评的话题，表露自己的观点和看法。也就是说，设计批评开始渐渐公开起来。在此之前，则只限于私下的议论。另外，比较明显的感觉就是全国各地，尤其是南方一些院校的中青年教员，开始写作这方面的书。我也知道有的教师在写《设计批评概论》，想找我写序言。最起码，在设计教育界，对设计批评开始重视起来了。一些出版社的编辑和负责人也纷纷找过我，现在也在列一些选题，其中当然更多的还是设计理论和设计史，但设计批评方面也开始有人关注，我也忠告他们必须要有这一环节。因为我觉得目前我们在设计史方面的建设已有相当的投入了，但设计批评、设计管理方面还十分欠缺，只有将这一环节补充进去，设计学科才会趋于完整。在我们清华美院，已开设了研究生的设计批评公共课。另外，我指导的博士后也先后有两位做了这方面的研究。这都是我们一些有意识的行为，提倡设计批评，希望我们能做的现在就去做。

现在的设计批评还没有达到一个理想的状态，这当然有各方面的原因。我发现，设计批评有其独特的地方和难处。设计批评不同于艺术批评。设计批评不仅仅是针对设计师的，还要触及这个社会、管理层，甚至是官员。两者的不同点就在这里。比如纯艺术方面的批评，可能只是针对设计师本人；但是设计批评针对的对象很多，如甲方、老总。设计与经济的关系很密切，不像纯艺术，可以孤芳自赏，可以不顾别人的感受。设计必须是面向他人的、为人服务的，所以不良设计必然会遭到批评。当然，很多时候设计师也必然靠这个行业吃饭，批评对其本人、领导、官员都有可能造成伤害。特别是有些设计方案的最后定夺者往往是官员、甲方，设计师只不过是实现他们愿望的工具，或者说是他们的"心电图"。所以，从这些年的发展状况来看，我觉得可能是因为这样的一些困难或者顾虑，使得设计批评还没有大张旗鼓地展开，也还没有办法与艺术批评相匹配，可以说是相对滞后的。这对我们的设计发展还是有影响的。

  这有两方面的问题。一方面，这说明设计师本身的素质还有欠缺。有些设计师缺乏深厚的文化素养，缺乏学术积淀，甚至有些设计师只是通过短期的培训就进入这一行业的，他们没有理论的支撑，缺乏基本的文化素养，也很难做出好的设计。在他们心里，本身就抵触对理论的探讨和研究。他们的优势在于技能方面熟练的操作，但这不是我们心目中理想的设计师。另一方面，我们的批评家缺少实践环节的锻炼，本身不做设计、不创作，根本不了解实践环节的问题，怎么去批评？我认为，作为批评家，应该有一个基础：对设计创作环节有深入的接触，这样说话才是站得住脚的。其实回顾历史，现在看西方设计史论的经典著作，往往是设计大师而不是理论家写出来的，比如勒·柯布西耶、格罗皮乌斯、密斯·凡·德·罗等，他们都是设计师。这就证明了他们不仅有理论修养，也有实践上的业绩。这些人应该是我们的榜样，希望设计师朝着这个方向去努力，这样的话，设计师对设计批评就更容易接受。当然，理论家也应该向他们学习。批评家不一定是好的设计师，但是必须参与一些实践，要做到懂设计。如果没有实践方面的训练，那么批评家一定要补上这一课，否则就没有资格评论人家。总的说来，这是双方的问题。

我认为，设计批评学科将来肯定要往独立的方向发展。这是因为，不论是艺术批评还是设计批评，最终都要归结到文化批评。因此，将来它们的文化属性会越来越强。我觉得这不仅是表现在艺术方面，也表现在其他方面，甚至企业、商业方面，都最终归结到文化这一点上。文化性的体现就是最佳的状态和最高的境界，否则就会平庸凡俗，缺乏人文精神和生命力。艺术也好，设计也好，背后强大的支撑都是文化，文化的力量是无可替代的。

《设计》：从中西美术史的角度，您如何理解中西方文化的不同？

张夫也：简单地说，中国文化是东方文化的典型代表，所以，中国文化与西方文化的比较基本上可以说是东方文化与西方文化的比较。我们都知道，文化的核心是观念的共识，在当今世界，有两大不同观念的共识，那就是东方文化的整体性和西方文化的个体性，这是在漫长的人类历史发展进程中形成的。不同的政治、经济、社会环境造就了不同的文化观念，产生了不同特性的地域文化和民族文化。西方文化从本质上看是个体文化，而中国文化乃至东方文化则具有整体文化的属性。西方文化之所以具有个体性特征，其核心就在于西方强调个体自由度的发挥，所以，概括地讲，西方文化可称之为"个体文化"。而中国文化可以视为"整体文化"。在全球经济一体化的背景下，中国与西方的文化虽然有很大的差异性，但我们也看到了两种文化相互之间的碰撞与理解，这也许会是一个漫长的渐进过程。从宏观的设计文化视角来看，东西方文化的互补和融合是实现全球经济一体化的文化基础。必须承认，文化格格不入的区域之间很难实现经济一体化。因此，全球经济一体化进程需要东西方文化的交融，于是，中国文化与西方文化的互补和融合也就不言而喻了。这是由于世界各国的社会经济、政治、文化的发展是互动的，并形成了良性循环的发展态势。正是东西方文化的相互促进、和谐发展，才使人类大幅度地向世界大同的方向迈进，而中国文化在这一进程中扮演了举足轻重的角色。

其实，中国的整体文化和西方的个体文化都是提高社会系统功效的重要"基元"，它们是互补的、可以融合的，两者都不可偏颇。因此，中国文化与西方文化从本质上看并非水火不相容，而是可以互补的。正确的发展方向，应该是彼此在文化上相互学习借鉴、取长补短。事实上，历史发展过程中也正是如此，西方文化在不断地向东方文化学习，从中吸收有益的观念，然后融合在西方文化中。例如，有资料表明，历史上马可波罗把中国的冰淇淋制作技术带回意大利，丰富了西方的餐饮文化。而当代，西方某些国家也倡导"团队精神"，并引入东方文化的集体主义精神。中国的著名小提琴协奏曲《梁祝》，虽以西洋乐器演奏，但充分彰显了中西合璧的优势与魅力；美国迪士尼公司出品的动画片《花木兰》，也诠释了中国文化与西方文化的嫁接与融合。类似这样典型的案例，不胜枚举。

了解了中国文化和西方文化的本质之后，就很好理解中西方文化的不同了。从艺术的角度来看，大致上中国文化中的视觉艺术也好，听觉艺术也好，乃至表演艺术，都具有写意性、表现性、超然性、主观性和感性的特征，并且善于追求艺术上的神韵性；而西方艺术则呈现出写实性、再现性、自然性、客观性和理性的特征，热衷于追求艺术上的真实性。以上是大致上的个人理解，不能绝对化。我想，中国与西方不同的文化特征，自然会影响各自设计文化的特质。

《设计》：设计如何从艺术史中汲取营养，让艺术史反哺设计？

张夫也：许多经典的设计已经证明，完美的设计离不开艺术史，只有不断从艺术史中汲取营养，才能赋予设计深厚的文化内涵和人文精神。只有倡导设计师全面发展并把艺术涵养视为提高设计水平的重要途径，才能加深设计师对美和艺术的理解。进行这种美育的最有效的方法,是尽可能多地接触各类艺术,其中,了解和掌握一些艺术发展史尤为重要。人们对美的鉴赏和理解力,是要依靠艺术实践和艺术史论学习获取的,忽视了艺术史的学习,不可能培养出健全的人才,更无法塑造修养全面、富于灵性的设计人才。

任何一个民族的文化都是世界文化不可分割的一部分。虽然每个国家的地理环境、气候、文化传统、风俗习惯、社会经济都不尽相同,从而出现了不同的民族风格,而正是因为这些差异才构成了五彩斑斓的世界。这种差异是区分判断的标识,也是深刻的文化烙印。优秀的设计方案往往可以将具体的事物、事件、场景和抽象的人文精神、文化理念通过特殊的图形表达出来,使人们在看到未来设计作品的同时,自然而然产生联想,从而产生对作品和作品目的的认同感。纵观艺术史和设计史,许多不朽的艺术作品和著名的设计,无一不在简洁明了的形式美中蕴含着一个地区、一个国家的民族文化底蕴和时代精神的内质。设计文化正是人类发展进程中时代精神和演进趋势下的必然产物,它使艺术与设计作品充分容纳文化元素和文化底蕴,从而对本土文化进行深度挖掘,这样就使作品具有相当鲜明的民族文化色彩。正如学界所言,越是民族的,就越是世界的。艺术设计作品只有具有强烈的民族性,才能进行有力的突破和升华,所以,在这样的理念影响下的艺术设计作品必将在未来起到推动民族文化,彰显民族气韵,体现民族特色的重要作用和意义。

我国有着悠久的文明史,先人们的优秀设计创意和精美艺术作品灿若星辰,需要我们继承和发扬。我国的艺术史也是世界文明史的重要组成部分,需要我们悉心梳理和认真研习,从中获取养分,以充实中国设计的内涵,提升中国设计的水准。我国虽有"世界工厂"的头衔,但在当今世界享有盛誉的设计品牌屈指可数,这同样需要通过提升国人设计

上 / 国家大剧院 （法）保罗·安德鲁 2007 年
下 / 日本北海道景观设计

水平来加以改变。优秀的艺术创作是充实和美化人民生活的必需品，发达的设计活动是提升产品附加值和竞争力的根源，也是大国制造和工匠精神的核心。而许多社会层面的问题，其实也可以通过大力发展艺术与设计得到创造性的解决。

新中国的艺术设计教育从无到有，走过了艰难而卓有成效的发展历程，为服务国家各项事业做出了应有的贡献。当前的艺术设计教育仍存在如野蛮生长、良莠不齐、路径不一等问题，亟待通过建立示范加以优化完善。另一方面，没有一所能在艺术设计领域受到世界认可的顶尖学府，也是与我国目前的国际政治经济地位所不相称的。不论是国家发展需要，还是借鉴发达国家经验，艺术设计学科都有必要受到相应重视，并且纳入高等教育战略之中。当今我国正处在经济转型、社会转型的大背景下，新的国内国际环境迫使我们有必要重新审视和思考中国艺术设计教育的发展，勾画符合时代需求的发展蓝图，更好地为实现中华民族伟大复兴的中国梦服务。因为设计不仅能够改变中国，而且能够改造中国。随着国民经济建设和文化旅游事业飞速发展，设计已成为不可取代的重要环节，设计教育的推进更是方兴未艾。

目前来看，我国的设计师和他们的设计，主要还是通过学校的艺术史教育来汲取营养。随着国民经济的发展和国力的不断增强，我国的设计文化得到了规模空前的发展。作为文化重要的一环，设计与设计教育事业方兴未艾，时至今日，世界上还没有哪一个国家和地区像中国这样大规模地发展设计教育。尽管有人对这种发展势头表示担忧甚至提出了批评，但长远来看，这不是坏事，最起码，这样的发展态势和进程，是与我国活跃的经济形势相吻合的，它有利于提高和加强国人的文化素养和审美情趣，有利于促进当下和未来人们生活方式的改良、优化人们的精神生活，进而让更多的人沉浸在艺术的氛围之中，让他们的性情得到陶冶，让他们的灵魂得以净化……总之，艺术教育的大力发展，从根本上说，有利于建构日新人文的时代。

近年来，从我国高校的毕业设计中可以明显感受到艺术史对设计的反哺作用。高校毕业设计作为学生综合四年所学而进行的完整设计，不仅是学生对未来设计发展和趋势提出的自己的见解和主张，也是学校教育成果的最终检验。但是，一年一度的高校毕业设计不能只为毕业展示，而一定要与社会需求紧密联系。社会的需求、国民经济建设和文化建设的需求，才能真正检验我们的设计教育和人才培养是否成功。这就要求我们的教学必须在新时代进行务实的改革，必须探索切实有效的发展新路径。

谈及艺术史对设计的反哺作用，还必须强调一个问题，那就是艺术的发展和演进及其规律告诉我们：艺术创造永远不可能只有一种模式，谁要是以为发现了永恒的创造，那他就停滞不前了。因此，像艺术与设计这样创造性活动，永远是在发展中变化，在变化中发展。艺术史让我们认识到，人们对事物的认知和判断会随着时代的更迭、技术的进步和观念的改变而不同，包括审美，也会与时俱进。因此，设计中的时代特点不容忽视。信息文明和电子技术时代背景下的设计业已发生了巨大转型，新媒体设计、数码设计一路领先，无不闪烁着新时代的璀璨之光，在信息技术冲击下，传统技术遭受前所未有的挑战。因此，如今走进高校毕业设计展场，再也难以找寻到以往那份肃穆与静雅，呈现在面前的是被声、光、形、色笼罩的产品设计、平面设计、环境设计等，令人赏心悦目。我想，这样的趋势还会在今后若干年继续，道理很简单：任何一种新形式的设计，都离不开新思维、新技术和新的审美理念。信息文明和电子技术在当下势头正猛，正在向着它的盛期迈进。

《设计》：如何在国外众多艺术流派中吸取文化养分，从而让中国的设计文化健全繁荣？

张夫也：这个问题说到底就是从优秀的外国艺术中汲取文化养分，旨在提高国民文化素质和社会品质。这一做法可以有效地推动我国文化艺术的快速前行，促进我国的设计文化健康发展。但是，这种汲取绝对不是崇洋媚外或缺失文化自信的表现，而是积极和包容的体现。立足于文化自信，强化现代文化意识，以中华民族文化为本，本着"去其糟粕，取其精华"的原则，兼收并蓄地吸收优秀的他国艺术流派的文化养分，以此来繁荣我们的文化艺术，健全我们的设计文化。这不仅是社会发展的实务，也是实现中华文明伟大复兴的诉求，是打造现代设计文化大国的需求。从外国众多艺术流派中学习和吸收优秀的文化养分，实际上是通过大力发展设计文化不断增进国力，增强在全球范围内的国际竞争优势，以此达到社会的大幅进步、文明的复兴和文化的繁荣，并形成一种良性循环的态势，增大外国优秀文化的引进力与接受度。所以，应大力吸纳、借鉴异域优秀艺术流派的文化养分，从而让中国的设计文化进一步健全繁荣。在多元化的国际文化现状下，我们在建设社会主义文化强国的进程中，要始终坚持"以我为主、为我所用"的立场，在多种文化交锋、交流、交融的过程中，用中华文化特有的思维方式解读、吸收和融会国外优秀的文化养分。

我们欣喜地看到，我国不少设计已经展现了兼收并蓄的设计文化理念，诠释了更加包容的设计文化的内涵，很多设计师和艺术家也开始把创作的重心和兴趣点投注到兼容文化上来。他们开始认识到设计的深度发展，也正在探寻这种发展的渠道和支撑点，把异域文化的养分悄然融入自己的作品中。这不仅体现了设计师们对设计文化发展的高度体认和积极思考，也是对设计文化的广度进行强有力的拓展。当然，最更根本

上 / 日本福山美术馆园林雕塑
下 / 苏州博物馆 贝聿铭 2006 年

的还是发现和总结了设计文化本身的价值意义,让它从满足于人的基本功能层面、美化视觉环境层面上升到人文普化、精神价值引导的层面。

设计文化强调设计的文化属性和设计的内在意蕴,是要为设计注入浓郁的人文气息,赋予深厚的文化内涵,增加设计的文化底蕴,说到底,就是要更新一种由不自觉上升到自觉、由主观随意向客观分析方面发展的设计理念和理论认知,就是要进一步拓宽设计领域、强化设计意蕴、丰富设计元素。如果做到这一点,相信设计文化的空间将会更加宽广,设计文化的意蕴将会更加深厚,设计文化对人类社会的作用将会更加显著,设计文化将会在更高的层面上发挥作用。

当然,由于各国历史文化的差异、各民族艺术手法的多样、审美心理的不同,设计本质的体现是设计产品本身文化性的倾诉。设计文化的本体意向是借助设计手段完成文化传播,不论在任何方面可供选择的空间都是极其广大的。设计文化是丰富多彩的,没有硬性的选择和分类,一般设计的表现方式对于它来说也照样适用。在设计过程中,设计师都自觉地在作品中注入了文化元素或表达了文化诉求。文化元素的注入,使设计有了人文精神,因此,文化元素是设计的灵魂,在设计的一连串链接中都起着不可估量的作用。就从作品本身来说,文化属性加深了作品内涵,提升了作品价值。一般设计当然也有着一定的内涵和价值,但设计作品一旦有了人文精神,势必产生文化信息的积累,变得更加厚实、凝重。就文化本体意义来说,设计艺术提炼并总结了文化元素,而且推广和加深了文化效应。文化的概念是形而上的,是不易把握的,但文化元素是具备可视性或可感知的,这些文化元素进入设计中,会经设计固有的表现形式重新解构、组合,并由普通的文化元素转化为构成设计作品的重要设计元素和设计符号。这本身就是一个由审视到选择、由提炼到完善、由对比到总结的理论解析过程。

对于消费者而言，一件具有深厚文化意蕴的设计作品，不仅能够带给人美的艺术享受，还能从心底感受到文化的魅力，对文化进行又一次的了解和深化。从客观角度来说，一件具有文化内涵的作品不仅能够提升作品本身的价值和意义，也会在观赏或使用的过程中检验消费者的艺术审美水平，从而在整体上对消费者的艺术感知和文化感应起到升华作用。而对于设计师来说，人文精神和文化属性也在一定意义上起着积极作用。对作品从重视商业目的和艺术表现手法转移到以文化诉求为主、商业服务为辅的层面上，本身就体现了设计师文化心理的成熟和完善。

设计产品的最高境界是文化的体现。设计产品的成功必然是大量类似作品的积淀产生的一种整体性效应，而每件产品又对产生这种效应给予了积极有效的价值投入。文化属性能够增强产品的影响力和永恒性。这种影响不仅指产品本身因为底蕴和内涵的提升而造成的积极影响，也指通过文化元素的作用刺激了消费者心底的文化情结，从而对产品产生强烈的亲近感和皈依感。这两点一个是由内向外的能量释放，另一个是由外向内的介入和依附，两者不分先后轻重，而是相辅相成、紧密关联的效应共同体。

其实，人们普遍的审美心理是一种对美感创造的认同和对以往美感依附丧失后的失落或怀念。它表现在人们普遍接受能够给予视觉冲击或情感回归的设计产品。但这种怀旧并不是对已经失去的美感依附的皈依和崇拜，而是具有理性判断的选择和调节。有些文化元素或符号，它们的时代已经过去，我们不必想着把它们唤醒，因为它们已经失去了整体性的依靠。但可以将它们复原成真正的象征性因素，投注到当下这个伟大的时代，激起人们对人生的思索，唤醒人们对生活的热爱。

我们从国外众多艺术流派中吸取文化养分，有利于扩展设计思路、加大取材广度、丰富设计手法，说到底，有利于优化设计发展。设计需要创意、需要创新,但任何一种创新都需要有一定广度和厚度的后备力量的支撑。设计文化的健全,从根本上可以扩大设计视野,这不仅是设计师的眼界和胸襟,更是对设计本身的一种有力拓展。因为文化的指向是多元的,所以文化元素或文化符号进入设计本身就是对设计素材的一次有效扩充和拓展。设计师可以选择传统文化元素并利用现代设计手法进行创作,也可以选择当前流行的文化元素用传统设计手法进行创作,文化元素的注入从某种意义上来说是对设计手法的一种检验,并隐喻设计手法的变化和创新。设计文化能够调动如此多的设计环节和要素,可以说,它从根本上优化了设计行业的发展,也对文化本身和文化的发展起到了推动作用。

全球化背景下,中国设计文化的健全繁荣依然要弘扬民族文化,彰显民族气韵,体现民族特色,用设计来提升消费者的艺术审美和文化感知力。在当前这个消费经济占主导地位的时代,一些设计作品已经丧失了文化品质,越来越媚俗、越来越杂乱……在消费主义理念下,一些设计师屈从于经济利益,强调商业目的,不同程度地忽略了作品本身的艺术性和文化性。消费者的审美范围也被这样的产品所限制,陷入低迷的审美阅读阶段。因此,让文化渗透到设计产品中,赋予设计物以文化品性,努力健全和繁荣中国的设计文化势在必行。设计文化的重要性就是从根本上扭转或改善这样的状况,只有以高品位的设计来净化消费者的灵魂、陶冶消费者的性情,从根本上改变设计产品的形式和内涵,才能真正提升消费者的艺术审美和文化感知力,才能在宏观上对民族精神的大力弘扬和中华文明的繁荣兴盛起到推动作用。

《设计》:您认为大众审美提升和文化提升之间的关系是怎样的?

张夫也:这个问题的确很重要,这与国民整体的文化教养和人文素质有直接的关系。概括地说,大众审美提升和文化提升之间是一种相辅相成的关系。大众审美能力提升了，文化水平也就提升了；文化水平提升了，审美能力也必然获得提升。作为艺术与设计的教育工作者，我要大声疾呼：我们要以美为尺度审视世界，树立正确的艺术观，让审美成为社会性的群体行为和个人修养。

当前我们面临审美观的社会性缺失，缺乏综合性的审美教育、专门化的审美培训、传统性的经典体验和持续性的审美训练，同时，审美范畴也被严重狭隘化，审美价值取向受到贬损。通过审美教育和文化熏陶，要使广大民众意识到：审美活动无处不在、无时不在，说到底，审美行为就是生活中的点滴行为。如果有了这样的认知，就容易理解大众审美提升和文化提升之间的关系了。

我认为，审美情趣是文化最直观的要素，但同时也是最表层的要素。如果像时下某些所谓"罗马风格"的商场设计那样，以为只要装点几个西洋人体雕像来"看门"，就算是增加文化色彩、吸引顾客，未免过于肤浅、大谬不然了。事实上，文化更为重要的是对人的教化功能。任何物品和工具都有一定的文化属性，不仅有实用功能和审美功能，还有文化功能。这种功能在某些产品中也许体现得很明显，但在多数工业产品中则体现得很隐秘。比如按键，就隐喻着一种"按一下，梦成真"的文化需求。大众审美要求设计师对此有一种自觉的意识，在进行设计时首先考虑产品的文化功能，而不是一味地追求形式上的新奇特异。例如"服"与"饰"，其文化功能本来意义上正好相反，服装的功能主要是遮蔽、御寒、防晒等，而装饰的功能则主要是显示身份、涵养、魅力等。这一现象也表征为：人的生理上的满足是有限的，而心理上的追求是无限的。也就是说，物质层面上是容易满足的，精神层面上是难以知足的。因此，如何将这两种正好相反的功能集为一体，使之相得益彰，便是现代服装设计的文化学课题。又如住宅，它的文化功能主要是满足人们普遍都有

上 / 美国拉斯维加斯的卢克索酒店
下 / 泰国民族风格建筑装饰

的一种文化心理："拥有爱巢"。如何把住宅设计得更像一个"爱巢"而不是充斥着噪声的陋室，正是室内设计所探究的问题。

一定产品的文化功能总是对应着一定的文化心理。文化心理和文化功能一样，有的设计表现得很明显，有的设计则表现得很隐秘，是一种必须通过分析才能认知和领会的"文化无意识"。比如，冰箱之所以多半是白色或豆绿色的，是因为白色意味着洁净，豆绿色表征着生命。如果把冰箱设计成蓝色的，则着实让人难受，因为世界上很少见到蓝色的食物，似乎只有药物和化学品才有可能是蓝色的，它会给人一种"吃错药"的感觉；如果我们把冰箱设计成红色的，则会有一种消防器材的感觉，令人烦躁不安；但假如设计成黑色的，则会有一种从垃圾箱里取食物的感觉，因为用黑色塑料袋装垃圾几乎已成为一种共识了……不言而喻，任何产品的造型、材质肌理和色彩，都会对人产生一种心理暗示。因此，设计师做设计时必须考虑广大消费者的文化心理和大众审美。

任何一个民族都有自己的文化精神和审美准则，它对于这个民族的一切文化领域和文化现象都具有一种普遍性的表征和意义，当然也会在这个民族的设计产品上打上自己的烙印。比如，西方的工业产品往往体现出一种科学性和理性精神。而我国上古时代特有的三足器，其造型不仅有文化属性和艺术范，而且在功能上也颇为完备，体现了一种"求稳尚简"的观念意识。经过实践的检验，证实了三足要比两足稳定而又比四足简洁，进而选择了这一特殊的形态，实不失为一种高明的造型和设计。但当"五行"观念介入后，三足又让位于四足，显然，这已不是造型学或工艺学的问题，而是升华到文化学的境界了。我们的先人创造了辉煌的文明，也为我们留下了丰富的设计文化遗产。如位于四川省的都江堰水利工程，就是一个经典的设计大作。已经历了2000多年的风风雨雨，时至今日，我们还在享受着这个伟大的设计带给我们的福祉。我们必须继承和弘扬优秀的设计文化和审美精神，伴随着时代的旋律，建构符合新时代的国粹文化价值观和大众审美。可以认为，在这个世界各地区、各民族文化大融合的时代，谁更能深刻地把握民族文化的独特精神，谁的设计就将更具文化魅力，就能在激烈的竞争中立于不败之地，进而起到一种先导和引领的作用。

大设计观与社会创新设计
——曾辉谈"设计与文化"

GREAT DESIGN VIEW AND SOCIAL INNOVATION DESIGN
——ZENG HUI ON "DESIGN AND CULTURE"

曾辉
北京国际设计周组委会办公室副主任兼策划总监

  曾辉,设计学者,艺术设计策展人,北京国际设计周组委会办公室副主任兼策划总监,北京歌华文化研究中心副秘书长,中国建筑文化研究会常务副秘书长,民盟中央文化委员会委员。曾任教于中央工艺美术学院(现清华大学美术学院),担任《设计》杂志责任编辑;曾任北京奥组委文化活动部景观规划实施处处长、国家大剧院艺术品部部长。

  谈到中国传统文化、手工艺与当代设计,曾晖认为,当代中国设计需要补传统文化课,从传统创意文化中吸取智慧。对传统文化的传承和创新,不能总是将古老的东西直接作为当代中国文化形象拿出来展示。当代设计应该站在如何解决人和物的关系、人和环境的关系以及人和人的关系的角度思考问题,这能够使设计达到更高的文化层级。

《设计》：国家出台了关于文化创意和设计服务的相关政策，您认为这些政策为推动文化、设计的融合发展起到了哪些作用？

曾辉：设计本身是文化与科技的深度融合。包豪斯宣言里关于设计解读的一句话就是，设计是"艺术与技术的新的统一"。科技的发展并不是人类生存和进步的唯一核心，文化的力量、设计的力量能够使人回归自身的良性发展和社会本性。

近几年来，国家推出了不少关于文化创新的政策，特别是2014年国务院发布的《关于推进文化创意和设计服务与相关产业融合发展的若干意见》，就创意设计与相关产业融合发展提出明确要求，是新中国成立以来第一次将创意设计提升到国家战略层面。如同国际上许多发达国家"设计立国"的策略一样，创意设计也成为我国国策的重要内容。在诸多行业领域转型升级的趋势下，创意设计将成为重要推动力。其中，创意设计与制造业、装备业、农业、文化旅游、体育产业以及乡村建设、城市更新、"非遗"文化等相关领域业态融合程度越来越深。

创意设计的目的是促进"产业文化化"。如何让创意设计与相关产业融合，进而提升产业品质，即"大设计观"。设计从原来的专业设计领域走向更加广泛的产业设计、服务设计、社会创新设计等领域，涉及整个生活方式和体系的发展，从而形成了当代生活美学的价值观。从设计史角度来看，一切设计理念核心都是为了让好的设计成为好的生活，希望设计能够提升人类社会生活美学品质、改善生活方式，成为产业创新和社会创新发展的核心价值所在。

《设计》："大设计观"在学科建设中具有什么样的地位？它有助于我们解决哪些问题？北京国际设计周在此方面是如何推动的？

曾辉：当代设计学正在从以"艺术学""科技学"甚至"经济学"为学术基础的概念，逐步走向以"社会学"为基础的设计概念。换言之，当代设计更多的是基于社会学思考的设计。在这里，我们要重新思考设计所解决的三大关系问题。

一是设计要解决人和物的关系问题。以往艺术设计的专业划分模式几乎都是以解决人和物的关系问题作为手段、方法和策略，所以工业设计要解决工业产品和人的关系问题，服装设计要解决服装和人的关系问题。正常人的一生会接触到3万个品类以上包括衣食住行用各个方面的物品，所有的物都是在帮助人们解决如何更好地满足生存方式和生活方式的问题。

二是设计要解决人和环境的关系问题。物与物构成了环环相扣的环境，环境包括自然的环境和人造的环境。城市是在自然中生长出来的人造城市，乡村也是这样，人类借助自然之力所创造的城市与乡村生存环境，是人和环境关系之间的重要载体。而创造人类生存空间的建筑学，就是关于人和环境关系问题的解决方式之一。所以，包豪斯强调建筑是一切设计的综合，其设计思想强调的是系统设计，不是单一的房子，而是人类所有的构建物，无论是一个工厂、一个社区，还是一个公共建筑，乃至一个城市体系。

三是设计要解决人和人之间的关系问题。人和人之间关系的总和就是"社会"。如何能够帮助解决社会矛盾问题，帮助社会向善意、良性、友好的状态去发展，设计在其中大有作为。通常意义上，设计专业被理解为是设计看得见、摸得着的物，或者是设计一个物理性的空间，然而想要解决社会问题、解决人和人的关系问题，几乎是不可能的。那么当代设计学如何提升到社会学层面的问题解决方案，帮助解决社会化、公共化服务问题，需要真正理解设计是如何帮助社会解决各种各样的问题。大家一出门就会遇到各种各样的公共问题：如果小区垃圾遍地，就是社区公共环境卫生问题；到医院挂号、取药，楼上楼下跑了个遍，这不是以患者为中心，而是以自身方便为中心的服务模式。诸多公共服务问题都上升到了社会问题，社会化服务体系如何能够更好地解决为人服务的问题，这都是社会创新设计需要思考的方向。

设计不因善小而不为。在北京国际设计周"城市精神"专题展中，很多设计案例都是以小见大：设计师将楼宇间不规则的公共空间改造成足球场，让泰国孔堤贫民窟的孩子们可以踢足球；印度设计师为女性设计一种更加温暖、安全的公共卫生间等。这些案例，如果从宏观城市管理的层面来说，都是几乎可以忽略不计的问题，但是通过这些善意的城市设计，却能够将小善积成大善。

我们期待社会向善、向好、向和，谁都不希望生活在一个战争、动乱、不安全、疫情蔓延的时代。当前我国社会的主要矛盾是人民日益增长的美好生活需要和不平衡不充分发展之间的矛盾。美好生活是什么？第一个前提就是"美"，如果社会不美，城市不美，乡村不美，我们的生活不美，就算再有钱也不能称为美好生活。所以，有美学、有品质、有健康、安全的生活，才是人们对美好生活的核心追求。

以"大设计思维"推动社会创新发展，关注城市改造和民生改善，引领公众的设计消费价值导向，对于当代中国有着积极的价值和意义。随着创意设计与相关产业及文化领域的深度融合，创新产品、社会创新服务以跨界的模式不断产生，也成为催生新经济、新业态的重要驱动力。

北京国际设计周作为国家级设计思想交流平台和公共服务平台，成为汇聚社会广泛资源的国际设计互动、全民设计普及教育活动和中国"大设计"思想与实践的推动者。在历届北京国际设计周上，许多设计者都把社会创新、智慧城市、绿色生活作为重点，关注包括社会创新设计、城市设计、乡村设计、智能设计、生态设计、服务设计、传统工艺设计在内的创新设计模式和大设计领域，并且试图通过设计思维对技术带来的社会伦理问题加以改进和完善。设计在解决未来社会问题中所起到的作用越来越受到重视。

《设计》：当代中国设计如何从传统文化中吸取有价值的内容？如何将非物质文化遗产转化为当代生活服务？

曾辉：当代中国设计需要补传统文化课，从传统创意文化中吸取智慧。2018年北京国际设计周首次推出"非遗设计"板块，遵循"中国传统工艺振兴计划"，举办了"非遗之美、生活即道"中国传统工艺振兴主题设计展，从传统工艺入手，让设计从传统工艺中得到本土文化的滋养。因此，当代中国设计需要补传统文化课。当然，补传统文化课不是做复古式的还原，不是拿着清代纹样、明式图案在当代进行复制翻版，而是学习传统文化精神和创物智慧。学习传统不是抄袭传统，如果没有体现当代中国人的设计贡献和智慧贡献，展现出来只是前人的智慧和方法，那就失去了当代创新的价值。因为，对传统文化的传承和创新，不能总是将古老的东西直接作为当代中国文化形象拿出来展示。当代设计应该站在如何解决人和物的关系、人和环境的关系以及人和人的关系的角度思考问题，这能够使设计达到更高的文化层级。

我们期待"设计复兴时代"，在当代中国用"设计复兴"来提升和带动文化与科技、艺术与设计、艺术与科技、艺术与其他事物，而不是非要做严格的专业切分。我们的思维方式应该建立在大设计跨界思维的基础之上，是艺术、科技、文化与设计的"无界"精神。

《设计》：让"非遗"走进现代生活、传统工艺进行现代转化，设计起着什么样的作用？

曾辉："非遗"文化中的传统工艺，离不开保护传承，更离不开创新转化。只有转化为现代生活所需，传统工艺才有可持续发展的价值，可以

上 /"生活之美"陶瓷设计系列作品　曾辉
下 / 平湖玻璃艺术作品　曾辉

说，创意设计是传统工艺的核心转化力量。创意设计可以把传统手工"和而不同"的价值综合创新，满足现代生活需求，促进传统手工文化资源与现代消费需求有效对接，提升手工产品品质，丰富手工产品形态，延伸手工产业链条，拓展手工业态的发展空间。

手工业与农业是支撑人类几千年文明发展的两大支柱产业。传统手工业大多依靠天然材料，如木材、竹材、陶瓷等，本身形成了小批量、多样化的柔性生产方式。与自然的亲近感让当代开始重新思考手工业对于人类的价值、对于生活美学的价值。手工艺是人类进化的标志，传统工艺体现了人与自然的和谐互动，是心手相通的完美融合，体现了"天人合一、敬天爱人"的文化精神。而作为人类文明史的创新载体，手工从来都是为生活服务的，更多的是生活必需品，而不仅是摆设。

"器用为美，日用即道，物尽其用，物尽其美"是东方生活美学的思考。当代人们对生活产品的要求不仅仅满足于其使用价值，还越来越注重设计所带来的美学价值、生活方式和情感价值等，而这些恰恰是当代设计思想所关注的。当创意设计成为产业与产品的核心价值时，不再单纯以物的价值为导向，而是"物以载道、物以载美"的价值取向，为生活方式提供了独特的美学追求和创意表达，强调体现人与自然的协调是传统工艺设计的理念。

传统工艺中有丰富的民间创造智慧，如何把它融入现代生活的衣食住行中，为大家所用，让这些传统手工艺与民间智慧活在当代、活在未来，并能够普惠于人，让大家买得起、用得起。所以，由传统手工业转型为现代手工业具有现实的民生价值意义，劝业复兴现代手工业就是当代中国传统工艺文化复兴的一个重要选择。从乡食到百姓日用的工艺之美，是保护、传承、活化"非遗"与复兴手工业的方向。在传统工艺中注入现代设计，推动其现代转化，目的就是要回归生活的本源，让手工成为人们生活所用的东西。

多年来人们追求现代化的初心是为了生活的尊严与美好。在1958年《装饰》杂志创刊号的封面上，飘扬着标识衣食住行图案的四面旗帜，体现出艺术设计为生活服务的理念，强调如何根植于中国传统文化土壤，创造符合美好生活需求的现代设计。

生活方式简而言之就是"怎样生活"，以衣食住行为主体，表现出来是生活美学和时尚风格等。木器、竹器、石器、陶器、瓷器、漆器等传统工艺都是传统生活中不可缺少的日用物品。中国传统工艺的设计思想认为，器物为人所造、被人所用，要"适材而用"，顺应不同的材料进行设计，从而做到物尽其用、物尽其美。让现代设计走进传统工艺，传统工艺走进现代生活，是转化的路径和目的。

因此，手工业业态是工业化不可替代的，也是现代工业化、信息化的有机补充。比如草柳编，它已经不是一项简单的传统工艺，而已经成为一种生活方式、一个手工产业。中国草柳编年产值几亿美元，就是千家万户生产的手工业态。在满足美好生活需要的大背景下，让日用之物美起来，才能让传统工艺设计产品有消费生命力。

《设计》：在北京国际设计周"非遗设计"板块，非常关注传统建筑营造技艺的现代转化与应用，那么这对于当代城市设计和建筑设计有什么样的启示？

曾辉：《营造法式》是北宋建筑学家李诫集大成的著作；民国时期朱启钤、梁思诚创办的"营造社"传承中国传统建筑营造学思想，开始中国建筑近代化的研究与实验。本着遗产保护与可持续发展的理念，如何将旅游文化景区、传统商业街区和古村落，通过设计更新完成现代生活方式下的传统文化再生，是当代建筑营造的使命。

传统建筑营造技艺有其独特的生态与生存价值。以木构建筑、夯土建筑兼具石筑建筑方式的传统乡村建筑营造体系，是因地制宜、因材施艺的多样性营造方式。中国乡村建筑的生命观，是顺应自然的生存状态，与地利风土、天时节气有着密切的关系。木构、夯土等建筑寿命有着生长与衰老的生命周期，所以中国传统建筑营造技艺因土与木而生，延续出"土木工程"的概念。土木建筑生于土地，又归于土地，可循环再生，使中国传统营造建筑有其生存的合理性。如老屋建筑的砖瓦能在新屋建筑中被再利用而获得新的生命。

《营造法式》提出"以材为祖"的建筑尺度模数制，就是中国木构建筑设计的智慧体系。"以材为祖"的材分制度，是将建筑构件尺度用一定的标准统一起来，就是建筑模数制，"材"就是中国木构建筑的基本模数单位。《营造法式》记载："凡构屋之制，皆以材为祖，材有八等，度屋之大小，因而用之。"材作为基本尺度单位，指拱的断面，由高广与宽厚两个指标限定，根据建筑等级不同，分别对应使用一至八等材，依次递减。有了"材、契、分"这三个基本单位，就可以用统一尺度推算出其他构件的实际数据和用料，从而使整座建筑物甚至建筑群都按规范比例统筹兴建，这种体现建筑尺度的模数制在乡村建筑营造中是有节制的设计方式。在乡村营造中如何以惜材爱物、因地制宜的在地建筑方式，形成既符合现代生活方式和审美，又具有乡村营造方式与特色的建筑设计体系，对于当代和未来的中国乡村建筑是有价值的研究方向。

《设计》："非遗"文化及其生活美学观念的传承与创新，需要什么样的方式去推广和落地？

曾辉："非遗"文化从历史走到当代，想要呈现非物质文化遗产在美好生活中所建立起来的价值，要善于发现生活之美的价值，让这种价值在当代进行转化，才能更好地落地。

"非遗"走到了当代，我们要开始考虑如何更多地融合和跨界的问题，比如"非遗"与科技的融合。因为我们现在已经接触到很多科技的创新方式,像通过新技术与新媒体,通过传统工艺与新材料的结合,把传统"非遗"转化。这都是在科技创新上让它走进了一个新时代。另外,艺术是提升传统工艺美学的基础,要更好地介入"非遗"。我们需要把艺术的多样性和"非遗"进行结合,也就是说,当代"非遗"的呈现是多样性的,让更多艺术家、设计师进入"非遗"领域,目的就是让"非遗"走进现代生活。

"非遗"的美育价值,是我们对传统文化传承的意义所在。一切文化都是围绕着能够更好地提升当代生活美学,来吸取传统文化价值。"非遗"本身在传统文化体系里是接地气、具有生活性,也容易被人们所接受的文化领域。那么,传统文化的传承能否影响到当代生活的价值观,并对当代文化和产业的发展有帮助,就需要突出"非遗"的美育特点。"非遗"传播应该针对年轻人才具有活力。简而言之,只有年轻人接受"非遗"的美学,"非遗"文化才能真正地传承下去。

《设计》:十多年来设计周对北京这座城市产生了哪些影响?通过北京国际设计周的推广,公众对设计文化的理解有哪些认识上的提升?

曾辉:2009年,被誉为"设计界的奥林匹克"的世界设计大会在北京举办。这是世界设计大会首次在中国举办,对中国、对北京的意义都是历史性、开创性的。借此契机,为给北京留下一个可长期举办的设计活动,能够代表"中国设计"的声音,同期举办了首届北京国际设计周。

2009北京世界设计大会暨首届北京国际设计周,有将近3000名来自世界各地的设计师、学者,以及企业、组织机构代表共同参与,是规模最大的一次世界设计大会,在国际上引起了很大的反响。如今,北京国际设计周经过10多年的发展和推动,已经成为中国国家级设计交流活动,也是全球规模最大的设计周之一。

10多年前,社会对设计远远没有像今天这样的高度重视和广泛了解,大家还没有认识到设计对于社会创新、城市更新、乡村复兴的价值，以及让传统文化走进现代生活，还有对于衣食住行用生活品质的提升，能起到如此巨大的作用。可以说，北京国际设计周一定限度地推动了大众对设计的认识和理解。如今，"大设计观"的概念已经逐渐被社会和产业所接受，生活中处处离不开设计，创新发展需要创意设计的介入，已经成为社会的共识。

筹备北京国际设计周之初，北京已经在申报联合国教科文组织的"设计之都"，它代表了一个城市在创意设计领域的最高要求。北京是继深圳、上海之后第三个申办"设计之都"的中国城市，而北京国际设计周对此起到了非常重要的促进作用。通过 10 多年来的北京国际设计周，我们可以看到中国创意设计产业的发展脉络，以及北京这座城市的文化创意设计产业的创新之路。

例如，在城市建设层面，北京国际设计周一直在践行"设计提升城市品质"，通过一系列活动项目，推动了老城街区更新、工业遗址改造、城市微空间利用等，开展了大栅栏更新计划、青龙文化创新街区改造、小微绿地设计计划等。

《设计》："大黄鸭"是在 2013 年北京国际设计周上展出的，当时如何策划并推广这项活动的？

曾辉："大黄鸭"是由荷兰艺术家霍夫曼 (Hofman) 创作的大型充气公共艺术作品，自 2007 年第一只"大黄鸭"诞生以来，霍夫曼带着他的作品从荷兰的阿姆斯特丹出发，先后造访了很多城市，成为热度极高的公共艺术行为。"大黄鸭"在所到之处都受到了很大关注，也为当地的旅游及零售业带来了效益。

2013 年北京国际设计周期间的"大黄鸭"展示活动，要体现"大黄鸭"是有故事的、有情绪的、有性格的、有生命的，它的萌态能够带给人们一种"简单的快乐",这也是大众愿意理解和感受的一种公共艺术方式。大家在微信、微博上不断地晒出与大黄鸭拥抱等各种各样创意型的合影照片,就使得大黄鸭变成了公众化、社会化的公共艺术行为。这也说明,一个城市要有艺术、有品位、有趣味,需要公共艺术更多地走进公共空间、走进生活。虽然"大黄鸭"在北京只展出了半个多月,却促进了公众对公共艺术本身及艺术价值的认知。另外,"大黄鸭"也推动了中国设计版权意识的普及与传播。当时,出现了很多仿冒的山寨版"大黄鸭",我们也借此向社会传递了尊重版权、尊重原创的概念和意识。

《设计》:北京国际设计周对中国设计文化的输出与展现有哪些作用?

曾辉:北京国际设计周作为大型文化品牌活动,采取了政府引导、企业承办、市场化运营、多主体参与的运作模式,属于公共运行、公益性事业性强的部分纳入政府支持范畴,属于经营性、商业性强的部分按市场原则操作。近年来,每届北京国际设计周有多达上千场展览和活动,用较少的资金撬动更多社会资源的投入,把资金用在"刀刃"上,用于搭建公共服务平台和营销宣传推广,提高北京国际设计周的产业带动能力和品牌知名度。仅北京设计地图就免费发放了数万份,方便参观者取阅。又如设计之夜开幕活动,没有采用豪华晚会或演出的方式,而是办成了一个盛大的国际设计洽商交流聚会,创造条件让远道而来的国内外设计师与产业代表充分接触,对接资源、交换信息,找到商机。

《设计》:设计从社会学意义上如何发挥其作用?社会创新设计如何满足社会问题的需求?

曾辉:社会创新设计是用设计思维来解决社会问题的方法论,以设计来改善社会生活,让设计更多更好地服务公众,体现了设计的核心价值和社会责任。社会创新可以被定义为设计驱动型的社会创新,利用设计创新整合社会资源、技术以及组织力量,解决社会问题,创造民生价值,

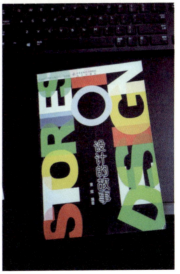

上左 / 上海实用美术社标志　张光宇
上右 / 北京国际设计周"非遗之美、生活即道"中国传统工艺设计展海报
下左 / 北京国际设计周活动及海报
下右 /《设计的故事》　曾辉

提升社会责任意识。

因此,作为社会学意义上的设计能够为社会问题提供更优的解决方案。特别是进入信息时代,优秀的设计师开始更多地关注社会和民生,关注服务设计、健康设计等跨界设计领域。

设计的根本就是要为人与社会解决问题,解决社会文化与生活体系中的问题,包括低收入阶层的生活实际问题。这是社会创新设计的公益价值所在。例如设计出简易的"脚踏洗衣机",能帮助贫困地区的人们解决在缺水缺电条件下的洗衣问题。"中国设计智造奖"的金智奖设计作品"可以喝水的书",也是社会创新、生活智慧的设计,展示了设计思维对非洲缺水地域生活起到的改善作用。

《设计》:在城市更新领域,北京国际设计周是如何发挥作用的?

曾辉:在城市设计方面,通过社会创新设计对老城区进行有机更新、微循环改善,使传统胡同街区更有活力和生机。北京国际设计周以大栅栏、白塔寺、什刹海、前门东区等区域为代表的老城区再生设计计划,将创意设计与商业运营相结合,在老街区开办咖啡馆、茶馆、书店、设计品商店等,并与原住民的生活空间相融合,让老街区的创意内涵和生活美学品位得到提升,形成了适合、适度、适用的生活方式价值取向。这类针对老街区的设计更新方案,就是基于社会创新的大设计思维对改善城市问题的思考和实践。

社会创新设计以"好设计、好生活"为价值导向,设计思维将为日益复杂的城市发展、产业融合、商业价值与民生品质等问题提供共赢的解决方案。积极找寻人和物、人和环境、人和人之间的和谐联系,社会创新设计将成为其中一条重要路径。当我们认识到设计是社会创新的重要方式时,设计价值就会被重新评估。因为我们生活在一切皆需"设计"的年代,设计无处不在,当代设计者要走在时代前面,成为生活方式和社会创新解决方案的重要提供者。

《设计》：对于当代生活方式而言，特别是在防控疫情中，设计将从哪些方面来思考？

曾辉：我们应该提倡健康设计的观念，为健康生活方式而设计，是疫情引发的社会创新解决方案。

在人类历史中，人们都在自己的废弃物附近生活，经常因此而感染疾病。1854年，英国麻醉医学家约翰·斯诺（John Snow）通过已感染者区位的信息可视化方式分析，确认了一个被污染的公共水井是造成伦敦霍乱传染病的源头。从此，明确了将污水和饮用水分开的城市公共水系统设计方式。1858年，伦敦市首先响应斯诺的创意，开始规划设计饮水系统并进行污水处理。一场霍乱疫情，促进了城市不良生活方式的改变，仅仅是通过避免接触污水，就可以防止因疫病传染导致的大量死亡，并且提高了人们的生活质量。这是城市设计一个小小的进步，却大大地影响着人类的健康生活方式。

2020年北京国际设计周的中国传统工艺设计展，计划以"为健康生活方式而设计"为主题，围绕"中国人的一天"时间线索，站在社会创新层面，来展示传统工艺与设计的自然价值观与人文生活精神。这是因疫情而引发思考的社会创新主题，具有当代的生活美学价值和社会意义。

同时，在威尼斯国际建筑双年展上，由北京国际设计周主办的中国城市馆展览，也围绕"疫情与城市——700年透视"主题进行，从"疫情与应急、规划""疫情与设计、制造""疫情与文化、生活""疫情与网络、社区""武汉"五个层面展开。展览将结合历史上防疫经验进行对照，同时汇集国际建筑、规划、医疗、食品、生物、防控、传播领域的人才，开展国际课题合作，形成对未来城市规划、设计、建设、管理以及相关产业发展具有借鉴意义的经验，并对推动健康生活方式起到启示作用。

设计文化的本质是协调人－物－环境的关系场
——郑建启谈"设计与文化"

THE ESSENCE OF DESIGN CULTURE IS THE RELATION FIELD OF COORDINATOR-OBJECT-ENVIRONMENT
——ZHENG JIANQI ON "DESIGN AND CULTURE"

郑建启
武汉理工大学艺术与设计学院工业设计责任教授、博士生导师

  郑建启,武汉理工大学责任教授、博士生导师,中国工业设计协会常务理事,华南理工大学、景德镇陶瓷大学客座教授。国务院学位委员会设计学学科评议组(第六届)成员、教育部高等学校教学指导委员会工业设计专业教学指导分委员会委员、长江学者评审专家组成员、中国国家级工业设计中心认定评审专家组成员。曾获光华龙腾奖·中国设计贡献奖金质奖章、中国工业设计"十佳教育工作者"等荣誉。

  从古至今,人类就生活在大自然和人类自身所设计的世界中。无论是原始人制造的石器,还是现代人创建的摩天大楼,都在向人们昭示:人类的任何创造都离不开设计,一部人类发展史就是一部设计发展史。在谈设计文化时,郑建启教授表示,关注人们的生活需要,是设计新产品的起点。选择人们的使用目的,就要根据人们所处的特定社会、特定时代、特定环境、特定范围内的"人"对"物"的使用需求、行为需求、心理需求和生活环境需求,来深入分析人的生理、心理在不同条件、环境下以不同的形式对产品功能的合理实现,在不断变化发展的条件及环境下更进一步对人的生理、心理给予关注,使产品具备更合理的功能,以丰富的形式实现更新的功能。而在信息时代,只有把握住了未来设计的内在文化精神内涵与时代特性,才能抓住设计的定位基点,为人类的生活方式进行设计创造,视社会大众的生活需求为推动设计发展的真正动力。

《设计》：在当下这个时代，我们如何重新审视设计学的属性及内涵和外延？

郑建启：在我国，设计学科建设经历了不同的历史阶段。伴随着对"图案""工艺美术""艺术设计""设计"这些词的不同理解，人们有过不同的认识和解读。从重"术"轻"学"发展到今天的"学""术"并重，是设计教育的一次重大跨越发展，也是一代代学者们共同努力的成就。我认为，设计学的属性是相对稳定不变的，而学科内涵与知识领域则随着人类的科学进步与社会文明的发展得以完善与扩充。以此，我们在第六届设计学学科评议组编写的《学位授予和人才培养一级学科简介》中撰写了有相关内容。

设计学是研究设计行为的科学，以设计为对象，研究设计的发生、发展、应用与传播，强调理论与实践的结合，是融合多种学问和智慧为一体的新兴交叉学科，其学科属性基于人们对设计的认识。人类通过生产与生活方式的设计创造来调整人与自然、人与社会以及人与人之间的关系，同时推动现代社会的文明体验、相互沟通与和谐进步。

设计学是研究人类发展的科学，其学科属性是从物质文明和精神文明两个层面来进行规定的，这是因为设计是一种具有物质文明和精神文明双重内涵的创造方式。在物质层面，它通过改变外部世界从微观到宏观的物质形式，来达到改变人类自身处境、优化生存环境的目标；在精神层面，它通过创新的功能形式以及新的视觉经验，在提升人的感官舒适度、行为效率的同时，提升社会的文明品质、实现人的尊严。因此，它具有历史的传承性、文化的创新性和文明的进步性特征。

而在设计学科内涵上，它是一个由历史研究、方法论研究以及社会应用研究三大板块构成的自足的学术结构；在研究领域上，它覆盖了从前期的设计目标及方法预设、中期的设计技术及过程控制、后期的价值评估及信息反馈等全过程。

同时，设计学作为独立的学科设置，对于彰显作为文明的"第三要素"形态的设计行为的人文内涵及社会价值，提升这种人类固有创新行为的科学品质及艺术文明，从而推进整个人类社会的文明水准提升，具有重要的意义。

设计学科能够和科学教育与艺术教育、社会学与工程学教育、经济学与管理学教育、国际教育与本土教育等相关专业学科教育相结合，以严谨的科学态度、系统的相关科学知识以及开放的艺术态度、丰富的艺术技能为教育基础，激发和培育学生面向未来的创造态度，培养创造文明生活方式的能力。

设计学以人的设计行为为对象，是关于设计行为的发生、发展、属性、内涵、目标、价值、程序、方法及其解释与评价体系的科学。有关设计学研究及教学的基本理论包括设计历史理论、设计认知理论、设计方法理论、设计教育理论四个理论分支体系；由"设计历史与文化""设计思维与方法""设计工程与技术""设计经济与管理"四个子知识领域构成基本的知识结构，该结构涵盖设计调查、设计创意、设计表达、设计工程、设计管理及设计教育等多个专业环节。人类社会的设计实践有着悠久的历史，作为现代教育概念的设计学科也在近百年的积累中形成理论与方法体系并不断趋于完善，分别体现在设计历史及理论研究、设计方法研究、设计审美及文化研究、设计认知及评价研究、设计技术及工程研究、设计教育及传承研究，以及广阔的设计创新实践之中。

设计学研究强调"问题意识"导向，以发现问题、分析问题、解决问题为内涵的基本方法广泛指导着各领域的设计思维，对人的行为规律及生理特征、事理特征、情理特征的关注与把握构成设计研究的逻辑基础；以学理分析为主并积极辅以社会调研、心理实验、个案研究等质性研究方法，构成设计学研究的工具体系。

进入 21 世纪后，世界的经济重心开始明显转移调整，设计学呈现出一种新的活跃态势。此前的设计学以西方设计学学科为中心和唯一标准的格局日益被多元化发展的新趋势所取代，发展中国家与新兴经济体蓬勃兴起的新设计观念与设计教育呈现出积极创新的态势，使得全球设计学科发展更趋多样化。同时，经济的复兴以及文化的繁荣与自信，也使得中国设计师在国际设计界有了更大的舞台。

《设计》：设计理念在技术进步下不断推陈出新，那么文化观念的变迁又是如何影响设计理念的发展呢？

郑建启：关于设计理念这个问题，早在 2002 年，我写过一篇论文，题为《科技进步引发的设计理念之变》。可以肯定地说，设计理念与时代的生活方式、科技和生产发展水平密切相关。科学技术的发展必然引发设计思路、设计观念的变革，为其发展提供更为广阔的空间。只有合理运用现代科学技术去拓展工业设计的设计思维，形成创新设计理念，才能完成时代赋予设计的使命。

设计理念和文化观念一直处于发展运动状态，科学技术的进步推动了设计理念的发展，同时又促进时代文化观念的变迁。随着信息技术的出现以及信息时代的来临，现代设计理念从原来对物品的创建中转移出来，强调设计中文化和情感的追求重心，从而赋予它新的意义。一向作为"工具理性"之典型表现的设计领域，越来越追求"一种无目的性的不可预料的和无法准确测定的抒情价值"。产品的功能不再仅仅通过外在的形态来展现，情感与符号成为更好的演绎。

设计理念将超越我们过去对人与物的关系的局限认识，向时间、空间、生理感官和心理方向综合发展变迁，并反映和折射出现代知识经济时代背景下"共生、共存、共荣"以及宏观大环境的系统、和谐与合理的时代性文化观念特征。现代设计也将越来越注重情感价值和精神内涵的探求，突破传统科学的框架，成为与一个时代的物质需求和精神文化息息相关的系统工程。

《设计》：如何看待设计在整个人类文明进程中所发挥的作用？

郑建启：从古至今，人类就生活在大自然和人类自身所设计的世界中。无论是原始人制造的石器，还是现代人创建的摩天大楼，都在向人们昭示：人类的任何创造都离不开设计，一部人类发展史就是一部设计发展史。就人类文明的发展阶段而言，各个特定时代的设计"造物"都向人类的今天和未来展示着人类谋求生存方式从简单到复杂、由低级向高级的发展过程。特定时代的设计"造物"作为用具，也再现了那个时代的社会生产力和生产关系、生产者和消费者、技术和艺术、实用和审美等关系所体现的社会价值、经济价值和艺术价值。

设计的创新产品与大工业时代的量产化，使人类的生活方式发生了极大变化，推动了世界经济的巨大发展。科学技术与文化艺术的合流，思想文化与经济进程的结合，成为更趋近人类理想、社会正义的力量，共同构筑了经济走向文化、文化走向经济的大众文化的时代特征。

设计肩负着满足人类本质要求的历史使命，树立合乎时代的设计观念，以"为人类创造更为合理的生活方式"为宗旨，明确在"人—机—环境—社会"这一大系统中，把人作为设计的出发点，将人类的生存方式（人造环境和自然环境）作为整体来进行规划设计。

设计是处理人与物、人与环境之间的关系，追求的是人、产品、环境、社会之间的和谐。其核心是对人类需求的发现、分析、归纳、限定以及选择一定的载体和手段加以开发、推广。这个物化过程是以人们的生活为开始，以人们对产品的使用为归宿。

现代工业化的今天，人们对生活需求的变化更为迅速丰富，对产品的使用要求不再局限于产品的机能和性能，还包括人的生理需求、心理需求、安全需求、个人需求等，具有产品在人们心目中存在的价值因素、对人心理的暗示作用、对人的指示因素等。因此，研究人们的生存方式，创造合理的使用方式，还必须清醒地认识产品存在的目的及所具备的物质意义，更要了解产品同样具备社会含义，即由人、产品、生存环境共同构成社会，还要符合人们使用产品的特定时空条件，这样才能更好地服务于人们的使用目的。

关注人们的生活需要，是设计新产品的起点。选择人们的使用目的，就要根据人们所处的特定社会、特定时代、特定环境、特定范围内的"人"对"物"的使用需求、行为需求、心理需求和生活环境需求，来深入分析人的生理、心理在不同条件、环境下以不同的形式对产品功能的合理实现，在不断变化发展的条件及环境下更进一步对人的生理、心理给予关注，使产品具备更合理的功能，以丰富的形式实现更新的功能。设计的意义就在于不断设计出新产品来为人们组织创建更有秩序、更有意义、更为合理的生活方式，并在整个人类文明进程中起到积极的构建与推动作用。

《设计》：您曾指出"人类文化精神是产品设计的灵魂"，在做具体设计时，文化精神这种抽象概念要如何体现？

郑建启：设计首重对人类生存方式的研究，这也是设计发展的客观需求。人类的发展是无止境的，人对物质（如产品、文化、居住环境等）的需求也是无止境的。作为人类进步的阶梯、科技文化的先导，设计的发展也是无止境的。从过去到现在，经济与文化、物质文明与精神文明总的变迁趋势启示人们：在经济进程中，内在地存在一种文化发展和需求的动因。只要经济发展，文化必然也要发展。经济进程的本身必然是一种文化进程；新的物质创造与生产运动是改变旧的社会图景的过程，也是根本的文化革命与观念革命。

上 / 黄石东贝集团　冰淇淋机　郑建启
中 / 长江一号豪华观光旅游船设计　郑建启
下 / 苏州上声电子有限公司　音箱设计　郑建启

在知识经济时代，网络技术的革命使我们的社会文化和生活模式发生了一系列转变。大众媒介、远程通信、电子技术服务和其他消费信息的普及，标志着人类文化精神的转化和变迁。因此，设计的范围不再仅仅局限于实体的设计，而是扩大到全社会的组织、经贸、文化活动、艺术交流的设计，即所谓的"软设计"。

随着数字信息技术的使用与普及，信息时代来临，促使设计开始从被动适应的地位逐渐转化为主动参与的角色。设计正逐渐脱离物质性，转向一种非物质性设计，对人与物直接接触方式的关注渐渐减少，而对"传输—接收—反馈"这种关系所体现的间接接触方式的设计成为未来设计的主流。信息时代的人类更加注重的是精神内涵，是信息的高度共享，设计是未来人机之间使用方式的设计，是一种人与电脑"共生"关系的设计。只有把握住未来设计的内在文化精神内涵与时代特性，才能抓住设计的定位基点，为人类的生活方式进行设计创造，视社会大众的生活需求为推动设计发展的真正动力。

《设计》：您认为怎样才是好的设计文化？如何形成这种设计文化氛围？

郑建启：设计文化的本质是整体规划和协调"人—物—环境"的关系场，反映出社会物质文明和精神文明综合的文化文明现象。在这个关系场中，设计协调人类需求发展与生存环境条件限制之间的存在关系；造物形象的整体规划，如行为方式、结构关系、造物特征等，则构成多种系统关系研究；并通过实地、实物、实事（需求）的精准调研，规划设计策略，从而达成适人、适度、适应的设计目的，其适应性反映出人类造物的文化要求。以此，在我看来，能够从"三实"出发，达到"三适"目的，完整、准确地规划和协调好"人—物—环境"的关系场，使之成为人类造物文明的考量标准，从而达到更好地实现为社会、为人类服务目的的设计文化，就是好的设计文化。

好的设计文化应该立足本土文化，注重在传承中创新，融入时代元素，并带给用户功能体验和精神满足，体现民族文化自信精神。要改变这种状况，必然要求我们具有国际视野，立足本土，要针对用户目标群做深入研究，深刻了解用户所想所需，让设计融合形式感、功能性、情感性、趣味性、文化性于一体，重视用户体验，重视产品的象征性和寓意，注重产品附加值，注重产品之外的情感寄托，应该表达中国设计自己的美学意蕴。要加强大学生的设计文化专业教育，关注设计学科的发展和未来，加强对美的鉴赏力，培养高品位的设计人才。同时，也要加强课堂之外的教育，正所谓"工夫在诗外"，在培养专业技能的同时，也要加强文学、戏曲、电影、绘画、音乐等艺术门类的融会贯通，从各艺术门类中吸取营养，培养独到的眼界和审美。

《设计》：你认为设计教育在文化自信的建立过程中起到怎样的作用？

郑建启：设计教育强调的是珍惜生命、珍爱和平、珍重生态、和谐发展等精神。而其根本的核心内容则是坚守本土文化传统价值，坚持传承与创新的主动结合，促进国际经验与本土文化的交融，为未来文明搭建合理、完整的文化结构与创造结构。设计教育要坚持本土文化传统价值，发扬优秀传统文化，构建优秀文化基因，深刻挖掘和激发优秀传统文化的创造性和生命力。设计教育要坚持结合时代精神，继承社会主义革命信仰，树立奋起拼搏的信念和坚定攻坚克难的信心，集成创新，在设计实践中不断探索求真。在国际经济重心开始迁移、全球文化多元化发展的今天，积极展开同各国的文化交流，主动积极地学习借鉴他国优秀的文化成果和设计成果，推动设计观念和设计教育不断积极创新。同时，也可为树立文化自信起到积极、突出的推动作用。

《设计》：在具体课程和实践中，如何提升学生的美学素养和文化修养？

郑建启：设计学是一门涵盖了科学与艺术的跨界结合的交叉学科，艺术表现能力以及审美能力是作为设计类专业学生所应具有的基本专业能力，而美学素养和文化修养是学生的审美能力以及艺术表现能力的重要体现与保障。提升美学素养和文化修养的本质是人格的提升。只有人格得以提升，学生才能成为对社会有用的栋梁之材。

设计与人的社会生产方式密切相关，其服务对象是社会广大的受众群体。因此，在课程学习和实践中，要首重审美情感和审美敏感度的培养与提高，培养学生对真、善、美的认知与判断，树立健康的审美观和社会文化观。对日常审美观和设计为人的服务观予以培养，并在课程学习和实践中稳定发展和升华，进而发现美、欣赏美、创造美，使学生具有良好的审美情感和审美敏感度。而有良好的审美敏感度，也就意味着对设计敏感度的培养与构建，提升学生的设计思维和实践能力，从而推动学生的美学素养和文化修养的进步与提升。

《设计》：目前我国的工业设计面临怎样的现实局面？

郑建启：现状是发展机遇前所未有，伴随我国经济健康稳定发展，我国的工业设计发展蒸蒸日上，国家政策扶持力度加大，工业设计走向新高度，产业格局已初步形成，产品形式、数量极大丰富，大数据、人工智能正逐步崛起，网络智能化产品影响到人们生活的方方面面。人们在得到物质满足的同时，也对工业设计的精神层面提出更高的要求。创造人类更加美好的生活和世界，是工业设计追求的目标。

存在的问题是：我国的工业设计产业规模小、起步晚，核心技术发展滞后，国际竞争力较弱，具有国际品牌影响和竞争力企业少，企业设计创新意识薄弱，缺乏深层次研发和创新，大量企业的工业设计创新长期停留在产品外观样式或服务表现形式等较浅层面,欠缺设计原型与生活方式模型对产品功能结构与体验方式的深层次研发和创新。这需要我们完善现代设计体系,重视人性体验化设计。将工业设计真正纳入产品研发的成本结构,加强在品种开发、原型培育、用户体验、制造流程优化等方面的深层次研发与储备,形成自己的知识产权。企业通过提升工业设计水平,将文化、需求、科技等诸多元素融合,进而可以提高产品的竞争力,具有较高的产品附加值。

经济基础决定上层建筑,谈及设计与文化的关系时,也就不难理解设计与文化的决定因素均是经济基础。钢筋、混凝土、平板玻璃技术的诞生和发展,直接促进了现代主义标准化,预制件生产理念的形成发展,并把现代主义推向了顶峰,诞生了格罗皮乌斯、密斯·凡·德·罗、柯布西耶、阿尔托等现代主义大师。技术的进步使得设计师如虎添翼,让科技为设计服务,让梦想成为现实,在建筑设计中开创了摩天大楼的创造理念,创造了一系列经典的设计,造福全人类。而塑料技术的发展,使得孟菲斯学派的诸多设计作品大放异彩,成为后现代主义的重要特征。设计与文化紧密相连,每个时代的设计总是依赖于当时的文化背景而存在。人类经历了石器时代、青铜时代、铁器时代以及机械化工业生产等历史时期,文化观点的变迁直接影响了设计理念。例如,彩陶时代的舞蹈纹彩陶盆上,快乐的先民牵着手载歌载舞,生动再现了热闹团结的节日氛围;而布满"狰狞恐怖"饕餮纹的青铜器,是人们对自然神灵的崇拜,也是奴隶社会统治者利用鬼神迷信观点,加强统治的手段;反对机器化生产、反对矫揉造作的维多利亚风格,提倡手工生产和自然风格装饰,提倡中世纪哥特风格,导致了英国工艺美术运动的开端,为新艺术运动和现代主义的蓬勃发展做好了铺垫。

古老的传统设计概念以农耕文明的手工艺生产为表征;新兴的现代

设计概念以工业文明的流水线机械工艺生产为表征。所有的设计都是从人的生活需求与精神欲望出发，以特定的主观创造意识为原点，通过造型策划和物质生产的过程，以审美与功能目标来提升客观物质生活质量的综合系统工程。设计对应于工业文明的工业生产基础能够满足设计系统制作产品的基本要求：能够迅速变化款式，完成不同档次、同样功能制品的大量产出，以满足现代社会人民生活的不同需求，成为立足现代的新兴设计。对应于农耕文明的手工艺生产基础则不具备这样的条件，其产出也涵盖不了人类现代生活所需物品的全部种类。因此，工业生产和手工艺生产是人类文明在发展的不同阶段所呈现的业态，具有不同的观念与价值，相互不可替代。设计作为人类把握外部世界、优化生存环境的创造方式，是既古老而又具有现代活力的人类文明。人类通过丰富多样的生产与生活方式的设计创造来调整人与自然、人与社会以及人与人之间的关系，同时推动现代社会的文明体验、相互沟通与和谐进步。设计学作为独立的学科设置，能够彰显作为文明的"第三要素"形态的设计行为的人文内涵及社会价值，提升这种人类固有创新行为的科学品质及艺术文明，从而推进整个人类社会的文明水准提升，不断推动人类向前发展。可以说，设计是人类追求真善美的重要推手。

"观乎天文，以察时变，观乎人文，以化成天下。"每个民族都有自己的文化精神，它对于这个民族的一切文化领域和文化现象都具有一种普遍性的意义，当然也会在这个民族的产品上打上自己的烙印。文化精神历史悠久。在远古时代，图腾文化成为一种象征文化、一种精神符号，是被人格化的对象。设计流派、设计观点的发展，其背后的推手就是文化精神的变迁。文学、绘画、设计等艺术门类相互渗透，如拉斐尔前派追求自然清新，反对矫揉造作的绘画理念，为英国工艺美术运动埋下了伏笔，而日本浮世绘的创作理念，深深影响了欧洲各国的新艺术运动。

近代西方的工业产品往往体现出一种理性文化精神，在现代主义"形式追随功能"的影响下，把功能主义推向了极致，最大限度地弱化产品形式，带给人冷漠、无情的产品体验，导致了后现代主义的产生。而我国古代青铜器中独有的三足器（鼎等），则体现了一种"求稳尚简""以少胜多"的中国文化精神，带给人稳定、大气的产品体验。明式椅在设计之初，并没有像西方设计一样，过多考虑功能性特征，而是体现出中国人正襟危坐的民族气节，是站有站相、坐有坐相的气度体验。中国人素来追求"格物致知""追根溯源"，观察事物要透过现象看本质，产品设计背后折射出来的形式之外，就是文化精神。文化精神是产品设计背后的情感象征，是消费者的情感寄托。文化精神寓意于产品设计中，具有强烈的内涵性和情感性。这和中国写意画是一样的道理，精神的表达是画作高低优劣的重要评判标准。

艺术 与 设计 | 第二章

后疫情时代的设计教育
Design Education in the Post-Epidemic Era

《设计》杂志社主编 李杰

面对2020年年初一场百年罕见、肆虐全球的新冠肺炎疫情，中国政府果断提出坚持"人民至上、生命至上"的原则，使得人工智能等技术在抗疫中发挥出强大而积极的作用，人民通过有逻辑的集体行动，获得了安全而有秩序的生活。随着科学技术发展和人类文明的推进，人们抗击病毒和防控疫情的方式也不断改善。

无论是1619年法国医生查尔斯·德洛姆为防止欧洲黑死病传染而发明的"鸟嘴形"口罩，1910年华人医学家伍连德为阻挡我国东北地区鼠疫传播而设计的"伍氏口罩"，还是19世纪中叶英国针对霍乱而形成的城市卫生区，21世纪初美国针对埃博拉病毒设计的防护服和医疗仓，都体现了不同时期抗疫中的设计智慧。而在这一场危机中，工业和信息化部发布《充分发挥人工智能赋能效用协力抗击新型冠状病毒感染的肺炎疫情倡议书》，加快了我国人工智能的产品研发和落地的步伐，为抗疫贡献"硬核"力量。

举国抗疫，团结一心，不仅有奋不顾身用生命挽救生命的医护工作者，设计师群体也在自己的岗位贡献力量，艺术高校设计专业的师生们纷纷通过设计作品，表达自己对国家"抗疫"的支持。年轻的大学生们作为新媒体技术的熟练使用者，发挥活跃的思维和设计敏感度创作设计作品，并通过新媒体传播平台及时向国民传递抗击疫情的正能量，展现出新时代中国青年的积极面貌。对社会热点的职业敏锐性和社会责任感是优秀设计师必须具备的职业素养。对于设计类专业的教学，提升学生对社会热点的关注并将其应用于设计学习中，是很有必要的。

　　艺术服务于"抗疫"，还包含对艺术与科学关系的认识与建构。这既是人类社会文明演进的恒久主题，也是当代设计教育，人才培养的一个关键。艺术设计院校师生以艺术力量投入"抗疫"的实践启示我们："文明实践从来不是空洞的、抽象的、脱离实际的存在，总与人民群众的生产生活密切相关"，要使艺术在社会进步与发展中更好地发挥作用，也需要在创作实践、学科协作、人才培养等方面进一步构建发挥艺术与科学的协同作用。

　　要彻底打赢这场"抗疫"的战斗，既要科学防治、精准施策，还要"强信心、暖人心、聚民心"，艺术维系情感，应有所担当。而在这些创作中，我们既看到了激情澎湃的鼓劲之作，也看到了温暖细腻的温情之作。无情的病毒使人们更懂健康之可贵、生活之可爱，围绕"抗疫"展开的主题创作也愈发凸显了艺术于生活的意义和最朴素的价值。

抓牢学术链条，建成自身的理论体系
——长北谈"设计与艺术"

GRASP THE ACADEMIC CHAIN AND BUILD ITS OWN THEORETICAL SYSTEM
——CHANG BEI ON "DESIGN AND ART"

长北
东南大学艺术学院教授

长北，硕士生导师，原名张燕，东南大学艺术学院教授，江苏省文史研究馆馆员，浙江省博物馆聘任专家，中国传统工艺研究会副会长。多年来，出版著作近30本，发表文章约400篇。成果包括获中国高校人文社会科学研究优秀成果奖二等奖两次、中国出版政府奖图书奖一次、中华优秀出版物奖"图书奖"提名一次、中国民间文艺山花奖学术著作奖一次、中国高等教育学会美育研究会优秀成果奖著作类两次、江苏省哲学社会科学优秀成果奖三次、南京市哲学社会科学优秀成果一等奖、南京市文学艺术奖银奖等。

长北教授几十年"读万卷书，行万里路"，勤于求知、笔耕不辍，形成抓牢田野调查与原始文献、注重多重实证、注重自身感悟的治学特色。她率先以一己之力撰写综合艺术史专著，系统梳理中国古代艺术论著，成为新兴艺术学学科的奠基之石；她率先梳理出东亚髹饰工艺的完整体系和动态流变，率先提出"绿色漆艺"的口号；她从点上解剖麻雀开始，逐个梳理从地方到江苏、到中国、到东亚的艺术史、工艺美术史和漆艺史，其中多数是前人未曾涉足的冷史；她以工坊博物馆古今典籍为多重证据，写出《〈髹饰录〉图说》《〈髹饰录〉析解》等深浅不同校勘研究《髹饰录》的著作；她立足当代、关注现实，整理出《南京民国建筑艺术》《扬州建筑雕饰艺术》《江南建筑雕饰艺术·徽州卷》《江南建筑雕饰艺术·南京卷》等逐市、逐县、逐村鉴赏批评现存古建筑的调查实录，并以数万言总论归纳其特色流变，探讨其多方面成因，为后人留下了以上地区现存古建筑相对全面的图文记录，可见其四十多年如一日潜心治学的恒心和毅力。

《设计》：请介绍一下您的教学理念。

长北：由于我的特殊经历，我教的学生从中专生到本科生、硕士生、博士生不断升进，我教的课程从"工艺史""美术史"到"艺术史""设计艺术史""艺术论著导读（含设计艺术论著）"，不断变化。在东南大学，我还负责全校本科生和强化班通识课程"美学与艺术鉴赏"，教学内容、教学理念、教学目标也在应时而变。如果问我一以贯之的教学理念是什么，我以为：不管教什么课程，别照搬书本，而应多谈自身感受，无论专业教育还是通识教育，都应该身体力行教育学生成人，成为全人，即人格健全、心理健康的人。

《设计》：在教学中，您重视学生哪些方面的技能培养？

长北：我转向史论教学已近40年。如果说我的各阶段史论教学有点成绩的话，关键在于：我喜欢读书，喜欢苦行万里去亲近自然，去寻访艺术，去经眼尽可能多的艺术形式，欣赏尽可能多的艺术作品。成年以后，我走遍了全国所有省、自治区与直辖市，看遍了全国各省博物馆，走访了45个境外国家，有的国家一去再去，终于基本看遍境内"世遗"，进入逐国寻找"世遗"、逐省扫荡盲点的阶段，社科院同行称我"女霞客"。因为每"游"必"记"，积累而来的田野考察笔记有十多本。"游"使我对各门类艺术实例如数家珍，使我的审美感受永远鲜活，陆续用在我的讲课、文章与著作之中。我与多数象牙塔里的大学教师的不同在于：亲近自然，亲近工匠，深入田野，眼睛向下去搜寻第一手资料。所以，我讲课从来不掉书袋、不抄袭他人，而总是有鲜活的切身感受，有滔滔汩汩的例证。有学生在期末心得中写："老师所讲敦煌一课，我特受感动，老师每说一句，我就有一种震撼。看起来似乎是很平常的大地天空，在老师眼里却是那样地富有人情味，以前我没有感受到，听老师一说，心里豁然开朗。在广阔的戈壁，面对苍天，自身是那样渺小，顿时觉得人世间的恩恩怨怨算不了什么。"我的阅历和境界，早已经超出了一般技能教师的层面，艺术史论研究与生命历程合而为一，我"玩"出了学问，更磨砺了人生。我以为，史论研究者必须亲近艺术、懂得艺术，其理论方能不隔靴搔痒、不抄袭搬运，而是接近原创。带领学生苦行万里去亲近艺术，应该是一种更广范畴、更高层次的艺术实践吧。

《设计》：能否讲一讲，您是怎么总结出"主干分明，花繁叶茂，汤水葱蒜，看人讲课"这 16 字讲课技巧的？

长北：这 16 字首先得益于恩师张道一先生，更得益于我喜欢听课。我求学的历程转益多师，比别人坎坷，也比别人动力更足。1982 年省工艺美术史论学会首届年会上，张老师听了我的学术报告以后找我长谈。他说："一种人懂艺术实践却缺乏文史功底，不能搞理论；一种人经过中文或是美术理论训练却不懂实践，理论深不下去，是隔靴搔痒的空论。你兼有这两种人不能同时具备的长处，中文和专业底子都比较厚，应该搞史论研究""搞创作，提高的是一个；搞理论，推动的是一片"。他叫我考他的研究生，一问，当时的我已经 38 岁，而国家限龄在 35 岁以下。张老师说："你跟着我做研究吧，我收你做私塾研究生。"于是，我每年专程来南京听老师"吞云吐雾"。1995 年年初调在老师身边，张老师对我说："讲课这玩意，一定要'拖泥带水'。"我自认为有点慧根，想到老师讲课不容置辩的气场，一听便开了窍。再就是从我自身说，由于酷爱读书，少年失学心里不服，在工厂期间我便不放过一切进修听课的机会，在东南大学与学生同进同出于大讲堂聆听各路大师讲座，并且完整进修了本校建筑学硕士生博士生的建筑史课程，最终为东南大学教务处聘请作督察负责听年轻教师讲课。我听过的课程多如繁星。有的老师讲课严谨紧峭，有的老师讲课节奏宽舒，有的老师讲课情感投入，有的老师讲课旁征博引，有的老师讲课如层层剥笋，有的老师讲课像灌稀粥，有的老师讲课照搬经典，全不管学生在堂下看书睡觉，有的老师讲课离题太远，收束不住。每次听课我都提醒自己学长避短。这使我治学教学都很少搬弄八竿子打不着的空头概念，总是以作品说话，以亲身感悟去感动学生，特别注意与学生的情绪互动。

具体来说，讲课必须主干分明、纲目清楚。大树上着花长叶才有生机，光秃秃的树干没人喜欢，田野调查的图片、生动的语言、抑扬顿挫的语调便是花叶。每课要插几句闲话，一是讲课节奏别绷得太紧，二是闲话也有哲理和趣味，"闲话不闲"，这便是张道一先生说的"拖泥带水"、我说的"汤水葱蒜"了。每课要有两三分钟宕开主干却绝不宕远，见有学生走神，立刻安排提问，必要时插点笑料，让学生想走神也走不成。讲课技巧很大程度取决于平时积累。脑子里多贮存些零部件，才能根据场合逢枝开花、遇路转弯或是刹车。讲课技巧又直接取决于讲课态度。学生说我在课堂上口若悬河，让他们听得如醉如痴。其实，我没有一堂课敢掉以轻心，总是课前提前到堂，课上如履薄冰，课后汗湿衣衫；我也没有一堂课即兴挥洒，总是把课上每一处包袱都在课前想好，有课的这天我绝不写文章，总是一遍一遍地酝酿情绪，一遍一遍地默想课堂效果。通识课程都在晚上，下课以后，学生围拢过来，有提问题的，有要电话的，有要邮箱的，我回家以后倒在床上，一句话都说不动，夜里脑中不停回放课堂情景无法入睡；第二天讲课，立刻根据新鲜记忆对课件加以修改补充。课堂上的"放"，其实是以课前战战兢兢、烂熟于心，课后增删改进以求不停顿地超越为铺垫的。至于看对象讲课，更是必需的。我教过中专生、大专生、本科生、研究生课程，除在本校讲课以外，还为台湾中原大学、香港中文大学、中国艺术研究院及全国多所大学、多所博物馆、多个国家级非物质文化遗产培训班和多个文化部门聘请开设讲座，教学对象不同，教学内容、教学方法必须随之变化。比如说，对大专生讲课要宽泛，对博物馆研究人员讲课要精深，对工艺家讲课要浅白，对教师讲课要来点理论，出境讲课则必须立体观照高屋建瓴……讲法能一样吗？东南大学素质教育中心网络和手册推荐我的教学"好评如潮"，毕业生写信说"打开书的瞬间，恍若又回到您的艺术史课堂……您是活在精神与艺术世界中的行者，心灵永远灵动与鲜活，艺术与生命融为一体。您的学术人生亦如中国传统艺术一般，绚烂丰富，自然天真，同时又厚实蕴积""您的通识课我在研究生阶段聆听过，感触太深，至今难忘！您讲到当年单枪匹马勇闯天涯，如饥似渴、如痴如醉，遭遇过断指之痛，身处过各种险境，为艺术如飞蛾扑火、凤凰涅槃，我们听得心潮澎湃、激情似火，感动至极！震撼心灵！"校外好评也不胜枚举。退休以后漫步校园，常有不认识的博士或年轻教师停下来叫我。他（她）们有说是我的粉丝，有告诉我某年某月听过我的课，课上的一些话至今记得。我因为努力讲课、用心对待学生而拥有了许多知己。这是教师才能够拥有的幸福！

《设计》：您如何看待设计与艺术的关系？

长北：""设计""自诞生之初，就与艺术有着千丝万缕的联系。我国陈之佛、雷圭元时代曾沿用日本的说法，将"设计"解释为"图案"，即纹样设计；而来自拉丁语的"设计"本义是"指示"，也就是按照预先设定的规划安排事物，赋予它一定的秩序；英语中，"设计"的对应单词是"design"，音译作"谛扎因"。1964年，国际工业设计学会联合会定义"设计"与纯艺术创造的区别在于：受理性驾驭，受多方面因素制约。不妨说，人类第二自然的一切创造都产生于设计和设计成为现实的过程之中。

"设计"与艺术"联姻"，始于包豪斯之前费德勒（Fiedler）等人的实践美学。费德勒主张艺术摆脱与现实生活的联系，向抽象的、静止的、超时间的艺术发展。这一观点直接催生了西方抽象画，影响了20世纪初期的艺术理论,因此,费德勒被称为"艺术学之父",日本竹内敏雄编的《美学事典》书中称他为"艺术学之祖"。在实践美学的影响下,1919 年成立的魏玛包豪斯大学,其艺术指向不再是器物外部装饰,而指向在技术活动中展示人文精神。格罗皮乌斯就曾经指出,中世纪手工艺者既是创造蓝图的设计师,同时是实现审美理想的艺术家和艺术产品的制作者。魏玛包豪斯大学关闭以后,有别于纯艺术的"设计"终于被广泛关注。

中国艺术设计作为一门学科问世,是 20 世纪 80 年代的事情。这以前,中国的艺术设计包含在"工艺美术"学科之内,我在工艺美校期间,主讲课程就是"工艺美术史"。我以田自秉先生的著作《中国工艺美术史》为主干,穿插调查心得,既讲手工艺品,也讲机器工艺美术品,旁涉家具设计、服装设计、装潢设计和环艺设计。1997 年,东南大学艺术学科申请到全国第一个艺术学博士学位点,我开始讲硕士生必修课"中国艺术史"、博士生选修课"艺术史专题",带艺术学方向的硕士生。2000 年年初,东南大学艺术学科申请到设计艺术学硕士点,我从此带设计艺术史方向的硕士生,因为我教过"工艺美术史",顺理成章给我增加了一门硕士生必修课程"设计艺术史"。讲"设计艺术史"与以前讲"工艺美术史"有什么不同呢?坦白讲,我没有另起炉灶,只在讲课过程中突出制作前的意匠和制作中当时科技对材料工艺等的影响。也就是说,"工艺史"偏重讲工艺过程的结果,"设计史"偏重讲工艺的过程;"工艺美术史"重视传统、审视历史,"设计艺术史"重视创新、把握现代;前者重作品形式,后者重意匠与创造。

《设计》:能否谈谈您的治学特色和治学理念?

长北:这题问到了我生活核心。2003 年我甲状腺手术,一拆线就忍受剧痛上堂讲课,从此落下咽炎顽疾,2004 年夏划入退休,坚持带研究生上课到 2006 年，带完全部研究生后，转向自留田里的精耕细作，因此可以说，治学几乎占据我人生中近 20 年的全部。

我治学理念的雏形是在张老师书房里被烟"熏"出来的。张老师对我的治学要求伴随我成长而递进。其金句择其要者如：①"东挖一锹、西挖一铲是出不了油的，认准井眼挖下去！你有希望出现井喷！"这使我知道找准井眼、锲而不舍的重要性，我从此认准艺术史和漆艺两口井眼深挖不止，直到源源不断出现井喷。②"你第一本书写了 13 年，很好。基础打好了，第二本书写 3 年，第三本书写 1 年，你的书会越写越顺，越出越多。""每月出两篇文章，每两三年出一个大部头，十年以后跳出去！"老师的话应验了，我按照这个速度出书发表文章，40 多年积累有近 30 本书、400 余篇文章，我真的跳出去了！③"做学问要多头并进、有轻有重，就像弹钢琴，十个指头有轻有重。"除以上两口"井眼"，我曾出版《南京民国建筑艺术》《扬州建筑雕饰艺术》《江南建筑雕饰艺术·徽州卷》《江南建筑雕饰艺术·南京卷》等四本逐市、逐县、逐村鉴赏批评现存古建筑的调查实录，我还写散文，写游记。④"艺术学把美学请下来，把艺术实践升上去，研究者要具备通史、哲学史、美学史多方面功底。你过去那些成果，属于艺术学子目录下的子目录。我要求你在根目录上出成果。你在根目录上有成就了，再回到子目录研究，将又是一番境界。"他说的"根目录"，指艺术学理论，也就是对艺术进行综合研究。我在东南大学做根目录研究以后，退休回到子目录研究，果真，我的学术境界比较未做根目录研究之前大为提升。我体会到了，学问越往深做越观通不碍照隅，求末皆能归本。⑤"从一砖一瓦的累积到砌房子——构筑自身的理论体系"。因为我既教过"工艺美术史""美术史"，又教过"设计史""艺术史"，并且呈螺旋升进，所以，我的视野宽于多数专门史研究者；又因为我有长达 20 多年的实践经历，身份改变以后仍然亲近工匠、亲近实践,我又特好容取,所以,我掌握的资料多于多数专门史研究者。2014年,我将《髹饰录与东亚漆艺》面呈老师,战战兢兢问老师:"您看,我有没有建成自身的理论体系?"老师说:"那当然!"并且赠我一首小诗:"八咏园中燕,立志飞上天。苦练三十载,长尾又高冠。伫立梧桐上,俯首看人间。世俗繁事多,躬身种桑棉。"老师比喻我从"燕子"变成了"凤凰",望我继续耕耘、不要止息。

我治学特色的形成,则是在退休之后。退休之时我面临着巨大的诱惑:有学校聘我长年上课;有学校开出"挂名拿钱"的条件,只要发文章署该校之名另奖2万元。我一概拒绝。我知道钱并不属于我,而被折腾得业已不多的时间才属于我。既然决心以特色学问立于学林,既然决心做独立学者,首要条件便是心无旁骛。

由于我的原生烙印,我注重实践,注重"上穷碧落下黄泉,动手动脚找东西""有多少资料说多少话";也由于我好读书、好云游、好多历多看,不屑重蹈他人,终于形成抓牢田野调查与原始文献、注重多重实证、注重自身感悟的治学特色。我的专著《中国艺术史纲》(以下简称《史纲》)不是抄来的艺术史,而是调查出的艺术史。修订版比较初版又充实了许多调查资料。修订版出版以后,我又往福建土楼、广西花山、新疆石窟去调查,目的是出版第3版时,扫清尚未调查的死角。展读《史纲》可以发现,我这《史纲》广涉多种艺术形式,其中,建筑和工艺内容占了大半。张道一先生曾经批评"美术史论研究的四个倾向,即:①以汉族为中心,忽略了其他55个少数民族;②以中原为中心,忽略了周围的边远地区;③以文人为中心,忽略了民间美术;④以绘画为中心,忽略了其他美术"。他在《史纲》前言中写道:"据我所知,本书的作者长北女士是个非常勤奋用功的人。她曾躬行于传统工艺研究,后来博览群书,探究群艺,取得了驾驭艺术史的功夫。我以为她治史没有上面

左/张道一先生赠长北诗　2014年
右/长北（左）看望张道一先生　2015年

所指的四个倾向。"也就是说，我这本《史纲》一反将艺术史写成美术史、书画史的学坛陋习，凸显了自身强项和学术个性。

第二个因素是，退休使我的身份变为民间学者，再不必受学科管辖和课题束缚。因为"业余"游离超脱，从拍照、扫描、打字到校对成书，必须事必躬亲、巨细无遗，没有研究生参与，从不拿他人成果编成一册。我这个民间学者又曾经有过"专家"身份，所以，我去调查，名旦名生川剧扬剧我都能看出门道。别人拿"业余"当玩玩，我拿"业余"当玩命。退休以后，我调查东亚各国工坊，观摩各国博物馆藏品，补充调查偏僻山区和少数民族聚居区域的髹饰工艺，都是自愿自发、兴趣驱使的自费行为，越调查就越赔进退休工资。我从不后悔且很开心：人生本来就是一趟审美旅程，有人玩过拉倒，我越"玩"知识越丰富，对人生、对社会体悟越深，著作越厚实、越多。正因为我终身布衣、不拉赞助，也正因为我抽身圈外，不必有作品参展得奖被卡的顾虑，不搅入权势集团的利益瓜分，我才能守其当守、下笔从容、不趋附、不违心，我的文章与著作不必说官话、套话、应酬话、被人买断的话，不为集团利益发声，只切入真实、服从事实、服从自己的良心，准备经受历史百年之后的拷问。陈平原预言，下一个30年，中国的民间学术将不复存在（见《读书》）。他所说的"民间学术"，正是指自然生态下成长的学术，指学者不为金钱诱惑、只因兴趣和使命、长期积淀的学术，也就是像我这样，退休以后没有课题经费，却自觉自发地治学、缓慢积淀而成的学术。只有长期积淀、自然形成的学术，才是真学术。我早就抱有坚守自己、君子固穷的决心。

第三个因素是，境内外调查使我接触了英国李约瑟研究所、日本东京博物馆等的许多专家，接触了中国科学院华觉明先生等一批学者，接触了许多博物馆的高端专家，接触了一个个非物质文化遗产传承者。我发现，中文系毕业的学者多从文本出发，美术史论系毕业的学者多关注个案研究，考古系毕业的学者意在公布实证，象牙塔里的艺术学学者多玩概念。而科技史家，不仅要有文学、史学功底，更要熟悉工艺，切入技术越深越好。不知不觉，我研究的路径有了变化：我不再仅仅从艺术史角度切入工艺研究，而更多地思考工艺演进与科技发明、与材料更新的互动；我既不只看博物馆文物，也不只看工坊，更不只看书本，我努力做博物馆、工坊和书本的接通工作；我既关注历史，也关注对传统进行熔铸提升的当代作品，我努力做传统和当代的接通工作；我既与当代保持联系，也与当代保持足够距离，甚至持有足够的警惕。我的著作广纳考古学、美术学、文物学、科技史学、艺术学、文化学等学科之长，《髹饰录与东亚漆艺：传统髹饰工艺体系研究》（以下简称《髹饰录与东亚漆艺》）至少运用了"考古资料、传世实物、工坊流程、今人新作、吾国旧籍、异族故书"六重证据，参之以外来观念与个人经验，凸显了田野调查与原始文献并重的研究作风。它与当今林林总总的漆器图册、漆艺技法书的不同在于：不是撷取髹饰工艺一鳞半爪或是总结一己实践，而是着力对8000年的髹饰工艺做跨越时空的"打通"，完整梳理出东亚髹饰工艺的庞大体系；不仅站在漆艺家的视角，更站在艺术学学者的高度对漆艺进行文化的统观，对它的过去、今天和将来做基于历史事实的总结和预测；从审美角度而不仅从收存资料的角度选择图片，使这本书同时具备极高的审美价值；穷尽所有地查阅哪怕是点滴记录髹饰工艺的古籍，从20世纪80年代编辑漆艺刊物开始，又源源不断得到全世界漆友的书籍馈赠，加上儿子两次用数万元拍价为我购买海外漆器文献，使我占有资料的广度超越过了多数国人；加上我曾亲历工艺调查广泛深入，所以，我记录的工艺具备可操作性、可复原性，而非隔靴之论。纽约大都会博物馆的屈志仁先生读完《髹饰录图说》来信说："历来中国学者研

上 / 在韩国原州国家级螺钿人间文化财李亨万作坊观摩考察漆艺 2016 年
下 / 长北新著《江苏手工艺史》与修订版《髹饰录图说》

究工艺多不能深入，主要是因为缺乏实践经验和对实物的认识。尊著是基于高度专业知识和严谨治学方法，是以获得突破性的成就。从前读《髹饰录》有很多不可解的地方，现在便觉豁然开朗。"台北艺术大学传统艺术研究所所长林保尧先生写信对我田野调查的深度表示"惊讶"，连说"不可思议"。中国传统工艺研究会创会会长华觉明先生以《传统工艺研究的范本与标杆》为题为《髹饰录与东亚漆艺》作序；漆画家乔十光教授以《生命谱写的鸿篇巨著》为题为《髹饰录与东亚漆艺》作序。是耶？非耶？且待历史评说。

因为已退休，远离名利场，成为自由身，我既抓紧治学，也抓紧游历；既能沉潜书斋，也能行如脱兔。我在艺术综合研究、门类艺术研究和随性散文中跳进跳出。艺术史论研究帮助我拓宽视野、把握方法，使我将百工研究上升为文化研究；百工研究又帮助我积累实证资料，使我的艺术史论研究成果宏观而不失微观根底。古人说学问有经世之学、实用之学、性灵之学。我的《中国艺术史纲》《中国古代艺术论著集注与研究》应该说是经世之学；《髹饰录与东亚漆艺》是实用之学，理性论述中有经世之学的成分；《传统艺术与文化传统》是演讲体，可以在经世之学中糅合进性灵；《飞出八咏园》则完全是性灵之学了。我在经世之学、实用之学、性灵之学之间跳进跳出，深而能广，广中突显独门研究之长，"跨界"使我的治学充满了不懈求知的乐趣和诗意生活的趣味。而"跨界"，不正是现代各学科研究的趋向么？学者的治学，不正应该不拘一隅、能收能放么？正如东南大学喻学才教授形容我的："所贵能放下，轻松走南北"。我放下的不仅是坎坷生活的经历，更是名利，赢得的是书匣渐沉、著述渐丰、一身渐轻。

翻思过往，我无职务抬场，无项目支撑，无学生参与，孤军坚守，单打独斗，我自我在，以退休老妪身份立于衮衮诸公之林。几本解说《髹饰录》并从《髹饰录》生发进行研究的著作,《扬州漆器史》《江苏手工艺史》《中国艺术史纲》和一系列漆艺史类著作,《中国艺术论著导读》《中国艺术论著集注与研究》等,都是"学术链条"上填补空白的学问,其中一些会传下去。我理解的"学术链条"是:成果有原创性突破、有延续绝学的意义、成为后人研究必须查阅的环节。治学就像是一场旷日持久的苦役,我越往深做,越体会到融会贯通并非一蹴而就,只能"功到自然成"。我终于从点上的积累,到以线串联,到串联成面,进而编织成为立体的网络。这个过程,竟然长达半个世纪。如果说有弯路的话,那就是:东南大学建筑学科是强大的,但大树下的树是不可能成长为"学术链条"的。如果我不花这许多功夫做古建调研,我还可以在艺术学或是漆艺史论研究方面再出一部以上大的著作。

  因为人文学科的精品不靠钻营项目而靠心闲意定,不靠突击式的集体生产而靠个人坚韧不拔的寂寞劳动,我建议后学,若真想做学问,就别参与杂拌急就工程,别接不咸不淡的课题,与其跟屁股瞎忙,不如根据自身优势从原点出发,找准井眼,孤独地、深情地、坚定不移地深挖下去,时间和毅力就是您立于学林的保证。当下,您得先守住本心、心无旁骛,不羡官职、不慕富贵,写占有独到资料的问题,写确有体会的问题,写别人没有写过的问题,写别人写错了的问题,用多篇论文甚至著作包抄同一问题,抓牢田野调查和原始文献两头,写出来的著作和文章必定是原创。请认准目标,不惜一切代价地追寻,千万不要东摘西抄、一锤子买卖做过,再也深不下去。

《设计》:您认为传统工艺的保护与传承应该注意哪些问题?

  长北:21世纪,我国保护"非遗"形成运动,成绩有目共睹。不少小微手艺难以承继,列入"非遗"以后,传承人拿到津贴,有了存在感,从此安心带徒授艺。我曾经为四个不同内容的国家艺术基金培训班讲课,眼见"非遗"传人与大学年轻教师共处一堂：既为"非遗"传人提供了向大学教师、全国各地学员学习、激活创造思维的机会，又为大学教学骨干提供了多种教学手段。安徽师范大学雕塑教师刘超连续主持了几个培训班，广交全国师友，掌握了干漆、玉雕、石雕、铁铸等多种雕塑手段；芜湖铁画传承人杨勇走进课堂，认识了不少艺术教师，其作品突破了以往铁画题材的局限，表现出灵活的、富有形式美的构思。

毋庸讳言，保护"非遗"也存在问题。主要问题就两个字：过热，也就是过犹不及。媒体聚焦传承人，却不聚焦医疗、教育、养老等民生大计，传承人频繁出镜，宣传册比电脑还大，助长了浮躁浮夸的风气。宜兴、景德镇陶瓷工人已过五六万人；河南从事玉器生产的工人更达30万人之巨；南阳卧龙岗一带，玉器商店鳞次栉比，造成产品过剩、资源枯竭、生态环境被破坏，也造成假货充斥、鱼目混珠，降低了手工艺品的美誉度，造成后期需求萎缩。有限的津贴洒向畸形膨胀了的某些手工艺行业，徒然助长了攀比不服的风气。评委多年铁打不换，有评委收受贿赂，圈内外热议并非空穴来风。中国"非遗"之热，远远超出了官、媒关注不多的医疗、教育、养老等民生大计。"非遗"如此热闹，难道在承担点缀升平的功能？原本质朴的"非遗"被打扮得花团锦簇却丢失了灵魂，而为手工艺史论耕耘毕生的学者垂垂老矣或默默逝去，华觉明、张道一、田自秉、李绵璐、吴山……有关部门用哪怕是32开小画册慰勋过他们？

《设计》：手工技艺在当下有何意义？

长北：手工技艺的价值，最在一个"手"字。随着工业社会的到来，大规模的劳动将日益为电脑程序、智能机器人替代，人的劳动空间将日益仄小。因此，有必要像19世纪工艺美术运动领袖威廉·莫里斯（William Morris）提出的那样：重返手工艺。手工艺固然不可能成为现代物质生产的主要构成，却代表了一种艺术化的生活方式，帮助人找到作为"人"

存在的价值。正因为手工艺品蕴藏着制作者的情感个性。又同时彰显着使用者的生活方式，显示出使用者的个性。所以，手工艺品流传越久，人越对它恋恋不舍，或用它作为恋人间的信物，或作为家族传承的宝物。这恰恰成为对工业社会紧张氛围的缓冲。手工技艺可以舒缓社会生活的紧张节奏，弥合工业社会造物情感的缺失，淡化日益增多的社会矛盾，维持社会生态的平衡，这已经为诸多事实证明。

手工技艺越使用天然材料，越恪守传统技艺，保存的历史信息就越多，作为"非遗"的价值就越高；手工艺品越个性化，情感投注越多，艺术价值就越高，售价也就越高。没有个性的批量化机器作品，或是展览式、应景式手工艺品，或是只为豪富收藏的特种手工艺品，是很难有持续虚热的市场的。因此，人们并不需要将所有的手工艺行业都做大，造成成品库存的积压与资源的浪费，而应以区域性、多样性、独创性、差异性谋求手工技艺的可持续发展。

《设计》：您为何要设立"长北助学金"？这体现了您怎样的教育思想？

长北：我退休早，不申报课题，不谋求外财，稿费用作调研，夫君是企业退休，不能不考虑空巢养老花费，捐钱不多，尽心而已。何况捐给自己学校，有涌泉之恩、滴水相报的意思，学校有基金会管理，图个放心。我的想法很简单：一是有教无类，穷孩子一路受挤压，考上大学不容易，从我受挤压、心怀同情出发，我应该帮助穷孩子不饿肚子完成学业；二是拉拉平，从各方面信息看，我的家庭收入在社会中上层，也就是说，比我富的人少，比我穷的人多，这使我心怀不安。助困其实不为别人，是为自己心安。我感激长期省吃俭用的我的夫君！他对我的愿望持有最大限度的尊重。

《设计》：您最近关注或是研究的话题是什么？

长北：我已经年逾古稀，一个甲子马未停蹄、牛未解鞍，有 6 本著作二刷三刷，其中修订 4 本，《中国艺术史纲》为香港中华书局买去繁体版权，将在大陆以外地区出版发行，希望有生之年再修订 4 本。最近刚接到大象出版社"天工开物——中国大发明"书系撰写任务，由我来写《髹饰史话》，"尽可能让读者在不太长的时间内，从科技史家的简明叙述中，获取每项发明的有关知识"。自审这部将要问世的简明中国髹饰工艺科技创造史，愈益能够灵活运用多学科的研究方法，登高而观，立体思考，将科技史、艺术史与文化史做一番打通。

就我个人意愿而言，我需要时间盘点、休整人生，我需要继续拓展阅读面，思考文化、教育等更接近"根目录"的话题，我可能会出版一串"拉藤瓜"，还会随性写些评论。人是专家、学者还是文化人，人生是杂草丛生、狼藉遍地的工地还是系统工程，人生能否因为留下文化而"寿"，盘点扫尾工程并不在小呢！

身处彩云之南,把民族文化资源融入设计
——陈劲松谈"设计与艺术"

IN THE SOUTH OF THE COLORFUL CLOUDS, THE NATIONAL CULTURAL RESOURCES ARE INTEGRATED INTO THE DESIGN
——CHEN JINSONG ON "DESIGN AND ART"

陈劲松
云南艺术学院副校长、设计学院院长、教授、硕士生导师

  陈劲松,云南艺术学院副校长、设计学院院长、教授、硕士生导师,教育部高校设计学类专业教学指导委员会委员、教育部本科教学水平评估专家、国家级非物质文化遗产项目评审专家、光明日报非遗传播专家委员会委员、云南省美术家协会副主席、云南省高校设计学类专业教学指导委员会主任。

  陈劲松教授从事设计教育及民族艺术与设计研究工作30年,获"1989—2004年度全国百名室内建筑师""云南省高校教学名师""云岭教学名师"等称号;主持新中国成立70周年北京国庆游行云南彩车总体设计,获"华美奖";首批国家级一流专业建设点"产品设计"专业负责人,连续17年带领团队,把设计创意根植于云南大地,梳理设计文化基因,探索设计更新路径。

《设计》：2021 年全球生物多样性大会在云南召开，生物多样性系列生物多样性是人类赖以生存与发展的基础，是衡量一个国家和地区生态环境和生态文明程度的重要标志。您身处云南当地院校，在这方面做了什么工作？接下来有些什么计划？

陈劲松：地球是一个有机生命体，它拥有一定的自我调节能力，这个巨大生命体中孕育出的各个生命体之间存在着微妙复杂的相互作用。2020 年世界自然基金会（WWF）发布的被称为"地球体检报告"的《地球生命力报告》显示：自 1700 年以来，全球湿地面积减少了 90%；1970 年，人类生态足迹被观测到第一次超过地球的再生速率；地球生命力指数在不到 50 年内平均下降超过一半；人类穷尽自己的智慧向自然索取，给环境带来巨大压力……目前地球的自然资源正在以前所未有的速度遭到破坏，给人类的福祉造成了严重影响，并导致上百万物种濒临灭绝。受新冠肺炎疫情影响，2020 年联合国生物多样性大会推迟至 2021 年在云南省昆明市召开。本届大会的重要任务是确定 2030 年全球生物多样性保护的目标，确定未来十年生物多样性保护的全球战略。云南是我国生物多样性最为丰富的省份，也是全球受到威胁最大的生物多样性热点地区之一。选择在云南召开全球未来生物多样性保护战略发展的高级别会议是有特殊的意义——"人与自然和谐共处"，这或许是未来衡量一个国家和地区生态环境和生态文明高度的重要标志。

云南艺术学院设计学院多年来以设计视角探索，研究云南生物的多样性与文化多元。师生们感知到，在云南漫长的历史发展中，26 个世居民族形成了与生物多样性相关的各具特色、丰富多彩的民族文化。这些民族文化源于自然，又与自然和谐共生，有效促进了云南生物多样性的保护与可持续利用。学院立足于民族民间传统造物的智慧与设计思想，在高等院校中发挥育人价值，连续 17 年校地、校企合作举办创意活动。我们的师生挖掘、整理了民族民间的造物设计智慧，其中不乏民间传统生态保护相关的观念意识，为我们展示了传统文化中的本土性知识系统，也让学生了解到传统文化的生态文明观。目前，学院在本科教育的专业课程体系中，设立有"民间工艺材料研究""生态环境与可持续设计"等课程教学内容，这是云南民族文化多元性与生态多样性交织产生的民间传统知识体系。将民族的、传统的生态造物智慧体系融入设计学科的人才培养中，明确人与自然是生命的共同体。让学生了解到各民族对大自然给予的资源如何合理有效地利用，理解我国"敬天惜物""道法自然"的传统哲学中的朴素辩证唯物主义，并将其充分运用于现代设计的转化中。

我们的团队积极探索研究，以《基于云南民族与地域文化的设计文化生态系统策略研究》为题，入选 2018 年度国家社科基金艺术学重大项目。2021 年，云南艺术学院举办主题为"亚洲新空间——后疫情时代的多样性文明及生活方式"的"2021 亚洲设计论坛"。议题围绕生态文明与人类生活方式展开，讨论人与自然和谐共生的现代化命题。在未来，云南艺术学院设计教学团队除继续深耕艺术，介入美丽乡村建设、民族民间工艺文化与现代生活美学的研究，还会更多地在教育教学中传递适宜生态文明建设的设计理念，把生态环境保护和生态危机治理更多地植入实践教学环节中。

《设计》：请您介绍一下学院开展了 17 年的"校地合作——民族文化主题创意活动"，为学院及师生带来了怎样的深远影响。

陈劲松：改革开放 40 多年来，我国设计教育经历了从传统的工艺美术到当下服务设计的转变，但传统的"造型至上"的教育观念仍是当下设计教育的主流思想。1971 年，维克多 · 帕帕奈克 (Victor Papanek) 在他的著作《为真实的世界设计》中谈到："设计类院校的主要问题似乎在于它们过多地教授设计，而对于设计所发生的生态、社会、经济与政治环境并没有给予足够的关注。"进入 21 世纪，社会发展面临新趋势，新问题不断涌现，设计视野变得开阔，设计师必须考虑更多复杂的环境、社会因素等。我们正处在一个全球性的转折点，面对新的社会性问题、生态环境问题，我们需要从根本上转变对设计的思考。我们由此发问："为谁设计？"设计专业师生要走进田野、深入民族社区，系统观察、发现问题，用艺术设计介入民族社区建设，以设计创新促进社区文化经济的良性发展。

云南是多民族共居的区域，自古以来是中原地区沟通南亚、东南亚的重要桥梁，是我国与周边多个国家经济、文化交流的要道。外来文化与中原文化以及云南各民族之间的特色文化资源等在此融合发展，逐渐形成了云南独特的文化艺术现象。在当下大转折时代，云南的生态环境、社会发展等问题凸显，作为云南省属艺术高校，我们需要从根本上转变对设计的定位与思考，"为云南设计，为云南发声"，同时，进一步探究如何在设计类学科建设中体现地域特色、民族特色、民族团结、艺术特质、时代特性等一系列问题。

通过 2004 年（云南腾冲）、2005 年（云南大理喜洲）连续两年的毕业设计实验性主题创意实践教学活动的开展，我们成功地为我院设计专业师生与民族社区百姓、手工艺人、文化学者、企业管理者等群体之间搭建了对话、交流、合作的平台，设计创意成果受邀进入社区展示，得到社区民众的一致好评。学院自 2004 年开始贯彻"学习民间，注重素质养成，服务社会，强化实践创新"的办学理念后，不断围绕此内核进行优化升级，从 2004 年启动的"民族文化主题创意活动"至今已持续 17 年。2004 年"发现云南腾冲"启，历 2005 年"创意喜洲"、2006 年"创意富民"、2007 年"创意香格里拉、峨山"、2008 年"创意石林"、2009 年"创意鹤庆"、2010 年"创意瑞丽"、2011 年"创意个旧"、2012 年"创意寻甸"、2013 年"创意云南"、2014 年及 2015 年"校企合作、协同创新 CIF"、2016 年"创意昆明"、2017 年"创意沧源"、

2018年"创意呈贡"、2019年"创意弥勒"、2020年"创意巍山"……每年确定一个云南省特色文化县市,与政府、企业、社会之间进行协同创新合作,利用云南得天独厚的自然资源、多元的民族文化资源优势,发挥高校的智力资源和设计学科的综合服务优势,积极探索民族文化传承创新与服务社会相结合的、具有可持续性发展潜质的服务设计人才培养模式。主题创意活动为云南各地方经济文化的发展提供了"研创"助力。创意设计作品被地方采用后,产生了较好的社会效益和经济效益,实现了把教学成果及时转化为生产力、高等教育为社会服务的目标。

基于在地文化的主题创意活动,其服务设计的人才培养模式,解决了设计教育同质化、教学手段单一、专业定位相似、缺乏专业特色和服务社会的理论与实践能力等问题。如今,这一教学模式已经成为云南高等教育体系中最具代表性与特色的"名片模式",在全国艺术设计教育领域都是罕见的。《人民日报》这样评述:"身处彩云之南,把民族文化资源融入设计,是云南艺术学院设计学院的特色。"经过17年的践行,"校地合作——民族文化主题创意活动"已经成为高等教育在创意产业方面对社会经济建设和文化建设的推动力,成为云南省设计专业服务社会特色教学活动的一张亮丽名片,成为云南省全面落实科学发展观的优秀案例。

特别值得一提的是2020年6月完成的"2020·创意巍山"民族文化主题创意活动,推动云南艺术学院落实《设计扶贫三年行动计划(2018—2020年)》战略任务取得圆满收官。项目针对巍山彝族回族自治县的历史人文、自然资源、非遗项目、产业状况、发展规划等开展创意设计和实践探索,把设计创新的价值与当地文化经济发展结合起来,用创意的乐章诠释特色地域文化。"2020·创意巍山"切实服务于国家发展战略方针,围绕能助力地方经济社会发展的精准扶贫、乡村振兴、民族团结、生态文明、文化自信等案例提供系统解决方案。项目以设计思考来审视巍山人文与生态环境的发展变迁；以设计方法推进相关文创领域的融合发展；以设计实践解读巍山特色景点和特色小镇项目建设的品牌内涵；以设计服务达成"创新、协调、绿色、开放、共享"的美好愿景。

"校地合作——民族文化主题创意活动"不仅给本院师生提供了展现才艺的空间，还应吸引了大量的国内外设计类专业院校师生的加盟。也为我院师生搭建了国际化的学术交流平台。17年间，项目参与合作的范围逐渐扩大，一些国内知名院校及国际知名院校也都纷纷加入了"校地合作"创意活动当中。如我国中央美术学院、江南大学多次加盟；英国谢菲尔德哈勒姆大学、英国哈德斯菲尔德大学、法国高等视觉传达设计学院等，也多次加入创意团队当中。通过合作共创，我们期待设计新生力量不断涌现，并继续在云南留下独具特色的设计作品，依托他们对七彩云南、生态、绿色经济、社会可持续性发展的认知，呈现更多清朗、闲逸、悠远、知足、宁静、和谐的设计佳作，合力耕耘"七彩云南"可持续性发展的设计未来。放眼未来，依托人类对生态环境、绿色经济、社会可持续性发展的认识与转变，云南或许可以通过服务设计成为民族文化创意设计的福地，成为我国面向南亚、东南亚的辐射中心。

《设计》：请您介绍下云南艺术学院设计学院的特色专业、特色课程及特色教材的思路与路径。

陈劲松：云南艺术学院是我国西南地区一所特色鲜明、艺术门类齐全的综合性高等艺术院校。设计学院结合云南的生物多样性与色彩斑斓的民族文化资源优势，基于社会对特色民族文化产业化发展中高情感与高科技并行的创新人才需求，一直努力探究民族文化资源与设计教育相结合的教学方式与途径，把创意设计转化为生产力，与政府、企业合作，实现产学研一体化的特色教学模式，以此保证培养出能适应社会经济发展、传承优秀文化的复合型创新设计人才。

特色专业：云南艺术学院于 1984 年设置工艺美术专业，1986 年设立工艺美术系，2002 年成立设计学院，在办学 30 多年的进程中一直注重对云南在地文化研究与设计专业的融合发展。2002 年以后，为适应社会发展需求，不断探索优化专业教学内容，调整专业结构，改革人才培养模式。我院环境设计与产品设计专业 2019 年获首批"国家级一流本科专业建设点"；视觉传达设计、数字媒体艺术、服装与服饰设计专业正在以"国家级一流本科专业"为目标推进教学体系改革，力争进入"国家级一流本科专业建设点"行列，以此提升我院设计类专业人才培养水平，适应未来设计行业的新需求。

特色课程：云南自然景观绚丽多彩，民族风情浓郁迷人，是艺术采风与艺术创作的理想地。传统的美术类、音乐类、舞蹈类等专业，开设基于云南地域资源优势的特色课程已是云南艺术学院的传统。设计类专业自然不例外，在深耕云南优势资源的基础上，学院开设了如"民族居住环境分析""民族居住环境与再生设计""云南特色民间工艺""民族服饰研究""传统工艺当代转换""数字媒体艺术与民族文化传播""非遗代表性传承人进设计课题""基于在地文化的实践教学"等系列特色课程与实践教学。其中多门课程成为省级精品课程或优质课程，并有望冲击国家级一流课程建设。部分课程目前正在进行优化完善，与学堂在线合作，有效推进线上教学活动。

特色教材：为配合特色课程的教学实施，我们组织骨干教师积极开展田野调研，深度剖析研究，编著出版了拥有地域文化特色、处于专业前沿及拥有学科深度的自编教材，如《云南特色民间工艺（概论）》《云南特色民间工艺系列丛书》（下设 15 册）、《云南传统村落保护计划系列丛书》（下设 6 册）、《云南艺术学院设计学院民族文化主题创意活动教学成果丛书》（下设 16 册）、《中国民族民间设计欣赏》等。相关教材是学院对云南民族民间文化艺术 20 年研究的代表性成果，填补了云南省设计类专业在地文化特色教材的空白。这些教材成果著作是本科生、硕士研究生教学体系中的重要一环，对文化资源传承、利用，对未来教育、社会产业发展有着极大的推进作用。

  针对云南丰富的民族文化资源优势，云南艺术学院设计学院始终以凸显云南民族文化、民族艺术为核心，以民族艺术与设计创意相融合为特色，服务于云南文化创意产业发展。逐步明确了以"服务设计"为专业教学目的，以汲取云南民族文化艺术资源为素养的民族艺术与设计实验教学体系，为云南省高等教育设计类专业特色实验教学建设起到了较好的示范引领作用。实行"多轨制"实践教学，师生共同调研、讨论、思考、实践课程技能的操作要求；专业教师和非物质文化遗产传承人联袂授课；专业教师、企业技师与学生协同完成创意产品研发实践任务，用行动践行设计教学与云南民族文化建设的有效融合。2015 年，我院遴选为文化和旅游部"中国非物质文化遗产传承人群研修研习培训计划"首批试点高校；2017 年，文旅部授牌，与中央美术学院共建"大理传统工艺工作站"。目前我院已经成为非物质文化遗产保护、传承，创意设计理论探索与研习的重要核心阵地。

《设计》：教师队伍的培养如何与时俱进？如何让设计艺术学科更好地服务于社会？

  陈劲松：学科建设的核心是师资队伍，没有与时俱进的师资队伍，就无法培育出适应未来社会发展的有用人才。目前许多学科建设无法有效发展，其主要矛盾就是日益增加的学科压力与教师知识更新滞后之间的矛盾。我国设计教育同质化严重，就是这一矛盾造成的。数字化时代（后信息社会）的特征是哲学创新思维取代常规形式思维，创意经济、动漫

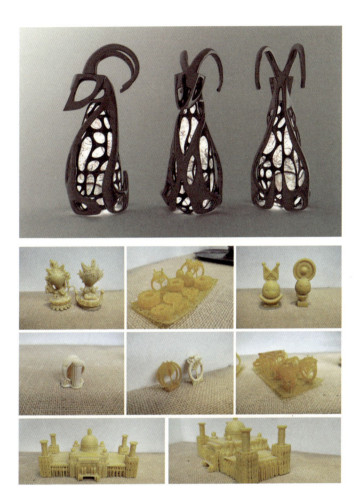

上 / 师生创意设计作品
下 / 师生创意设计作品——3D 打印模型

游戏、奇思妙想等将推动时尚经济与创意产业的发展，掌握先进社会观念和先进思维方式的人将更具有生存力和竞争力。这是大转折时代，面向未来，如果我们仍继续传统的教学方法，培养出来的学生是没有竞争力的。有学者说，过去的200年是知识的时代，是科技的时代；机器将会取代过去200年来的很多技术和科技；未来的100年将是智慧的时代，是体验的时代，是服务的时代。

知识更新变化很快，高校教师需要有危机意识和进取精神，除自觉加强学习，还要时刻紧跟学科发展的新动向，研究新成果，更新教育教学理念，才能更好地应对时代的挑战。为此，我院多个设计类专业着眼"体验、服务"的时代发展新需求，对标国内外一流同类专业，立足云南生态文化、民族文化的资源优势，不断调整人才培养方案，顺应时代发展对人才的新需求。下一步将积极搭建平台，对外引进符合要求的高水平专业师资，对内为教师能力培养提供完善的条件，对中青年教师队伍不断进行提升培训，将新的教育教学理念和内容融入教学之中，提高教师自身的实践能力和科研水平，具备与时俱进的科研及创新能力，以及提升社会对人才培养的满意度。

为了有效提升教师的实践能力，学院积极建立高校与企业的合作模式，通过地方政府及企业的介入来帮助教师锻炼实践能力，丰富实践经验，这样既能够为高校带来益处，也能为企业带来效益。一直以来，云南艺术学院在相应的合作中都保持主动的态度，促使合作顺利开展，并通过与政府和企业的合作增加培训资源，为教师和学生的学习带来帮助，推动高校教学质量的提升，实现更加高效的培训体系。此外，各个学院都在相关专业领域应聘请专家或者专业人才进行演讲或培训，为教师提供进修、提升的条件。通过研讨会等形式开展培训，使教师从中吸收经验，总结教学技巧，并掌握更多的技术，拓展知识面，增加自身的知识积累，解决在教学中遇到的问题，进而改善教学模式和内容。

《设计》：在教学中，您比较重视学生哪些方面的技能培养？

陈劲松：面对人类社会高速发展的时代，一方面是生态环境的不断恶化，促使我们反思，并不断认知"人与自然和谐共生"才是可持续性发展之路；另一方面，社会对创新人才的需求更加迫切，设计专业的边界越来越模糊，学科越来越多样化，学科专业交叉融合的人才培养模式日益受到重视。在这样的时代背景下，云南艺术学院设计学院教学团队认识到多元文化的价值与意义，认识到生活在民族文化与丰富自然景象共生的云南是幸运的，由此倍感珍惜这份特殊地理环境造就的事与物。在这种语境下，我们特别重视培养学生的三种能力：

一是田野调研能力。借鉴人类学、民族学田野调研的方法，引导学生用心感受云南生物多样性的自然环境，领悟民族文化中的超然智慧；同时，通过发现社会、经济、文化和环境等方面的问题进行深刻思考，找寻民族社区中存在的社会效益和经济效益发展不平衡的问题。

二是理论与实践结合能力。除学科专业理论知识及专业技能的系统学习，我院逐步建立了以服务艺术类专业教学为目的，以汲取云南民族文化艺术资源为素养的民族艺术与设计实验教学体系，系统完善的校内教学实验室与丰富的校外实训基地，多渠道的师资配备与指导，为基于在地文化研究的特色实验教学服务，让学生的理论与实践结合能力得到有效提升。

三是设计创新、服务社会能力。逐步打破专业壁垒，增强师生学科专业交叉融合的意识与能力，培养学生以设计介入解决一些社会问题的能力，推动社会创新可持续发展。对策包括以目标性、灵活性教学活动为抓手，关注学生个性化学习培养能力，结合我院以民族民间文化传承与保护、政产学研用相结合的校地合作与校企合作的系列活动，强化以项目带动教学与科研的理念，开展传统文化在当今时代的传承与创新研究，有效提升学生设计创新、服务社会能力，凸显我院的办学特色，培养合格的服务设计创新人才。

《设计》：面对信息时代的变革，设计学院做了哪些教学体系上的调整？

陈劲松：以"互联网+"为代表的信息时代，对许多行列的冲击是颠覆式的，但对传统教学模式的影响是缓慢的。2012年被称为"MOOC元年"，当时就有专家学者预言，MOOC（大型开放网络课程）将引发变革，犹如一场海啸，将颠覆传统的教育观念，给高等教育带来重大变革。但9年时间过去了，MOOC对高等教育的影响极为有限；非常意外的是，突如其来的新冠疫情，让世界按下暂停键的同时，却推动了世界"互联网+"的教学进程。仿佛一夜之间，大家就习惯接受了"隔屏交流"的教学模式。"互联网+"给教育带来的深刻变革或许正在到来，数字时代的大学和在线教育的发展正在拆掉大学"围墙"。如云南艺术学院，在社会经济高速发展进程中，城市区位不占优势，但有生态环境较好、文化包容性较强的城市文化，或许将有新的发展机遇。为此，设计学院团队在近期投入800万元，把10间传统教室改造为智慧教室，积极迎接信息时代的变革；又投入近400万元，建设最新的3D打印实验室，让新的实验教学设备更好地服务设计教学。

信息时代为设计学科教学改革带来了机遇。华东师范大学终身教授钟启泉先生说："教育改革的核心在于课程改革，课程改革的核心在于课堂改革，课堂改革的核心在于教师的专业发展。"我院通过打通专业壁垒、整合资源、调整专业结构，推行完全学分制改革，对标国际一流、国内一流专业，形成"以多元民族文化内涵为特色，以务实创新为优势，并具绿色生态可持续性发展视野的艺术设计高等教育机构"的办学特色与定位。重新优化调整了人才培养目标：以多元的民族文化资源和丰富的自然资源为优势，强化专业基础，拓宽专业口径，强调理论与实践相结合，培养兼备社会责任感与职业竞争力的复合型创意人才。构建"模块化培养、导师化管理、合作化教育"的教学模式。搭建"通识教育、专业教育、综合提升"人才培养平台，拓宽培养口径、注重交叉培养、突出培养特色。从知识课堂向能力课堂的转变，从灌输课堂向对话课堂转变，从封闭课堂向开放课堂转变，从重学轻思向学思结合转变，从重知轻行向知行合一转变，从重教轻学向学主于教学习转变。构建以学生为中心、以问题为导向的 PBL 教学模式。强化理论教学与实践教学的有机结合，鼓励教师将科研成果与实践教学有机结合，探索"课堂教学—工作室教学—合作企业—实验室教学"的多通道特色教学体系。增强学生学习、教师教学的主动性，形成教学相长、可持续发展的特色教学体系。

今后的学生将是成长生活在信息社会的数字原住民。我们的学校、老师及整个教育系统必须主动作为，迎接新一代学生的到来，为培养优秀的社会公民和创新人才而准备。

《设计》：请您分享一个目前关注的行业话题或正在从事的项目。

陈劲松：云南独特的自然历史条件造就了其得天独厚、色彩斑斓的民间艺术，许多民间艺术可能与其他地域有着千丝万缕的渊源，却唯独在云南尚得以保留。正如人类学中历史学派之有关文化区域的研究认为，在强调文化特征相似性的基础上，地处文化中心边缘地的文化区域可能保存了中心已经消失的文化特质。从这个角度来看，云南多彩的民间艺术就如同"基因库"一般，可供人们去探索艺术传播与变迁的蛛丝马迹，回答"我们从何处而来"的终极问题。

国务院设计学科评议组召集人、中央美术学院许平教授长期关注并支持云南艺术学院设计学院的校地合作民族文化主题创意活动。他表示，持续 17 年的"创意云南"系列活动是具体地显现"文化的复数性"体验价值的现实切入点，复数的地域文化经验构成丰富的社会创新价值与传统再生价值的生动来源……只有在这个层面上的体验和把握，才能把"创意云南"所引发的"地理学想象"引向一种更为主动和精深的设计学方向，引向可以沟通彼此、感动世界的文明，引向可以体现人的本质性特征的"文化的复数"，最终引向一种更加精微的、高于推动社会发展的普遍性动力的体验尺度与语言，一种设计诗学之所在。

2019年11月，由许平教授发起的"2019亚洲设计论坛"暨"首届亚洲设计论坛工作坊成果汇报展"在杭州中国美术学院象山校区成功举办。论坛就"应对当代科技发展、梳理设计文化基因、探索设计更新路径"等一系列重大问题进行了初步的、卓有成效的讨论，并商定了2020年9月由云南艺术学院承办"2020亚洲设计论坛"暨"第二届亚洲设计论坛工作坊"。但是，由于突如其来的新冠肺炎疫情侵扰，原定的筹备计划受严重干扰；现随着疫情逐渐缓解，各国开始进入经济复苏期。论坛筹备组将启动论坛计划，于2021年5月在云南艺术学院隆重举行主题为"亚洲新空间——后疫情时代的多样性文明及生活方式"的"2021亚洲设计论坛"，以及"第二届亚洲设计论坛工作坊"。更为重要的是，与论坛、工作坊同期，联合国生物多样性大会将在昆明举办。习近平总书记2020年9月30日在联合国生物多样性峰会上通过视频发表重要讲话，倡议各国坚持生态文明、坚持多边主义、保持绿色发展、增强责任心，强调中国努力建设人与自然和谐共生的现代化，将秉持人类命运共同体理念，为加强生物多样性保护和推进全球环境治理贡献力量。习近平总书记最后强调："中国将于明年在云南昆明举办《生物多样性公约》第十五次缔约方大会，我欢迎大家明年聚首昆明，共商全球生物多样性保护大计。让我们从这次峰会携手出发，同心协力，共建万物和谐的美丽世界！"

让我们聚首昆明，共同携手探讨"亚洲新空间——后疫情时代的多样性文明及生活方式"话题，以设计视角共商全球生物多样性保护大计。

上 / 云南迷人的自然生态环境
下 / 云南民族艺术调研

设计与设计教育关乎人类的未来
——郭春方谈"设计与艺术"

DESIGN AND DESIGN EDUCATION IS ABOUT THE FUTURE OF MANKIND
——GUO CHUNFANG ON "DESIGN AND ART"

郭春方
吉林艺术学院校长、教授、博士生导师

  郭春方,吉林艺术学院校长、教授、博士生导师,第三批国家"万人计划"哲学社会科学领军人才、中宣部文化名家暨"四个一批"人才,教育部设计学类教指委委员、教育部全国高校美育教指委委员,全国艺术专业学位研究生教育指导委员会艺术设计分委会专家。长期在艺术院校从事创新人才培养、设计教育等方面工作,先后主持地方多项重大艺术设计项目和国家社科基金、国家艺术基金项目、全国教育科学"十二五"规划教育部重点课题。2022年北京冬残奥会吉祥物"雪容融"设计团队总负责人。

  反观我国设计行业的现状,与发达国家相比很重要的一点欠缺就是艺术含量的欠缺,也就是"美"的欠缺,或者说是美育教育的欠缺。所以这些年,"美"是郭春方教授在人才培养中屡屡谈及的话题。他希望引导年轻的设计者在创作中、在服从设计使用功能的基础上,以"美"为原理,以"美"为命题,以"美"为契机。但不可否认,设计是服务大众的设计,艺术是表现个人的艺术,那么对于设计者来说,如何在这其中建立起"美"的关联,应该说是一条蕴含着智慧的体悟之路。

《设计》：请您介绍下学院的特色。

郭春方：吉林艺术学院（简称吉艺）是东北地区唯一一所综合类艺术院校，艺术学科专业齐全，是吉林省乃至东北地区艺术学科人才培养、科学研究、社会服务和文化传承创新的高地，其人才培养特色注重应用性、技艺性和实践性。

近十年来，在文化繁荣的大背景下，吉艺应该说是抓住了国家对文艺事业和艺术教育工作高度重视的发展契机，始终在不断推进和强化内涵建设，在履行各项育人功能、创建地方一流高校和一流学科专业过程中，综合艺术院校的特有优势得到很好的发挥，人才培养、科研创作、社会服务等方面水平全面提升，形成了一系列特色鲜明的办学成果。

《设计》：在教学中您重视学生哪些方面的技能培养？

郭春方：设计是一门技艺性很强的学科。众所周知，设计专业的人才培养需要具备过硬的绘制能力，除此之外还有一项非常重要的技能，就是制作技能，也就是从草图转向实物的呈现能力。

早在19世纪后半叶，英国工艺美术运动率先孕育了现代设计教育。那些先驱者们认为，如果不传授实践经验和具体方法，学生将无法掌握设计理念。当时，为了解决学生"思考过多，行动、创新不足"的问题，学校开始重视学生的实践能力，大量生产机器进驻学校工作室，学校全部课程的任务只有三个：对学生实施基本的视觉设计教育；让学生至少熟悉一门手工艺；在最后的一学年，学生能独立完成制作一件设计作品。到20世纪20年代，德国包豪斯教学面对工业化大生产提出了"技术与艺术新统一"的口号。在这个时期，"独创性"和"个性表现"之类的词语很大限度地被这种教育体制拒之门外，而"良好的实践能力""行动便是设计""工艺质量""技能水平"才是被着重强调的。

20多年来，中国设计教育始终处在一个不断转型的过程，直至今天，"重艺轻技"的现象在艺术院校仍比较普遍。许多学生设计的作品想法很好，但很难形成一个有始有终的完整设计，尤其严重的是缺乏以培养动手能力为主的技术实践教育，设计产品的工具和科技辅助手段不够，手工工艺和作品呈现水平差距较大。在国外，设计教育受包豪斯教育思想的影响，教学大多是在车间里进行，在日本称为"工房"，培养的是既有先进的设计理念更有手工制作技能的匠人精神。当今时代我国也在大力弘扬工匠精神，我想，这种精神在设计教育中还需要持续不断地、进一步深化。如何让学生将艺术创意与制作技能协同发展，应是今天设计教育关注的问题。

《设计》：教师队伍的培养如何与时俱进？

郭春方：教师是人才培养最直接的执行者，教师的层次在相当程度上决定着学生的水平和学校的发展。就一所大学而言，师资队伍是其内在活力和发展潜力的重要依托，同时，教师队伍的培养也是顺应社会发展的必然要求，是构成大学育人成果的核心要素。我前面说了，吉艺作为综合性艺术院校，应用性、技艺性和实践性是其办学的特点和特色，那么在教师的培养方面，我们也根据自身的实际情况探索了一系列的机制与举措。

第一，着重青年骨干教师培养，加强学术梯队建设。这几年，学校正在实施提升青年骨干教师学养与学历的举措，在鼓励优秀教师提升学位这一方面，学校给予了很多切实可行的政策和办法。近几年，吉艺来向海内外输送了数十位青年教师在职攻读博士，同时，学校非常支持中青年教师定期去国内外高水平艺术院校相关学科专业考察学习、参与国际国内高水平的展览或开展学术交流活动；此外，学校为教师扩大学术影响、提高学术及实践方面的能力和知名度也提供了实实在在的政策支持、鼓励并引导优秀青年学者脱颖而出。

第二，强化专业带头人和学术骨干的引领作用，有效保障师资力量的衔接。近十年，吉艺的二、三级教授退休后无流失，二级教授我们一次性签约返聘五年、三级教授三年；还有一些资历深厚的教授在退休后也会根据学校事业发展的需要持续教学、创作和研究生培养工作。这样就最大限度地发挥了老教师"传、帮、带"的作用，师资力量的衔接得到了保障。

第三，加大高端艺术人才的引进力度。吉艺地处东北，在人才引进方面应该说欠缺区域优势，所以这些年来学校在人才引进和人才保护方面想了很多办法。首先，积极鼓励国外学历和国内高水平院校毕业的人才来吉艺工作；其次，对于需求紧缺又一时不能够引进的人才，采取柔性引进的办法，通过特聘教授、兼职教授的方式来承担教学、创作和科研任务，以这种形式在吉艺担任兼职教授的人才有百余人。

第四，着重"双师型"师资队伍的建设。拿艺术设计专业来说，学校着力打造的是一支在讲台上是教师、在讲台下是专业设计师的精业务、懂艺术、有技能的教师队伍。这就要求设计专业的教师，特别是专业课教师，不但要研究教学，同时要不断地提升其个人的业务能力，成为一名出色的设计师。不仅设计专业，我校对表演类专业（音乐、舞蹈、戏剧、戏曲），以及绘画、雕塑、动画、数字媒体艺术（技术）等专业也是同样，要培育和建设一支"教师－演员"型、"教师－画家"型、"教师－工程师"型的师资队伍。

《设计》：面对信息时代的变革，做了哪些教学体系上的调整？

郭春方：从时代发展的进程来看，未来二三十年，人类社会将演变成一个智能社会，未来将进入一个迅速变革的阶段，其深度和广度我们还想象不到。我想，前途越是不确定，越需要创造，这就给今天的高等教育提出了一个新的命题，在这样的时代面前，我们的艺术与艺术教育当然也必然要适应全球信息时代的浪潮，积极主动地促进艺术与科技"联姻"。

吉林艺术学院应该说占据了综合性艺术院校艺术类学科专业齐全的优势，学校的造型艺术、视听艺术、语言艺术、形体艺术等都是学校专业教学的一部分。我们一直在试图打破传统，从单一、平面的教育模式向多元、立体、复合型的教育构想探索某种可能。例如，将平面设计与新材料、新工艺结合，音乐舞蹈与多媒体艺术结合，戏剧影视与互动艺术结合等。当然，这些创新与突破的实现需要以系统了解和掌握各学科知识为前提，只有这样，在学科融合中的创意才会风生水起。

2010年，我校开始组建3D艺术实验工程研究中心，研究方向包括3D艺术影像创作研究和数字化公共艺术创作研究。以此中心为依托，数字雕塑实践教学体系得以建立。2010年—2015年，该中心积极为国家，尤其是地方社会发展服务，完成3D艺术作品58部，获得专利6项。在数字雕塑实践教学体系的探索中，吉艺始终秉承"行知合一，学、研、创、用"一体化的教学理念，以提高艺术创新能力，完善实践方法，为雕塑创作寻找数字逻辑美学支撑为根本，培养学生时代亟须的应用科技手段，同时实现跨媒介创作的新型雕塑艺术人才培养目标。2018年，由教学团队策划组织的"3D科技写实雕塑人才培养"项目获得了国家艺术基金资助。

2019年，我校还策划了一项数字媒体技术和传统影像艺术结合的展览项目"'幻雪'数字摄影作品展"。这个项目不同于传统摄影展，作品类别涵盖多维静态摄影作品、跨界动态摄影作品、先进影像摄影作品和计算机图形图像摄影作品，是用科技的新思维创造艺术无限可能的一次探索与尝试。这个项目得到了国家艺术基金传播交流推广项目的资助，在长春、厦门、南京、杭州、成都、北京六所城市进行巡展。在北京站的活动中，北京冬奥组委文化活动部正式将"'幻雪'数字摄影作品展"纳入北京2022年冬奥会系列文化活动。

《设计》：您如何看待设计与艺术的关系？

郭春方：我们都知道，设计的本质是服务于人的，与人类的生活息息相关，可以说，是一种为满足人们日益增长的物质需求、生活需求而很实际的、极具服务性的甚至很功利的创造活动。但是，这种创造却包含重要的审美因素，因为随着人类文明的进步，人不仅有实际的物质需要、生活需要，还有更深层次的精神需要、情感需要，所以，在服务人类的基础上，所蕴含和承载的艺术审美与精神品位是设计过程中不可忽视更不可或缺的重要内容。

西方的新艺术运动、工艺美术运动、包豪斯等设计运动的倡导者莫里斯、格罗皮乌斯等人最初都是艺术家，因为不满当时的工业化产品的粗制滥造而纷纷投身设计，发起了一系列作用不可估量的重要设计运动，为现代设计的产生奠定了基础，引领着人类走向了新的审美方向。反观我国设计行业的现状，与发达国家相比很重要的一点欠缺就是艺术含量的欠缺，也就是"美"的欠缺，或者说是美育教育的欠缺。所以这些年，"美"是我在人才培养中屡屡谈及的话题。我希望引导年轻的设计者在创作中、在服从设计使用功能的基础上，以"美"为原理，以"美"为命题，以"美"为契机。但不可否认，设计是服务大众的设计，艺术是表现个人的艺术，那么对于设计者来说，如何在这其中建立起"美"的关联，应该说是一条蕴含着智慧的体悟之路。

《设计》：作为地方政府重大艺术创作项目负责人，您如何平衡时代需求与艺术设计之间的关系？

郭春方：艺术设计与单纯的艺术创作不同。单纯的艺术创作是艺术家个人意志的创造性活动，可以无束缚、无边界地挥洒个性；而艺术设计的本质却是理性的，每一个创意都需要根据项目的需求来进行命题，需要相当含量的服务性和实际性，而在此基础上的进一步深入，就是我常说的艺术表现问题，也就是"美"的关联问题。

这些年来，我带领吉艺设计团队根据国家及地方文化发展的需求，有针对性地开展了一系列富有实效的艺术产品研发与艺术创作，牵头完成了一批重大项目，比如北京人民大会堂吉林厅，国庆 50 周年、60 周年、70 周年彩车设计制作，上海世博会吉林馆主题策划设计与主题宣传片制作，第六届长春亚冬会和第十二届冬运会视觉设计等，应该说在解读地方文化和塑造地方形象方面积累了一定的经验，并形成了我和我的团队在立足地域美学基础上的特色创作视角与艺术精神体系。

2019 年，我带领吉艺设计团队承担了国庆 70 周年吉林省彩车设计项目，这也是我们第三次承担吉林省彩车设计任务。从本质上来看，国庆彩车设计属于主题设计类，同时也是一项严肃的政治任务，其思想性和政治性尤为突出和重要。我们在调阅并学习了大量的关于地方精神的资料后，首先明确了这个项目以"速度吉林"为理念的核心设计内涵，展现吉林人民 70 年来不断解放思想，振兴发展，用新气象、新担当、新作为推进吉林全面振兴的精神风貌。在设计中，我们以"红旗轿车"为名片，以绿色生态、智慧农业、航天科技为主要设计思路，从农业到高科技产业，力求从多方面、多角度展现吉林省不断突破自我、不断获得新进步的"精气神"。在艺术表现方面，则创造性地提取了具有吉林地域特色与地方民族特色的符号，比如象征民族团结的金达莱花，象征农

庆祝中华人民共和国成立 60 周年 "精彩吉林" 彩车

业发展中取得丰硕成果的麦穗、玉米、人参等视觉符号，通过艺术化的加工方式，向全国人民展现了吉林省在新中国成立以来70年中取得的巨大发展与进步。

可以说，吉林彩车的创作就是时代需求的典型代表，而就当我们在为这一需求进行艺术设计的构思时，就会自然而然地亲近这片土地的文化特色，因为这些文化特色都是这个地域在自然历程、历史历程和人文历程中形成的精神品格的写照。这不仅仅是对设计象征意义的阐述和对文化意象的认知，更是对精神价值的深掘和对时代形象的建构。所以，我认为文化内涵是对时代形象的最好支撑，文化特色则需要设计者在艺术创作与实践中深入解读、择精而取、智慧加工，如此才能够让一个项目得以更优质地呈现。

《设计》：请您谈谈传统工艺与现代设计的融合与创新。

郭春方：由于现代社会人们生活方式的转变，传统工艺受到了巨大冲击，如何让传统工艺适应当代社会，这是一个亟待思考的问题。究其方法，我想，挖掘现代设计中的"传统观"和增添传统工艺中的"现代感"不失为一种有益的探索。

所谓"传统观"，可以说是一种文化自觉。当前，随着我国经济的腾飞和国民民族意识的觉醒，中国现代设计也从盲从西方转向回归传统、回归民族，这无疑是一种文化自觉、文化自信的表现。现代设计作为当代物质文化的重要表征，具备文化载体的属性，中国数千年来的历史积淀形成了其特有的传统文化，而中华民族的历史传统也应对现代设计产生影响。但不能否认的是，伴随着机器大工业生产而发展起来的现代设计发轫于西方，随后传入我国，所以很长一段时间内，我国的现代设计陷入了模仿甚至抄袭西方设计的范围，导致我国的现代设计在国际上没有辨识度，设计师也丧失了自身的文化身份。其实，设计离不开历史传承和地域特色，丢失了我们自身的传统，设计就成了"无根之木，无源之水"；若找回其中的"传统观"，中国现代设计也就具有了灵魂，更具有了独特的人文价值和艺术价值。

传统工艺的振兴不能仅仅依靠坚守和信念，增添传统工艺中的"现代感"，重新激活其在现代社会中的生命力，吸引更多的青年人认知、喜爱并参与到传承的实践中来，也是振兴我国传统手工艺的一条必由之路。我国传统工艺源于农耕时期的文化与审美需求，历代能工巧匠不断地研究新工艺、发现新材料、创造新形式，然而总的来说仍是手工业时代的产物。那么，传统工艺要活在当下，就要从根本上寻找它与现代生活的契合点，要把传统工艺融入现代生活。这里包含两方面：一是要将生产内容融入现代生活，考虑如何让历史的产物为今天的生活服务、为今天的人服务；二是要将传统工艺技法与现代生产技术加以结合，保留传统工艺的精神内核，再改造或扩大生产手段。

在当下的中国，社会发展日新月异，站在社会转型的历史节点上，我们需要以时代的角度重新回顾传统工艺，同时展望未来，要智慧地为现代设计提供"传统身份"、为传统工艺提供"现代思考"，唯此，才能更好地将传统工艺与现代设计进行融合，创造出更多既有中国智慧又有时代意义的作品与产品用以服务大众、服务社会。

《设计》：请您分享一个目前关注的行业话题或正在从事的项目。

郭春方：2019年9月22日，2022年北京冬奥会和冬残奥会吉祥物于北京发布，我带领吉艺团队设计的灯笼宝宝"雪容融"正式亮相世界。这个项目的创作时间历时近一年，从全球近6000件征集作品中获选，应该说得到了北京冬奥组委与业内同行的广泛认可。

这个项目缘起2018年9月，北京冬奥会吉祥物全球征集活动宣讲团来到了吉林艺术学院。吉林艺术学院一直很重视大型活动的吉祥物征集。早在 2010 年上海世博会"标识吉祥物宣讲"就来到过吉艺，学院也组织了师生们积极参与，因为此类活动能带动我们的老师和学生增加对设计的领悟和感悟，对师生都是一种锻炼，也是学生参与课外实践的最好方法。宣讲之后，我们全校即开始部署征集工作，利用了一个月时间组织学生设计，共收集学生设计作品 101 稿。

2019 年 1 月，我接到北京冬奥组委通知，在全球征集的近 6000 件作品中，吉艺有 2 件作品进入前十名，其中，名为"吉祥如意"的中国结、中国灯笼形象脱颖而出，可进入下一轮修改。在这之后，我们团队就开始了近一年的创作修改工作。这一年时间团队成员共往返北京冬奥组委会 22 次，历经 3 次主体形象转换、32 套方案递交、20000 余张草图设计，先后完成了平面、动画、三维、吉祥物表情包等设计工作，在项目高度保密的情况下，最终圆满完成了设计方案及各项设计制作任务。

现在大家对"雪容融"的形象已经非常熟悉了：它是一个点亮梦想的灯笼宝宝，设计理念源自我国传统节日春节时家家高挂的大红灯笼，这也是最能体现中国传统文化的视觉元素。它包含着中华民族特有的、丰富的文化底蕴，是中国传统文化的一个代表性符号。在创作中，我们一直在思考如何让这一直观的中国传统文化符号更具有世界性。我们一次又一次地将基本元素进行艺术处理和优化整合，着重凸显中国传统文化的精神内涵，同时将传统文化和现代语言进行碰撞。比如，"雪容融"有着白色积雪形的小脸庞和覆盖积雪的如意头饰，这个形象的直接来源就是中国民间俗语"正月十五雪打灯"的意象。"雪容融"头上的装饰纹样，"正形"和平鸽纹样的国际辨识度较高，"负形"中的"天坛"图案是典型的、蕴含着老北京主题的符号性语言。在设计过程中，我们还利用了中国传统的手工剪纸工艺，团队成员专门用剪纸尝试了各种设计方案。在这样的思路和尝试下，最终形成了"雪容融"头上的装饰饰带，

上／带领"雪容融"设计团队全体成员在北京参加吉祥物全球发布活动
下／2022年北京冬残奥会吉祥物"雪容融"

确保观众在看到"雪容融"时，能够很容易在其中产生对中国文化的归属感，也符合吉祥物设计原则中应具有的"辨识度高"的要求，同时能够加深中国文化在世界范围内的影响力与认同感。

美是人类共通的语言，"雪容融"向世界传递着中国传统美学的价值观念，它所蕴含的民族个性与全球共识性，充分展现了当代中国的凝聚力与创新力。2019年12月，吉林艺术学院专门成立"冬奥文化艺术创作中心"，旨在通过这个平台为吉艺设计学科的未来建设与发展起到积极作用，同时为吉艺搭起一座通向世界、通向未来的桥梁。由此我们也可以看到，设计与设计教育在社会发展中的作用日渐突出，在相当程度上承载着传承文化、助推经济、引领社会、创造未来的重任。所以，在设计与设计教育发展这条任重而道远的路上，我们还需要不断地整理、不断地反思、不断地求索，去深入探究设计的未来、艺术的未来、教育的未来。我想，这关乎人类的未来。

中国设计要走出一条兼具时代精神与民族气韵之路
——郭线庐谈"设计与艺术"

CHINA'S DESIGN SHOULD TAKE A PATH THAT COMBINES THE SPIRIT OF THE TIMES AND NATIONAL CHARM
——GUO XIAN LU ON "DESIGN AND ART"

郭线庐
西安美术学院原院长、教授、博士生导师

  郭线庐,西安美术学院原院长、教授、博士生导师,1991—1993年英国奥斯特大学艺术与设计学院访问学者,中国美术家协会理事,中国美术家协会平面设计艺委会副主任,教育部高等学校教学指导委员会设计学类专业指导委员会副主任,全国艺术硕士专业学位研究生教育指导委员会委员,国家有突出贡献专家,陕西省2012年度重点领域顶尖人才,陕西省美术家协会主席,陕西省教学名师,陕西省2017"千人计划"教学名师领军人才。

  郭线庐教授的艺术实践探索,是在人们司空见惯的事物中另辟蹊径,找到一种他认为合理精妙的搭配、组合,并传递出碰撞的声音及文化内涵。郭教授认为,设计和绘画是一个很难割舍的统一体,它们之间互不矛盾,是相互促进和相互融合的关系,并从这种探索中得到了很多的收获。设计与绘画艺术之间的矛盾之于艺术本体的发展而言,传统意义上的创新创造已经很难影响和改变对绘画艺术固有客观规律的认知。而从设计的发展趋势和设计研究领域的角度来看,也正是由于设计思维的孕育和发展,设计与绘画艺术之间所存在的这种天然鸿沟才得以跨越,并不断促进两者的相互融合,为今天设计艺术和绘画艺术和谐共生、不断生发出新领域和新面貌创造了基础条件。

《设计》：您如何看待设计与艺术的关系？

郭线庐: 设计与艺术有很多共性的因素。就我个人的创作历程和实践来看，当年我报考西安美院原打算学习中国画专业，但因为 1978 年学校只有工艺和雕塑两个专业招生，所以才选择了工艺系装潢专业。但几十年来，我坚持一有时间就拿起毛笔，在水墨韵味中游弋。设计和中国画两个不同艺术门类的交叉补充，给我带来的益处非常丰厚，特别是在中国画的创作上，我把设计学中很多对构成、色彩的理解运用到了水墨的变化上。

追求水墨各种色阶的变化，远比控制红黄蓝色彩的表现难度要大。所以，我在努力提升中国画创作涵养之外，还在创作中加入了一些理性思考以及设计观念、技法和表现方式。这会使中国画的艺术表现力呈现出新的变化，即借助色彩学原理，不但控制好黑白灰，还要使其更加丰富。我的艺术实践探索，是在人们司空见惯的事物中另辟蹊径，找到一种我认为合理精妙的搭配、组合，并传递出碰撞的声音及文化内涵。设计作品如是，花鸟作品亦如是，两者成为一个交融互补的结合体。我认为，设计和绘画是一个很难割舍的统一体，它们之间互不矛盾，是相互促进和相互融合的关系，我从这种探索中得到了很多的收获。

设计与绘画艺术之间的矛盾之于艺术本体的发展而言，传统意义上的创新创造已经很难影响和改变对绘画艺术固有客观规律的认知。而从设计的发展趋势和设计研究领域的角度来看，也正是由于设计思维的孕育和发展，设计与绘画艺术之间所存在的这种天然鸿沟才得以跨越，并不断促进两者的相互融合，为今天设计艺术和绘画艺术和谐共生，不断生发出新领域和新面貌创造了基础条件。

纵观世界艺术发展史，这样的例证比比皆是。有很多从事绘画艺术的艺术家，在中年或晚年进行了与设计艺术相关的很多探索与研究；也有许多从事艺术史研究的艺术家、画家，投身建筑设计、装置设计以及媒体设计领域中，并且取得了令人瞩目的成就。当然，也有很多优秀的设计师转型成为当代艺术家，这样的例子不胜枚举。这些年我个人在绘画与设计艺术之间的探索，就是在文人画、中国传统文化理念、中国传统绘画哲学思想的基础上，融入设计理念。这种创新和研究对于今天的很多中国艺术家来说，想必还是大有裨益的。任何一种艺术表现形式，都要在发展过程中不断地补充和完善，注重吸收和借鉴其他艺术门类的观念和认知，才会注入新的血液和活力，这也是艺术创新创造的必由之路。

《设计》：西安作为重要的历史名城，如何在传统艺术中获得设计的灵感？

郭线庐：众所周知，西安是一座有着深厚历史积淀的古城，拥有丰富而优秀的中国历史和传统资源。这种资源无论对设计抑或是传统艺术，都具有极其重要的研究价值。而文化本身就是在不断地发展和演进中，才得以持续产生新的活力。如何在文化传统的发展流动中探索设计的灵感，我有以下几方面的认识。

它必须适应广大受众时代性的审美需求。传统艺术传承下来的经典元素和特征必须古为今用，但现代设计的提升如果只是简单地复古溯源，与当下的审美价值和文化环境不相吻合，也不可能健康发展。

设计必须坚持以人为本的广泛共识。传统艺术本体就是紧紧围绕着人的精神需求和物质生活而展开的，但无论斗转星移、时空变幻，即使是今天的设计，也仍然离不开以满足人的需求为根本出发点，从传统中找到创新，从创新中回归现实。

在传统之美中树立坚定的文化自信。中国文化美学和文化哲学，根植于中国传统的市井生活。当今的中国设计，要立足中华文化特征，挖掘文化内涵，避免一味地追随或者模仿西方文化，而要走出一条兼具时代精神与民族气韵的设计之路。

《设计》:教师队伍的培养如何与时俱进?如何让设计艺术学科更好地服务于人?

郭线庐:设计学科要培养什么样合格的应用人才,始终是高等设计院校不可回避的核心问题。如何培养人,教师队伍的综合素质和专业水平至关重要。西安美术学院(简称西美)是一所具有红色革命基因和历史文脉传承的高等艺术院校,在70余年的发展历程中,受中华文明遗存和优秀文化元素的熏陶,始终坚持走具有自身特色的办学之路。基于中国传统文化,特别是延安革命精神和大鲁艺的精神内涵,我们始终坚持代代相传这条红色血脉,形成了西美特有的艺术文化发展理念。西安美术学院的设计学科是我国西北地区特色鲜明、专业设置齐全、师资队伍雄厚、学术水平一流的具有当代创新影响力、文明推动力、文化输出力和国际视野的综合性设计学科。几代教师群体扎根传统,倡导中国式艺术设计的当代性与国际性,根植华夏民族主流文化核心发展区域,深受民族精神的丰厚滋养。西美的设计专业既具有古丝绸之路文化艺术桥头堡的独特地位,又担负着弘扬民族艺术与中国精神的庄严使命。我们以中国传统主流文化核心腹地为依托,通过多年的艰苦创业和卓绝奋斗,已经培育和塑造了一支具有中国文化内涵与中国精神的创新型设计教育教学师资团队。

关于教师队伍的培养问题,我认为应该从以下几个方面来认识:首先,教师应该具备有一定广度和厚度的文化基础知识,无论是当代文化还是传统文化,不管是东方文化还是西方文化,教师都应该具有一定程度的综合文化学养和文化素质;其次,必须具有较强的设计实践能力,这就要求活用传统,不僵化地将传统文化转而运用到当下的创作中,并力争使这种艺术实践经受时代的洗礼和检验,淬炼出有价值、有影响、有水平的设计成果;再次,我们要培养的教师必须具备创新潜质,要着重在培养创新理念和创新能力上下功夫,要通过与时俱进的设计思维和设计作品展望未来;另外,设计艺术人才要始终保持足够的好奇心去了

上 / 2018 年参加国际美术教育大会
下 / 2018 年中国设计 40 年——经验与模式国际学术研讨会

解和探索这个时代,要立足民众的审美需求,不断拓展设计艺术平台。

因此,培养和孵化设计艺术人才,并最终服务于社会,高等学校首先要自觉肩负起不可推卸的文化使命和育人职责。这其中,老中青教师梯队建设的良性循环链条是不可或缺的重要因素。教师梯队的建设一定要有不同领域的专家和学者共同参与,而不能是某个单一学科的"单打独斗";从专业设置的角度来看,设计艺术人才培养应该走多学科交叉融合之路,这对于设计学科及其研究方向的不断完善和充实具有深远意义;要尽量融合不同的领域和不同院校培养的人才,形成多元化的教育教学机制,避免"近亲繁殖",这对全方位、多角度培养和提高教师的创新能力也是一个重要的支撑。

《设计》:如何用设计艺术去阐释"一手伸向传统,一手伸向生活"?

郭线庐:回顾历史,西安美术学院在设计艺术教育教学的发展中取得的经验和成绩,主要基于以下四个重要平台:一是优秀的中国传统文化;二是丰富多彩的中国民族民间文化;三是延安革命文化;四是"长安画派"和"黄土画派"。长安画派提出"一手伸向传统,一手伸向生活",成为20世纪中国美术的一个时代性、标志性艺术主张。特别是以赵望云先生、石鲁先生、何海霞先生等为代表的老一辈"长安画派"艺术先辈们,在灿烂的历史文化熏陶和滋养下,艺术思维获得空前的解放和爆发,把对人民的热爱、对生活的感悟,用震撼的笔墨语言创造了现代中国画笔墨表现的新高度。

基于西美具有的这种艺术创作传统,时至今日,我们的设计艺术仍在其中探寻灵感、汲取营养。所谓"一手伸向传统",即学习古人的造物美学,学习优秀的传统设计观念、范式和审美经验;所谓"一手伸向生活",就是着眼今天的生产生活实践,从中自然阐发的审美观念和创作观念。大众人民究竟是生活在怎样的现实环境中,我们就应该在这样的环境中去寻找艺术创作的根基。而"长安画派"的艺术理念,更是为西安美术学院的设计艺术发展,特别是为中国西部的设计艺术发展提供了坚实的理论支撑。同时,西部的设计艺术家正是在这样的艺术土壤中,才有可能创作出既包含传统文化元素,又具有璀璨生命力的设计作品。

《设计》:新冠肺炎疫情会给设计艺术学科和行业带来哪些影响?

郭线庐:2019年出现的新冠肺炎疫情,不仅对国家和社会产生了重大影响,也对文化艺术的发展造成了一定冲击,设计艺术自然也在受影响之列。这主要表现在:设计艺术产品的消费市场开始萎缩;设计艺术的受众面开始收缩。因受疫情影响,设计行业的整体需方市场变小,特别是从业人员和从业机构的数量都有缩减的趋势;行业产值因为疫情的影响也在缩减,但是随着我国卓有成效的疫情防控工作的开展,近期已有所回暖。疫情也给设计行业以及设计技术领域也带来了一些新的思考和机遇。例如,今后如何更加充分地利用数字艺术和互联网技术优势,开拓新的设计研究领域?从趋势来看,未来对从事数字技术研究和网络技术研究的设计师的需求量在逐渐加大;疫情的出现,也给设计经济的新循环模式,如工业设计、交通设计、日用品设计、高新技术,高新材料和高速信息传递提出了新的考验和要求,未来的设计行业也会产生新的追求和目标。

我认为有几个领域在未来的发展前景和空间非常可期:首先是材料学,新材料的出现将为设计师提供更多的研究基础和创作的可能性;再者是很多高科技装备应用在处置疫情等突发公共事件时所发挥的功效,在之前是被严重低估了的;第三就是对空间和环境的设计,人与人之间的接触以及交流的空间如何穿插和流动,都是需要我们去拓展和创新的研究领域和研究空间。最后,从视觉设计领域的客观现实来看,在大数据背景下的信息图表设计,或者说大数据背景下的信息可视化设计,势必给设计行业的未来带来色彩斑斓的发展前景。

艺术是"我",设计是"我们"
——李超德谈"设计与艺术"

ART IS "ME", DESIGN IS "WE"
——LI CHAODE ON "DESIGN AND ART"

李超德
苏州大学艺术学院原院长、教授、博士生导师

李超德,苏州大学艺术学院教授、博士生导师,苏州大学博物馆馆长,曾经长期担任苏州大学艺术学院副院长、院长,苏州大学研究生院副院长,国家哲学社会科学基金(艺术学)重大招标项目"设计美学研究"首席专家,一级学科设计学博士点带头人,江苏省教学名师,同时担任福州大学厦门工艺美术学院院长。长期从事艺术和设计理论研究,出版学术专著《设计美学》《服装评论》《设计的文化立场》《体验视觉》《美术与设计教学档案——李超德卷》《马里兰的夏天》等,参与大型学术著作《中国衣经》《文明的轮回》编委和撰写工作,先后在《装饰》《美术观察》《美术研究》《艺术百家》和大学学报等核心期刊以及其他重要学术刊物上发表论文60余篇,撰写艺术与设计评论70余篇。

据说,19世纪法国生理学家克洛德·贝尔纳(Claude Bernard)以第一人称的单数与复数,对艺术和科学做了高度概括:"艺术是我,科学是我们。"微语鼎言,将艺术与科学的特征阐述得简朴而又鲜明。联想到艺术与设计活动长期以来"纠缠不清"的关系,李超德教授由此引申出"艺术是我,设计是我们"的提法。如果"艺术是我"嬗变为"艺术是他",则这样的艺术就缺乏个性,成为某种工具,很少有真艺术;如果"设计是我们"混同于"设计是我",则这样的作品必然是没有使用价值的"伪设计"。

《设计》:请您介绍下学院的办学理念和特色方向。

李超德:我当前服务于两所 211 大学。虽然已经任职期满,离开了担任苏州大学艺术学院副院长、院长、党委书记前后 18 年半的学院领导岗位,但我仍然是学院的一名普通教师,战斗在博士生、硕士生和本科生教学的第一线,还担负着设计学一级学科博士点带头人的工作,担任着苏州大学博物馆馆长的工作。苏州大学艺术学院是我学习、奋斗、工作了 40 年的衣胞之地,我为她奉献了青春和激情,而且无怨无悔。苏州大学给予我施展能力的大舞台,即便已经是离任的今天,学校新老领导和同事们仍然给予我鼓励、支持和肯定。同时,又承蒙福州大学领导和同事们的信任,我于 2018 年应邀受聘兼任厦门工艺美术学院院长。这两所大学都是国内美术与设计类名校。苏州大学设计学科经过几代人的努力,已经建设成为一所以大图案教学、服装设计、设计理论研究、"非遗"创新研究为主要特色,涵盖几乎所有设计门类的国内设计重镇之一,在上一轮教育部学科评估中苏州大学设计学位列 A 类,排名全国第六。福州大学厦门工艺美术学院的前身是"厦门工艺美术学校",作为曾经的南中国美术教育重镇,有近 70 年的辉煌办学历史,特别是在传统工艺美术、漆画漆艺、工艺雕塑教学等领域,名家辈出,教学质量在全国也是名列前茅。在升格本科院校和并入福州大学的 20 多年时间里,经过几任领导和老师们的辛勤耕耘,学院面貌焕然一新,现在研究生、本科设计专业也几乎涵盖了所有设计门类,传统专业精益求精,产品设计、工业设计、视觉传达设计、环艺设计和数媒专业等专业声誉日显、成就斐然,毕业生具有良好的就业口碑。现在学院全体师生正向着"亚洲知名、国内一流"的目标积极努力、奋力前行。

《设计》：如何让师资队伍和教学体系跟上信息化时代的转型？

李超德：它是什么？设计就是一种谋划，它在汉语中可以解读为"计谋"。我们今天理解的设计，是针对与日常生活相关联的衣、食、住、行而言，运用创造性智慧所做的规划和方案。我经常和学生讲，当原始人拿起一块石头砸向另一块石头的时候，设计就诞生了。现代意义上的设计，是工业革命之后的事，它特指批量生产的产品设计和相关的设计。设计从文艺复兴到近代，最大的变化就是同生产进行了分离，成为独立的职业。设计师提供图样，企业负责生产，设计与生产有了明确的分工。因此，设计师获得了独立地位。一位设计教师除了要有审美造型技巧和努力外，最重要的是要有敏锐体察设计流行的能力，跟上时代的节拍，并拥有相关综合知识储备作为基础。教师的职责就是授业、解惑。设计教师所授之业，既要解决技能技巧问题，又要能坐而论道、艺以载道，讲出设计背后的道理来。将设计活动置于学术视野下进行研究，我们不难发现，看似技能化和物质外显的设计，实际上积淀了很深的文化哲理和道理。《易经·系辞》云："形而上者谓之道，形而下者谓之器。"道与器构成了中国哲学的一对基本范畴。社会分工我们为师者，师者又分为两种，即"从道"与"从器"。从道与从器虽不能说分出什么高下，但从道者即研究道，而道与器又不能分开，道器相辅相成、互为关系。如果我们将"器"解释为"艺"，器、艺不分，或者说器、艺有着大致相似的东西。如果说"道"是无形象的，是隐含着规律和准则的意义的，"器"就是有形象的。道、器关系实则是抽象道理与具体事物之间的关系问题。今天的教师和学生面临着科学技术的迅猛发展和社会生活的千变万化，正是以其器者，载其现代意义上的道；正是通过我们的视觉和功能设计，表达自己丰富的内心世界，用优美的产品造福大众。这是教师的职责之本。

面对设计，我经常反思：我们在农耕经济时代就能创造出精美的手工艺产品，在信息工业时代为什么不能？我们在16世纪以前可以创造出领先世界的文明，今天为什么不能？ 我所在的苏州，明清时期这里就是创意设计的时尚中心、一等一的大都市，精致的丝绸、服饰和传统工艺名扬天下，各种生活潮流和设计用品引领世界。但是，我们又不得不看到，面对现代主义的浪潮，我们落伍了。以服装而言，我们老祖宗的繁复衣饰不再是服饰的主流，简洁是一个大的趋势。服装的简洁与建筑设计、工业设计的简洁是紧密联系的。第二次世界大战以后，很多妇女走出家庭，所以会出现皮尔·卡丹（Pierre Cardin）早年的职业装设计，还有伊夫·圣·洛朗（Yves Saint Laurent）在20世纪70年代流行的几何形的设计。它迎合的是妇女走出家门的需要，服装甚至变得中性化。维多利亚时代的长裙使妇女觉得累赘，因此被抛弃了。简洁的成衣走向前台。西方成衣设计业的大发展是在第二次世界大战之后，标准化的尺码、批量生产推动了服装工业化的进程，像其他的工业产品一样，在流水线上完成。整个西方世界，文化信仰基本是一致的，它所倡导的生活方式，通过各种媒体源源不断向人们灌输，成为时尚的符号，潜移默化地影响人们。这种趋势在当下不仅没有减弱，还在不断加强。这是一种时代流行文化的信仰，也是一种文化价值观。

《设计》：在教学中注重培养学生的哪些技能，从而达到知行合一、学以致用？

李超德：大学的本科设计教育主要是"应用教育"，我反对同质化，设计教育是分层次的，不同的学校应该有不同的教育目标，每个学校应该有自己的办学特色。如果就我的设计教育理想而言，按照洪堡（Humboldt）的教育理论，大学就是要培养"整全"的人。技巧是可以通过训练而获得的，"大写的人"却是一生的修炼。大学最主要的任务就是人格养成，希望设计专业的学生能够具有敏锐的观察力和创造力。教学就是要发挥学生每个人之所长，不是把所有人教成一个样子，而是让每个人看到属于自己的应该有的样子。

我一直强调知识是可以灌输的,而智慧是需要启发的,设计的智慧更需要启发。设计教育同样要将人放在一个历史进程中去考察,历史和现代文明成果都是人类智慧的体现。设计大学应该有自己的价值观、文化立场,要让学生充满人性的温暖。特别是现在少数人人格养成、公共精神缺失,"假贵族"与"暴发户"心态导致文化堕落,消费极度无节制,以及潜藏在背后的在纯物欲驱使下滋生的松散、任性、懈怠、无节制和恣意妄为,才是最可怕的。我们的教育应该强调学生要有人道、人性的温情。从大里说,做人要有原则和底线,在民族大义面前学会做"大写的人";从小道讲,"一生充满善良,为人厚道"是对每个人的基本要求,学生对大千世界的人性关怀就体现于此。学问有大小,但丧失了做人的基本底线,就一文不值。优秀的学生,眼神应该是灵动的,思维是活跃的、富有创造力的。所谓言传身教,优秀的学生是熏陶出来的,老师以积极的思考和行动去影响学生,学生愿意去接收老师所传递的信息。就专业而言,我始终认为,一位好老师带出的学生应该各不相同、发挥自己的所长。我也常常告诫我的学生,社会是复杂的,但我们的内心要有光明,事情可以看透,但不要看破,看破了,人就消极了;而谈及创新,被禁锢的心灵是不可能有创造力的,要的就是不循规蹈矩。

《设计》:如何减少理论教学和社会实践之间的脱节?

李超德:我认为这是一个伪命题。高等教育本来就分层次,人手、人才、人物,不同的院校有着不同的教学目标和教育培养指向。一讲智能化、大数据,许多院校就比拼教学设备,比谁讲高技术讲得最溜。现代设计教育早在 20 世纪 50 年代就有乌尔姆设计学院为我们树立了科学理性主义的标杆。但是,即便如此,帕森斯设计学院、罗得岛设计学院、马兰欧尼时装学院和中央圣马丁艺术与设计学院,它们的教学能一样吗?当

左 / 双面绣团扇 李超德绘制、薛金娣绣 2019 年
右 / 绢本团扇 2018 年

下国内的设计教育同质化倾向明显。我要特别举例美国艺术学院中排名前列的克兰布鲁克艺术学院,虽然地处曾一度辉煌现已衰败的"汽车之城"底特律,学校规模也非常小,但这是一所标准的、涉及广泛的设计精英学院,每年招生人数很少,主要是研究生教育。从沙里宁 (Saarinen) 到里伯斯金 (Libeskind),这里大师辈出,毕业生中有多位获得建筑设计的"普利兹克奖",清华大学的建筑大师吴良镛先生也曾在此学习深造。他们没有我们传统意义上的课堂,他们的许多课程在讨论中完成,甚至他们公开声称:"我们不教技巧,我们只讲设计哲学。"就算是比较职业化的时尚教育圣殿中央圣马丁艺术与设计学院的前任院长也曾经说"我们教会学生一种生活方式",更何况基础性的职业订单式教育和设计精英教育差之千里。"如何减少理论教学和社会实践之间的脱节"的命题本身是所在院校的定位没有解决好的后果。一个学校的定位是什么?拥有什么样的师资?准备培养什么样的人才?这样的话题拿到设计教育全国大平台来讨论,本身说明了国内设计教育同质化、分类不清的悲哀现状。

《设计》:您如何看待设计与艺术的关系?

李超德:艺术和设计从历史的溯源看本是同源,都是造物文化的分合离散所致。因此,它们之间存在着密切关系是不言而喻的。我们可以避免冗长的东西方"六艺""七艺"的词源学考据,直接说到艺术从技艺中分离出来走上一条独立发展道路以后,艺术就成为利用物质为载体的精神文化创造行为,是艺术家个人感情的物态化;而设计追求的第一目标则是功能。关于设计如何面向未来,科学和艺术从来没有分离过,前 20 年颇为流行的"21 世纪将是科学与艺术结合的世纪"本身也是悖论。

当下,有一种匪夷所思的论调,最鼓舞人心的口号就是:我们终于将"设计"摆到了国民经济的中央,似乎将人类所有的科学和技术造物活动都归为"设计",设计的地位就提高了。其实我们今天仍然要为"什么是艺术"和"什么是设计"而费尽口舌。分析原因与问题,得出两个基本的结论:第一,将设计当作艺术活动看待,混淆两者的终极目的,把设计当作"我",夸大精神功能,一台时装发布秀几乎成为行为艺术,极端突出所谓"我"的艺术个性;把艺术当作"他",千篇一律,毫无个性,精神功能与物质功能谁占主导常常发生逾位。第二,把技术设计混同于设计,使技巧与工艺被无形夸大,掩盖设计中的美学成分,流于技术设计的功利论,形成了设计教育中"泛艺术化"与"泛工艺化"两种极端教育思想,从而出现互不相让、指鹿为马式的争论。技术设计旨在解决物与物的关系,产品的内部功能、结构、传动原理、组装条件等属于技术设计范畴。设计在解决物与物关系的同时,特别强调解决物与人的关系,关注产品的视觉造型、形体布局、表面装饰和色彩搭配,还要考虑产品对人的心理、生理的作用,对环境及人类可持续发展的影响等。设计当然有科学、技术和艺术的成分,但也不能将人类所有的造物活动都归结为"设计"和我们现在理解的设计学研究的范畴,广义的设计和狭义的设计,需要学术界认真厘清。

据说,19世纪法国生理学家克洛德·贝尔纳以第一人称的单数与复数,对艺术和科学做了高度概括:"艺术是我,科学是我们"。微语鼎言,将艺术与科学的特征阐述得简朴而又鲜明。由此,我联想到艺术与设计活动长期以来纠缠不清的关系,如果借用贝尔纳的观点引申出"艺术是我,设计是我们",倒是颇有说服力的。如果"艺术是我"嬗变为"艺术是他",则这样的艺术就缺乏个性,成为某种工具,很少有真艺术;如果"设计是我们"混同于"设计是我",则这样的作品必然是没有使用价值的"伪设计"。

《设计》:您如何在绘画创作中融入设计艺术的理念?

李超德:孩童时代我想当画家,40年前进入大学以后学的却是染织美术设计,当初的那种沮丧无以言表。至今我少年时代的老师——南京艺学院丁兆成教授还为我惋惜。但大学里的几位老师对我产生了重要的影响，思考如何治学也是从大学开始的。虽然留校以后，经历了诸多的磨砺，但我最终还是在讲台上找到了最大的快乐。我现在是专业教书，业余画画。曾经有一次在艺术硕士（MFA）课程结束那天，一位学生将她的听课记录打印好送给我，还有一位学生将听课笔记全本复印以后送给我，他们说是为了感谢我认认真真地上课和充满感情地课堂演讲。更有一位其他学院来旁听的博士生，写了十几张明信片，都是听课的感想，作为礼物送给我。我真的很感动。正是年年日日这样一些微小的事情和细节，鼓励我做好一名教师，所以我要说我的专业是教书，画画和做设计反而是"业余"了。我真的谢谢我的学生，是他们让我获得许多意想不到的快乐。讲做设计，阿玛尼（Armani）做的是大设计，他为我们设计了一种生活方式，是真正的生活理念的体现。三宅一生作为设计师对面料的独特处理则具有设计上的真正原创性质，并且拓宽了人们对传统面料的固有认识。绘画是设计师必不可少的美学趣味和美学精神养成训练途径，其中的关系不言而喻。许多人不知道我开过设计公司，我最近十几年画意很浓，舍弃了许多具体的设计项目，特别想专心作画，磨砺自己的格调、性情和对于设计的调性。其实好设计直指人心，识得者洞若观火，来不得半点虚饰和掩藏。

　　陈逸飞的"大美术"观念对我的设计教育理念有很大影响。我们多次在相遇的时候讨论"大美术"的问题，有次在上海奥林匹克酒店的讨论最为深入。受其"大美术"观念的影响，我早在2000年就著文论述"大设计观念"，并引发了相关媒体的大讨论。就服装设计而言，我始终认为，如果将服装设计仅仅看作服装本身的设计，那是十分狭窄的。服装设计应该从全过程进行设计和规划，大至生产对全人类可持续发展和生态环境的影响，小到服饰品牌平面字体的设计，都应该归结为品牌设计

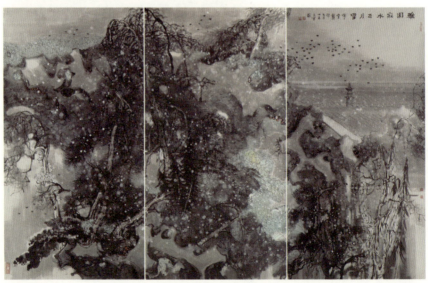

上 /《海棠花开》水墨纸本（180cmX160cm） 2017 年
下 /《雅园寂水正月雪》水墨纸本（270cmX180cm） 2019 年

的责任。因此，从大设计的视角理解，设计师直接设计的是服装和服饰，间接设计的是人和社会。这就是我对设计的独特理解。精神的慎独和强烈的批判意识是大学知识分子应有的品格，理性思辨的光辉是激发人类前进的动力。一名知识分子、理论工作者、设计教师不能总站在火热的生活边上评头论足，同样需要带着激情四射的浪漫火花融入时代的生活。我写过近70篇艺术评论，涉及美术、当代艺术、设计等多个领域。用一位记者的话："李超德的每一篇文章都能引起不小的波澜。只不过有的仅限于专业领域内部的争论，不为人知罢了。"

《设计》：您认为文化与设计艺术之间的关系是怎样的？您参与了大型学术著作《文明的轮回》一书的撰写，您对年轻学子和设计师有哪些寄语？

李超德：我曾经参与了大型学术著作《文明的轮回》的写作，引发了我对文化与设计问题很长一段时间的思考。承蒙已故设计理论家诸葛铠先生信任，将我列为这部著作的第三作者，是勉为其难，同时我也要感谢黄国松、缪良云、诸镇南、陈国良、朱春华等先生在学术上对我的提携，让我参与了许多大型著作的撰写并得到了学术上的鼓励。不可否认，当今的设计话语权仍然被西方所主导。所谓设计话语权，我一直认为实则上是文化话语权，是经济基础决定的上层建筑的文化话语权。原本是地域性的文化，因为经济大发展，也可能上升为世界性的文化，西方工业革命后的现状就是很好的例子。毋庸置疑，欧美的主流文化经过工业革命，实际上占领了世界主流文化的前沿。设计价值观、文化态度、审美趣味都在全球化的态势下，逐渐走向趋同化。设计发展到今天，我们已经将设计作为新经济的引擎来认识。随着我国经济大发展，我们的设计话语权如何表达？在西方化的大潮中，我曾经提出了将中国设计话语权表达和中国民族文化自觉相关联的问题，并在国际、国内许多学术论坛强烈呼吁。作为站立在这个时代前沿的设计教育工作者，有着对民族文化振兴的高度责任感，当我每每谈到设计的文化责任，就有种回归故国家园和精神家园的感觉，任重而道远。

在设计领域，创意产业现在就像一个筐，很多东西可以往里装。但设计创意是一直是核心部分，是灵魂。创意产业如果缺少了设计和思想，就无创意可谈。技术可以穷尽，创意却是无限的。创意产业是以人的智慧给予产品一种新的面貌，以此带动产品的生产和消费。当然，这个产品也包含文化产品。从设计到生产，到消费，形成产业链，创意产业包含的内容非常广泛。甚至英超联赛也可以归入创意产业：踢的是足球，围绕足球却延伸出庞大的产业链，包括比赛的转播权，是大创意产业。创意产业除了是一场经济革命，还是一场文化革命。做一个茶杯，不能在瓷土上挣钱，而一定是在造型、流行和品牌上挣钱。特别是文化产品，包括影视产品，包含着文化问题和民族认同问题。所以，创意产业很大程度上要考虑文化归属问题。比如，20世纪八九十年代出生的孩子很多是看着日本动画片长大的，如《樱桃小丸子》《名侦探柯南》，他们到现在还喜欢看，铁臂阿童木、一休的形象塑造很人性，很贴近我们。一讲到国产动画，我们总是热衷于谈老一辈动画艺术家创造的《哪吒闹海》。我们今天的动画产品中，为什么很难找出既是民族的，又符合现代审美的，成为现在少年儿童喜闻乐见的动画片呢？我们的创意产品有时是孤立的，并没有形成一个有机的系统，特别是相关衍生产品的产出有瓶颈。一个好的创意设计产品，引申的创意经济起到的作用不仅是经济的，而且是文化的，甚至是政治的。

当代绘画与设计面临着一个共同的问题，即民族艺术与设计在全球化态势下如何表达自身的话语权。教育既要解决诸如"意识形态"的形而上，又要解决具体实践问题的形而下。单纯谈论形而上，从理论到理论、从文本到文本、从观念到观念，则无法解决现实中的实际问题；而不讲观念、不讲文本、不讲理论，那么所呈现的作品就显得苍白无力，如"僵尸"一般。艺术与设计需要灵魂，艺术与设计需要实现自身观念的表达，"文化"即其核心。一个民族的文化蕴含着她不倒的内在精神和形式张力。如果说过去的几十年我们还有些盲从的话，随着经济的发展，本民族的设计话语权在国际设计界仍然缺失，不能不说是令全体设计同仁痛心疾首的事。设计教育的目的就是促进人才的培养，促进原创性作品的产生，进而推动我国设计事业的发展。"奥运"是一个契机，"世博"又是一个展现民族文化腾飞的大平台，设计同样担负着巨大的历史责任。设计专业的学生和年轻的设计师应该对中华民族文化传统有精神性的反思，有对设计事业前景的美好展望与亲身实践，这是设计师内在的文化张力，因为我们的体内流淌着中华民族的文化血液。

我要对年轻的学生讲：什么样的设计才能成为生产力？第一是契合潮流，第二有实用价值的创意。比如一双拖鞋，我们的拖鞋都是有正反的，而第十一届全国美术作品展览艺术设计中有人设计了一双拖鞋，不管从哪个角度穿进去都是合适的，没有左右，也没有前后。这是第十一届全国美展工业设计中一个非常优秀的设计。"法国时尚 100 年"设计展在中国展出时，可以看到连电线杆、航吊车的开关都成为设计的内容。创意产业的范围很广，比如高科技在服装设计中的使用，大到宇航员的服装，小到我们去东北穿的保暖内衣，这里科技含量的需求高于一般的视觉形象，这也是创意。阿玛尼和三宅一生，他们是服装界真正引领变革的设计师，也是真正能称得上原创的设计师。阿玛尼在 20 世纪 60 年代设计休闲装，实际上为人们设计了一种生活方式。在阿玛尼之前的服装，要么是工装，要么是夹克衫，要么是猎装，要么是西装。他找到了介于工装、夹克衫、猎装和西装之间的一种服装款式——休闲装。你在工作和娱乐之间可能还有一种状态：休闲，它不等同于娱乐，有可能什么也不做。

休闲装的概念从阿玛尼开始。阿玛尼的剪裁非常人性化,流行垫肩时,它的肩部很平整,肩胛骨和袖子很服帖。阿玛尼的风格延续到现在,它的面料非常独特,经常用针织面料做外衣,它的品质感在我眼里就是低调的奢华,没有披金戴银的感觉。三宅一生是一位日本设计师,从他的身上却可以看到中国设计师未来的走向,我相信中国出现三宅一生的时间不远了。中国现在的许多年轻设计师似乎在重复着他走过的路。三宅一生早年在欧洲学习,吸取了欧洲文明、时尚文化,但他最后和日本文化结合起来。他的服装经常在欧洲发布,其实欧洲人未必人人喜欢,但他在那个舞台上得到了欧洲人的承认,他表达的观念得到了世界的承认,他最大的特点是在面料使用上,他设计出一种皱褶面料。对经常旅行的人来说,常规需要烫平的衣服是不实用的,而褶皱的衣服从旅行箱里拿出来就能穿,它是时尚的。三宅一生的设计中有许多皱褶的西装、衬衫、碎花图案。他在面料上的原创性,打破了人们过去对面料的平整、平滑的概念。

  我曾经预言,中国距离出现三宅一生为时不远了。目前,我们这一辈50岁左右的设计师和教师中,如日中天的人很多,设计实践教育也主要靠这一代人在支撑。这个时代马上会过去,新一代很快会崛起。一批年轻设计师和教师有着和我们不太一样的经历,他们往往在国外学习,有些已经回来,正在创业。我从来没低看过这些年轻人,我常向我的同辈介绍他们的设计。我也经常看各种设计和时尚杂志。我喜欢的杂志《新视线》是一本男性精英杂志,涉及衣、食、住、行等设计的很多方面;《名牌》,也属于高端杂志;还有女性白领杂志《时尚》《瑞丽》,以及就是20岁左右的人喜欢的《昕薇》、《米娜》;还有一种大多数学者可能不会看的杂志——《新潮流》,经常出现无厘头的设计、混搭,包括服装、鞋,也包括生活用品的设计、工业设计,这里经常会介绍一些年轻设计师。只是非常可惜,现在一些纸质杂志难以为继,有的干脆已经停刊。

现在有一批曾经在国外留学现在回国创业的年轻人，我认为这帮后生了不得，中国未来的设计将由他们主宰，长江后浪推前浪。他们连讲话方式都和我们不一样，但我相信他们不会单纯西方化，他们将来会回归中国传统文化，因为他们血液里流淌着传统文化的基因。这可以让时间来证明。年轻人对民族文化的解读可能和我们不一样，人类历史是发展的，为什么要固守呢？汉文化本来就是多元互动、交流融合形成的。从汉代到清代，甚至更早，不断有各民族文化的交流、融会和碰撞。文化基因距离比较远，交融之后往往会产生新的东西，这也是创意。服装也好，建筑也好，都是这样。一座城市的记忆不是靠模仿存留的。为什么我们推崇贝聿铭设计的苏州博物馆？他既运用了中国的元素，又运用了西方的几何化的东西，传统与现代结合得比较好，因而成为一个现代的东西。设计如果一味仿古，那就成为静止的东西，没有创意可言，而接触过西方文化的新一代设计师，如果能够从传统文化中吸取营养，将会产生极大的创造力。

《设计》：全球性疫情对艺术设计行业的发展有哪些影响？请您分享一个目前关注的行业话题或正在从事的事业。

李超德：作为一名大学艺术教育工作者，我虽然无法像医务工作者那样用专业技能同病魔抢时间、抢速度，救死扶伤，造福于民，但由衷地赞美冲在第一线的医务工作者，他们的忘我精神也时时激励着我。关于全球性疫情对设计行业的影响，囿于知识的不足，我真是无法给予前景预测，有一点可以肯定，有关全民养老、生命健康的设计会受到重视。

就我个人而言，有两个重要学术命题是我今后一段相当长的时期所关注并着力进行的研究。其一，我作为首席专家，承担了 2019 年度国家社科基金艺术学重大招标项目"设计美学研究"的研究工作。这个项目由苏州大学、福州大学和东华大学组成了强大的学术研究团队，获得立项成功。我的这个研究能够作为国家重大项目获得立项，说明了国家哲学社会科学研究的着眼点放到了设计基础理论研究上，说明国家层面更加重视设计如何在体现国家设计美学的品格方面有了思考。我所做的"设计美学研究"着眼于"本体论""历史论""当代论"三个理论维度，从设计美学本体规律入手，分析设计美学产生的背景，梳理中外设计美学发展历史，结合科学技术发展和设计时尚理论，重点探讨设计美学的当代价值，让设计美学研究回归设计的真相，避免以往过于强调抽象理论和美学史的流弊，从而构建起具有中国特色的设计美学研究基本理论框架。其二，我特别关注当下新农村建设中的设计扶贫和"艺术乡建"，尤其是"艺术乡建"。我们做什么样的"艺术乡建"？乡关何处？重点围绕"设计扶贫""新农村建设"等热门话题，多维度深度思考什么样的乡村营建与改造设计是有价值的，思考所谓"设计价值"。一般认为，设计价值就是以价值为标准对设计现实中的各种设计现象和设计问题进行把握，对设计目标和设计方案进行理性评价和选择。设计价值的存在表明，设计活动既要受到社会总体价值观的深层影响，又要受到设计者个体或群体价值倾向的影响。所以，"设计并非一种纯粹客观的造物行为，设计理性既是客观理性和主观理性的结合。又是理论理性和实践理性的结合。它既追求客观真理，又追求幸福、美好、正义、善良等与人类情感、经验、意志、想象和直观能力相关的东西"，重点思考"缺失农民主体参与的艺术乡建引发的设计策略悖论"和"乡村改造中固有物理空间与精神空间的疏离"等话题。隈研吾有句名言："让建筑消失于人群，与大地相连。"俞孔坚也说"足下文化与野草之美"。他们的设计营造观殊途而同归，强调建筑与景观中的自然因素生成。而乡村以农民为主体，他们与自然的关系互为彼此，脱离了农民主体的"艺术乡建"，只能是罗曼蒂克式的小资理想。真正的乡、活态的乡、精神家园的乡，至少应该是物理空间上心中的乡。所以，"乡关何处"？

上 /《这里春风沉醉》水墨纸本（160cmX80cm） 2017 年 "苏州市改革开放四十年书画展"
特邀作品，苏州美术馆收藏
下 /《风住尘香花已尽》水墨纸本（68cmX68cm）2015 年

要占领传统与时尚这碰撞的两极
——刘元风谈"设计与艺术"

TO OCCUPY THE TWO POLES OF THE COLLSION BETWEEN TRADITION AND FASHION
——LIU YUANFENG ON "DESIGN AND ART"

刘元风
北京服装学院原校长、二级教授、博士生导师

刘元风,北京服装学院原校长、二级教授、博士生导师,毕业于原中央工艺美术学院(现清华大学美术学院),中国服装设计师协会副主席,敦煌服饰文化研究暨创新设计中心主任,中国艺术研究院艺术设计院研究员,北京服装学院学报艺术版《艺术设计研究》(CSSCI)主编。近年来主持完成及承担2008年北京奥运会残奥会系列服装设计、国庆60周年群众游行方队和志愿者服装设计、2014年亚太经合组织(APEC)领导人非正式会议国家领导人服装设计、2018年第三届丝绸之路(敦煌)国际文化博览会展演、国庆70周年群众游行总指挥部专家指导委员会委员等多项国家重大活动服装研发设计任务。创建和推广新中装设计研究,为新中式正装的发展确立了新的设计规范和范本。

2002年由清华大学调入北京服装学院(简称北服)后,刘元风院长一直倡导科学、艺术、时尚的理念,对学科进行了进一步的调整,把专业进行了进一步的梳理,使学生的科学思维和艺术思维同时起步。正好北服有工科的学科基础,再加上设计相关学科,就形成了北服设计学、艺术学理论、材料科学与工程、纺织科学与工程等多学科交叉的"艺工融合"办学特色。

《设计》：请您介绍一下北京服装学院的办学理念。

刘元风：北京服装学院围绕服装服饰，形成了设计学、艺术学理论、材料科学与工程、纺织科学与工程等多学科交叉的"艺工融合"办学特色，在服饰文化、服饰传承与创新设计、服装新材料和高性能服装、产品与数字化媒体设计等领域的理论研究和应用形成了独特优势。

传统服饰和民族服饰是中华优秀传统文化的重要组成部分，传统服饰文化亟待"抢救"和传承；服装服饰创新设计是文化创意和设计服务产业的重要领域，亟须培养高层次设计创新人才；国家对专业运动服装装备和特殊功能性服装等的设计研发需求日益增长，而相应的艺工融合的复合型设计研发高层次人才则明显不足。因此，围绕服装服饰和文化创意产业培养专业人才，是服务国家实施中华优秀传统文化传承发展工程的需要、是服务国家大力发展文化创意和设计服务产业的需要、是服务国家对高性能服装设计研发的需要。北服的设计学学科在服务以上国家重大需求方面，积累了丰富的经验，具有独特的优势。北服是"服务国家特殊需求博士人才培养项目"单位，充分发挥学科多年形成的优势，通过培养高端领军设计人才，服务国家重大项目，参与国家文化创意等重大工程，提升中国时尚企业全球竞争力，推动设计产业从"中国制造"向"中国创造"升级。

北服以前是一所工科类院校，1959 年成立时是纺织工程学院，属于纺织部的院校，1961 年改为北京化纤工学院，1987 年服装开始起步，改扩建为北京服装学院，但一直是工科类院校。直到 2019 年，教育部才将北京服装学院列为艺术类院校。从纺织材料开始，到设计，再到工艺、营销，北服形成了围绕服装的艺工经管齐全的办学特色。

在这样的办学特色和学科体系下，我们现在承接项目，一般可以从材料纤维开始，经染色、织造、后整理，到设计，再到工艺制作、市场营销，是一个全产业链。企业都纷纷反映北服的学生知识面比较全、后劲足。因为他们在学校学习时知识相互衔接，不同专业之间可以互相选课，比如设计专业的学生可以经常到材料院去了解材料的相关知识，对销售市场感兴趣的学生可以到商学院读双学位。近年来相关专业的学生读服装设计双学位的越来越多，使学生的视野、知识结构更宽，后劲也更足。

另外，由于是工科类院校，学生的知识结构、专业学习，以及理性思维、逻辑思维等方面，应该说比纯艺术类院校的学生更为严谨。在一般人看来，学设计的学生比较感性，但以我在一线教学科研，同时也从事管理的体会来讲，其理性思维更加重要。例如我们做一个项目，从头到尾是一个环环相扣的系统，如果缺乏理性思维，其最后的效果就会打折扣。在我评审一些社科类的项目、奖项时，对这一点有比较深的体会。社科类项目本身的完成度，每一个环节的逻辑层次的感觉是不一样的。如果能把项目从整体到局部到环节构成一个系统的话，最后成果的完成度就会比较高。所以，我们在教学当中要求学生的科学思维和艺术思维并驾齐驱，不要忽略任何一方面。就像我们的智商和情商一样，有时候情商比智商还重要。我们在学校里就强调逻辑思维和形象思维、理性思维和感性思维，智商和情商并行。学生在这样的氛围下，相关方面都得到一定程度的培养和训练，就业之后经过企业的检验，在这方面会占有一定的优势。

我在做学校行政管理的这十几年中，加强了艺术学科，同时也重视工科的发展，使两方面有机融合、相互支撑。我一直觉得工科是重要的基础，无论做任何设计，服饰设计、工业设计、建筑设计都一样，如果不了解材料和工程技术，设计就像悬在半空中。所以，打好工科的基础和拓宽设计视野是非常重要的。中央工艺美术学院（1999年）刚合到清华的时候，2001年是清华大学90周年校庆，当时李政道先生和吴冠中先生举办了"科学·艺术国际研讨会",在全球范围内邀请了很多科学家和艺术家共同研讨科学与艺术的结合。这是一个很重要的会议,对于科学与艺术真正地融合,在高校、研究机构,特别是在一些设计师的理念当中树立了一种新的跨学科意识。当时我任染织服装系的系主任,直接参加了这个活动。我们在清华东大操场举办了一场以"科学·时尚"为主题的大型时装发布会。依托这次会议,我们做了很多相关的学术活动,包括科学家访谈、论文集等。

近些年来,北服一直在倡导科学、艺术、时尚的学术理念。我们每年10月份都举办"科学·艺术·时尚节",已经连续举办了十多年,征集北京相关高校学生的作品,进行展售和研讨等活动。很多兄弟院校到北服以后觉得与他们学校不太一样,很认可北服在科学思维与艺术思维结合中所形成的教学和科研成果及办学特色。

《设计》:您如何看待在全球化语境下提升学生的国际视野?

刘元风:在国家留学基金管理委员会的支持下,"请进来、走出去",每年都有一定比例的年轻老师、研究生、本科生到国外去,像美国的帕森斯设计学院、英国的伦敦艺术大学、中央圣马丁艺术与设计学院,意大利的米兰理工大学等。艺术教育的国际视野非常重要,这与国家的经济、文化、国际地位的提升,以及整体水平的发展是有一定关系的。北服在2013年加入了国际时尚联盟校,全球最好的时尚类院校都在其中,每年轮流在不同的国家举办学术活动。国际时尚联盟校一致认为我们的研究生教育走在了世界的前列。在当代艺术设计中,其设计的方法、程序,特别是学生的设计视野,一定要是国际化的。因为将来学生可能在国内就业,也可能去国外深造或者就业。另外,现在很多品牌都是国际连锁的,比如2022年北京冬奥会的战略合作伙伴安踏("2020全球最有价值的50个服饰品牌"之一),其设计研发的人员构成是全球化的,运动产业创新方面走在了世界前列。我们在艺术类高校中率先成立了运动装专业，学生除在学校的课堂学习外，更多地到相关运动装知名品牌企业实习，而且，踊跃参与相关的国际运动装设计及博览会等活动。因此，运动装专业学生的国际视野和国际化程度高，当他们毕业后走向企业，很容易融入设计室国际化的氛围中。所以，办学理念当中的国际化观念是非常重要的。此外，学校地处北京这样的大都市也是一种天然的优势，能接触到更多重大项目、重大展览、重大活动。

国际视野和国际化不是一句空话，我们很强调师生，特别是青年教师培养国际视野、国际化意识，提倡青年教师多参加国际学术交流活动及其国家重大项目的设计工作，从而开拓自身的国际视野和加深国际化意识，同时提高驾驭重大设计项目的能力和实力。

《设计》：如何让学生将基础理论与实践技能相结合，达到知行合一、学以致用？

刘元风：其实兄弟高校在这方面都一样，很重视基础理论与实践技能的结合。因为服装学科属于实用性学科，其理论与实践的结合更加紧密。记得王受之先生来北服做学术讲座就提到，艺术设计学科有理论，但不完全是纯理论。在学生的课程体系中有基础理论课，如设计史、服装史、服装学概论、服装设计方法论等，这些多为公共课。但是真正从事一项设计的时候，如设计运动装，那么还要请运动装方面的专家、设计师、工艺师针对设计进行深入的、有针对性的讲授，对学生的设计更加有指导作用。

基础理论和设计实践的结合不是泛泛的，针对性越强越好。比如针对 APEC 会议国家领导人服装设计项目，团队成员又补了很多课，如外交礼仪、外交政策、民族礼仪、民族图案课等，仅靠原有的知识储备是远远不够的。又如我们成立的敦煌服饰文化研究暨创新设计中心，中心成员在做所有的项目时，都要认真地补充一些自身欠缺的相关知识，包括多次深入敦煌去进行实际调研。现在很多项目层次都很高,即使有一定的经验,也都远远不够,仍会面临极大的挑战。特别是国家级的重大项目,如冬奥会的项目等。虽说2008年北京奥运会,我们积累了一些经验,但面临高寒地区不利的环境,服装的科技性、功能性及审美性等都面临新的挑战。

所以,对于设计教学和设计研究来说,随时面临新的问题,需要我们不断地去探索和解决新的问题。另外,要善于将科研成果转化和融入教学,使科研与教学互补互动。例如,2014年完成APEC会议国家领导人服装设计项目后,我们随即成立了新中装研究中心,并将项目整个设计的成果、过程、方法等都转化到教学当中,成立了民族服饰实验班,传统结合当代时尚,把传统的元素转化为现代新的设计。这些新的成果和体验是书本上没有的,是鲜活的,学生会感兴趣,学习的效果也会更好、更受益。

我在中国服装设计师协会任兼职副主席多年,对各个高校的服装教学情况比较熟悉,这些问题都是共通的,教学中如果没有新思维、新理念、新知识的融入,学生就不容易认真听讲。因为相关的书籍学生都翻过,网上的东西也都看过,甚至比老师看得还多。所以,设计教学对老师也是一个很大的挑战。因此,力争让老师去多做项目,如社科类的、艺术基金类的,通过项目促使自己更努力地研究和探索新的知识,拓展理论研究和实践能力,更好地提升教学水平。

《设计》:科学技术在设计学科中越来越重要,学校的科研任务的比重是不是也增大了?

刘元风:的确是,科研比重逐渐增大。但北服原本是工科类院校,具有工科类和艺术设计相融合的特色,在做项目的时候有自身的优势。

比如承接新产品研发项目,我们可以从项目的源头开始。因为如果只从设计层面切入,没有一些科技内核作为支撑的话,一旦推向市场,马上就会遭到模仿。我们一般是从纤维开始研究,根据项目的需要,推出新的纤维构成、新的织纹组织、新的色彩体系、新的产品设计及其工艺技术等,这样的项目才有它真正的创新价值。比如我们做的 APEC 项目,看似简单的衣服,面料借鉴宋锦的外观,通过丝和羊毛加黏胶进行混纺的新科技手段,克服了宋锦丝织物垂感不够的缺点,具有丝和羊毛的双重优点;同时,剪裁上采用中西结合的方式,色彩上与国际流行色相对接,图案上与当代审美相统一,确保了服装的新造型和新风格。

由此可见,民族文化与现代时尚的结合,是与科技和艺术结合一脉相承的。同时,要注重传统元素一定要有当代演绎的可能性,才可以不断地尝试与现代的新的产品设计与市场的有机结合。

作为高校办学来讲,我们一直提倡既要有最前沿的学术研究高地,也要有最古老、最传统的作为学术基础。北服有一个全国十佳特色的民族服饰博物馆,成立已经有 30 多年了,是我们的教学和研究的基地。我们的教学和项目研发,很多时候到博物馆里就能找到答案和解决问题,可以去体验各种各样的刺绣、图案、蜡染,更可以去测绘和考证各民族服装中深层次的东西。所以,高校的教学和研究中,最传统和最前沿的两极都要具备,两极相对,民族的和国际的都自然会搭界,不知道在哪个项目、哪个课题中就"偶遇"了。我们的很多老师、学生一旦遇到问题,或者要做某个相关项目、课题的研究,首先想到的就是博物馆,在博物馆里找源头、找答案,去剖析、去考据。

《设计》:在教学中您重视培养的学生哪些技能呢?

刘元风:我是中央工艺美院教育体系培养出来的,所以很重视基本功。基本功包括多方面:相关史论的基础、手的表达能力、写作能力、语言表达能力等,当然,这些能力是贯穿于课程学习之中的。比如设计课,

上一 / 2014 年 APEC 会议男领导人服装——故宫红
上二 / 2014 年 APEC 会议男领导人服装——金棕色
上三 / 2014 年 APEC 会议男领导人服装——孔雀蓝
上四 / 2014 年 APEC 会议女领导人服装
下 / 2014 年 APEC 会议领导人配偶服装

需要有设计理论、设计构想、快速的表达能力、设计过程中的理性思考能力，第一步和第二步是什么关系，第二步和第三步是什么关系，整个设计过程要通过理性思考串起来。设计完成之后，理论上有哪些新的提升？设计构想能否达到和强化你的设计成果？这些都要通过评价加以总结和提升。一些艺术类专业的学生经常顾头不顾尾或者虎头蛇尾，开始想得挺好，做到一定程度就做不下去了，其实就是理性思考能力不足的表现。所以，我在指导研究生的过程当中，比较注重整体的、逻辑的、连贯的思考能力。

当然，智商和情商并举，特别是智力因素和非智力因素，比如接人待物、做人做事的方式方法也很重要，甚至直接影响一个人未来事业的发展。

《设计》：如何让师资队伍和教学体系跟上信息化时代的转型？

刘元风：信息化转型不是一句空话。特别是人工智能、大数据的趋势，倒逼我们的知识结构要不断跟进。人工智能对于传统知识结构、传统的教学和研究的方式方法是一个很大的挑战，需要我们的知识基础、知识结构不断深化，需要我们不断跟进、不断学习，参与这方面的论坛、学术活动，做相关的项目，通过理论、实践、意识等方方面面进行拓展和提升。人工智能对我也同样是一个新的课题，是在学习的过程当中，不断探讨人工智能在当代服装设计、当代服装审美、当代服装需求、服装市场当中如何来对应。

《设计》：您如何看待设计与艺术的关系？

刘元风：设计源于艺术的沃土，与生活、生产方式相结合。艺术更侧重于精神、审美层面，设计则是在此基础上侧重于应用性、功能性等，同时涉及材料、加工制作及消费市场等因素。作为设计师来讲，首先要经过综合性的艺术训练，具备一定的艺术素养，更重要的是要有宽广的审美视野和艺术情怀，同时，立足当代社会文化和现实生活方式，从而才能设计出既有艺术高度又有实用价值、既满足社会需求又引领社会发展的创新产品，以满足人们对美好生活的向往和憧憬。

《设计》：在服装设计中如何将国际性与民族性进行融合？

刘元风：文化是多元化和多样性的，需要不断交流、互相借鉴、取长补短，只有这样文化才具有无限的生命力。2008年北京奥运会的服装设计就是民族性与国际相结合的产物。其核心图形是古体的"京"字，"祥云"是辅助图形，但是"祥云"动感、飘逸的特征特别符合奥运会的内在需求，所以，火炬设计、招贴设计、服装设计等都运用了"祥云"图案。奥运会是国际性和民族性结合的最佳契机，通过奥运会可以更好地传播我们的民族文化。

我们的敦煌服饰文化研究与创新设计项目也是如此，是将敦煌服饰中的经典造型、经典色彩、经典纹样等，与现代时尚流行、大众审美、社会需求有机地结合起来，进一步强化当代服饰文化中的民族文化内涵，增进民族服饰文化的自信和自强。因为我们看到，缺乏民族文化精神的服饰设计及其品牌在国际舞台上是没有生命力的。我们需要努力的是在传承和推广敦煌服饰文化的同时，探索和构建新时代服饰创新设计的典型范式，以及教学、科研和服务社会的平台。

《设计》：全球性的新冠肺炎疫情对艺术设计行业的发展产生了怎样的影响？

刘元风：冲击比较大。特别是服装领域，越高档的服装受到的冲击越大，因为人们大部分时间都待在家里；相反地，家居服和运动休闲类服装基本上没有受到影响。对高校来讲，影响主要体现在授课方式由面对面改为网下网上相结合的指导方式。这也锻炼了学生主动学习、自我管理和

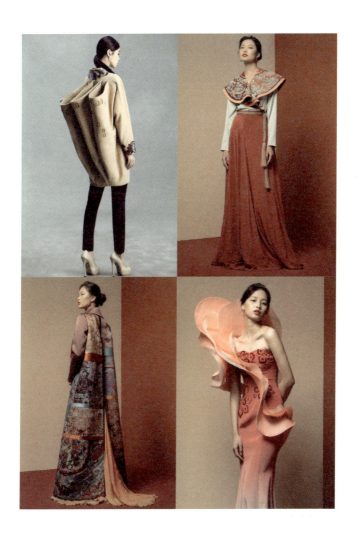

敦煌服饰创新设计作品

自我约束的能力；对老师来讲，网络教学能力需要进一步提升。任何事物都有利有弊，这些都是疫情带来的新问题，需要我们想办法去面对、去解决。

《设计》：请您谈谈对年轻学子和设计师的寄语和建议。

刘元风：希望他们具备扎实的专业基础，包括理论基础和设计基础（笔头上的、手头上的）；另外，希望他们不断地拓展国际视野，善于从民族文化当中汲取适合当代生活方式和审美的元素，使民族文化中的精华元素和当代需求相结合，民族性和国际性有机融合；还希望他们的智商和情商并驾齐驱，因为学生将来工作是要身处某一个环境当中，是在某一个团队当中，情商本身是面对新的合作伙伴予以适应的能力，与团队共事，相互学习、相互交流、相互理解、相互包容，这对他们成就事业非常重要；同时要培养对本职工作的热情，遇到困难不要退缩，要耐挫折、耐打击、坚忍不拔、锲而不舍。

《设计》：请您分享一个目前关注的行业话题或正在从事的项目。

刘元风：我很关注运动装行业的发展，更具体来说是利于人们健康发展的运动服饰的发展，或称为运动与康健服装。因为人们越来越意识到健康、运动的重要性，不管身处哪个行业和领域，都需要有健康的身体，而运动是健康的保障，因此带动了运动与康健服装的发展。这类服装对设计的功能性、审美性、技术性、科学性的要求越来越高。希望运动与康健服装能够更多地关注人们生活方式的变化和走向，在满足人们需求的同时，引领新生活方式和社会发展。

目前我们主要做的项目是新中式服装的研发，使民族化和国际化很好地结合起来，使我们的民族服饰文化与国际服饰文化有更多的交流，使优秀的传统文化得到更好的传播，同时通过着装引发人们对民族服饰文化的热爱，让新中式服装能够受到社会大众的欢迎。

上左 / 北京服装学院新中装中心研发设计——中山装系列
上右 / 北京服装学院新中装中心研发设计——中式便装系列
下 / 北京服装学院新中装中心研发设计——中式礼服系列

设计艺术的精神性根源在于创造性自由
——吕品田谈"设计与艺术"

THE SPIRITUAL ORIGIN OF DESIGN ART LIES IN CREATIVE FREEDOM
——LV PINTIAN ON "DESIGN AND ART"

吕品田

中国艺术研究院研究员、博士生导师,中国美术学院特聘教授
(采访整理:谭静 山西财经大学新闻与艺术学院)

吕品田,中国艺术研究院原常务副院长兼研究生院院长、教授、博士生导师,全国文化名家暨"四个一批"人才,国务院学位委员会委员,国务院学位委员会学科评议组成员,全国艺术专业学位研究生教育指导委员会委员,中国美术家协会理事及理论委员会副主任,中国工艺美术学会副理事长及民间工艺美术专业委员会主任,中国非物质文化遗产保护协会常务理事。

"艺术在设计之中,设计也在艺术之中,两者不是并置或对立的关系,而是叠合统一的。设计和艺术的关系不是产品+绘画或产品+雕塑的拼凑,而是有机统一的。"吕品田教授认为,一项设计只有既适应又超越种种限定性,才会以特定的形态面貌呈现出特别的创造性自由。这种东西才是符合设计本质的美感,才称为一种设计艺术。在各种严苛的条件之下,设计师用切合人工智能技术的特定形态来解决人们的需要问题,这样的预先规划才是美的、富有艺术性的。那种毫不考虑技术因素和工作条件的拼贴式"艺术设计",最终不仅牺牲了产品的实用价值,也不可能获得真正属于设计艺术的"设计之美"。

《设计》：在人工智能也可以进行艺术创作的时代，应该着重培养学生的哪些能力以应对未来的变革？

吕品田： 当今世界变化很快，智能技术，特别是强人工智能技术正在进入我们的社会生活。这种生产力的变革是一个非常重大的改变，人工智能深入一般现代技术不可能深入的领域。原先人们一直认为精神生产是不可能被机器替代的人类劳动，现在看来这个理念已经受到了威胁和挑战。我们知道，人工智能已经可以进行艺术创作，包括绘画、雕塑、设计，还能够作诗、作曲，进行各种表演，这对人类来说影响十分巨大。按人工智能的这种发展趋势，不远的将来，艺术作为社会分工的一种职业，艺术家作为专门从事图像、音响或影像生产的职业身份，有可能面临终结的命运。这是一个严峻的挑战。

设计师作为把握技术取向或技术呈现的主体，在生产力变革过程中具有举足轻重的地位，其素质关系着人们的生存状态和生活质量。因此，致力于设计实践的学子需要培养多方面的能力来应对未来的挑战。正在发生的这场革命是一场非常深刻的革命，它将彻底改变人们的生存环境和生活方式，甚至会修正或重新定义人的生存状态或属性。原先储备的很多知识显然是不够的，我们需要为未来做很多准备。

学生们一定要提高对这场革命性变革的认识能力，要很好地了解人工智能技术及其前沿发展状态，了解这场正在发生的技术革命的本质，了解当今世界有可能被新技术所改变的诸多前景性的东西。这种认识能力能够令人加深理解技术和艺术的关系，否则，将来的设计师有可能被人工智能技术阻隔在外，毫无用武之地。

要培养学生的创造性思维。在智能技术飞速发展的大背景下，我们需要对发展趋势和未来状态形成一种预判、预估，并在此基础上发挥想象力，做出前瞻性的应对。人类未来的生存环境，包括起居空间和日常生活器用都会发生重大改变。例如，随着无人驾驶技术的发展和汽车驾驶状态的改变，原先围绕人工驾驶方式来构造的汽车空间形态也将随之改变。对于家庭生活而言，"万物互联"技术不仅会将居室环境中的一切都与起居者内在地联系起来，以至空间和物品因为即时即地的信息交流而流动，使之由原来的静止、凝固状态转变为取决于起居者身体状态或心理意向的交互运动状态；而且，还会使家庭空间和居家生活因为联通广宇的信息交流而高度"社会化"。对于这些可能性，都需要我们发挥创造性思维，以创造性的想象去做前瞻的预估和把握。

还有实践能力的培养。设计师的任务不是纸上论兵，而是要直面具体的现实问题并提出解决方案。作为未来的设计师，学生要特别注重实践，要有为解决实际问题找到妥帖务实方案的能力。这种能力在日后会显得特别重要。当前的一些人工智能技术已经比较发达，很多设计课题可以借助计算机运算来搞定方案，以至部分地代替设计人力，尤其指向一般性的理论方案。但是，将来的社会需要会促使人工智能更多地处理特殊性问题，需要它更多地直面一个个具体的、个性鲜明的人，也需要设计师更加充分、细腻地将人的自我体验以及切身的体验感转化为相适应的智能形态。我觉得随着制造领域自动化、智能化程度的不断提高，产品设计也会更大限度地强调人的感受，会更加周全、更加深入地考虑个性化的个人体验感。以后的设计成本会大幅度降低，设计便捷性会大幅度提高，然而如何更好地适应人的个性化需求和多样性感受，则会有更多的工作要做。因此，把人的需要转换为设计上更加具体、更有针对性的技术方案的践行能力，是将来设计师特别需要加强的方面。面向人工智能时代，需要积极加强在这方面对学生的培养和训练。

最为重要的是人文情怀的培养。设计师既要切合技术，更要体贴人情、人性，也即人被自身历史所造就的社会性。将来设计师最重要的使命不是"炫技",而是通过应用、把握和驾驭技术,赋予技术以人文取向,让技术能够真正支持人性化的生活,而非一味纵容张扬生物自然性或任由技术所裹挟的"非人"的生活。人工智能的发展存在"技术失控"的可能,缺乏人文情怀的设计便可能为危险的取向推波助澜。

《设计》:您认为青年学生和设计师应该如何在设计艺术的实践中提升自己?

吕品田:我们的青年学子和设计师应该积极参与生产生活实践,在实践中发现和解决可以诉诸设计的具体问题。原先我们更多地强调概念设计,当然概念设计训练对于创造性思维培养是有必要的。但是,如果没有直面现实、针对具体问题的应用设计实践基础,所谓的创造性思维培养根本就是空谈,是空中楼阁、自欺欺人。只有本着具体而明确的实践目标,人们才会系统地触及设计领域的真实问题,并因此形成属于设计学的思维方式。比如说材料,只有针对一个实际目标明确的设计课题,设计者对选择什么材料、如何获取这种材料、这种材料的理化指标、运用这种材料的生产成本以及成品的安全性、适用性等问题的考虑才能切实而具体,也才对设计能力的培养和提高真正有帮助。设计和纯艺术创作不太一样,后者所涉及的问题相对单纯,画家往往只需考虑画面的组织、构造,塑造好艺术形象。设计则与社会化大生产紧密相连,与现代产业关系密切,它需要方方面面的支持,也需要介入产业体系,以至牵涉很多需要考虑的具体问题,只有在实操中、在命题性的设计实践中才能得到真正的锻炼。因此,高校的教学训练应当积极鼓励学生亲身参加社会实践。

前不久我到瑞士的几所设计学院考察,他们都很重视教学上的实操训练,学生多与厂家直接对接,根据实际需要去完成具体的设计,不是概念化的营构,针对性很强,手上功夫和实践能力都很强。我们的设计教学不能局限于概念设计、模拟设计,而要从书斋式的课堂走出来,直面生活现实和产业领域的真实问题。现在提倡产、学、研相结合,这对培养和提高设计从业者的全面能力，比如发现问题的能力、把握现实需要的能力、社会交往能力、协调各部门关系的能力以及动手实操的能力都有好处。

总之，要为真实的世界而设计。

《设计》：您如何看待设计与艺术的关系？

吕品田：艺术在设计之中，设计也在艺术之中，两者不是并置或对立的关系，而是叠合统一的。设计是为满足人的需要而进行的有关物质产品功能和形态的预先规划。一项设计不仅要考虑产品的适用性、安全性以及制造过程的合理性、经济性等问题，还要符合形式美法则，切合美的规律。这是设计的艺术内涵。好的设计不仅具有适用性，而且富于艺术性，因为形式美本就源于人类追求实用的功利实践，是符合目的性的体现。人的需要是丰富的，即便对于日常生活用品，其需要也不局限于物质功用的满足，而总是要将自己的思想情感寄托其中。好的产品设计也总是体现人的审美情怀，通过一定的造型和装饰表现某种超越"技术理性"的自由精神，赋予产品以审美意味。比如当代的"人性化设计"，每每以圆润亲和、活泼生动的仿生形态，削弱或改变工业产品界面冷冰冰的机械感。这种设计意匠显示了对人精神方面的关怀，予以产品体现审美情怀的艺术处理。

设计和艺术的关系不是产品+绘画或产品+雕塑的拼凑，而是有机统一的。生硬地给产品贴"艺术"标签的行为，并非艺术设计，也成就不了设计艺术。对设计和艺术关系的这种理解，是非常表面、有害的。随着人工智能制造和智能化产品的日益普及，人们会对设计规划提出更多的精神投注要求。但满足这种要求的设计依然要切合人工智能技术的特点和规律，应该让人的审美意趣从智能化产品的结构或机能中逻辑地生发出来，避免简单化贴标签的"艺术处理"。在设计领域里，审美价值的表达有更强的限定性，不像画家作画有相对的自由。关联工艺技术和生产制造过程的艺术设计，可谓"戴着镣铐跳舞"或在T形台上的表演。一项设计只有既适应又超越种种限定性，才会以特定的形态面貌呈现出特别的创造性自由。这种东西才是符合设计本质的美感，才称为一种设计艺术。在各种严苛的条件之下，设计师用切合人工智能技术的特定形态来解决人们的需要问题，这样的预先规划才是美的、富有艺术性的。那种毫不考虑技术因素和工作条件的拼贴式"艺术设计"，最终不仅牺牲产品的实用价值，也不可能获得真正属于设计艺术的"设计之美"。

设计的艺术不是外在的装饰，而是一种精神性注入。但必须强调，这种意义上的"精神性注入"不是"观念先行"的概念化处理。设计艺术的精神性根源在于凭借设计师的匠心规划，一件产品以特定的设计形式巧妙地克服了诸多局限，充分地展现出它切合人的物质和精神需要的针对性，呈现出一种驾驭物质、超越有限的创造性自由。我们说设计艺术的审美底蕴，就在于人的这种创造力的充分呈现，或者说人的自由本质的体现。因此，工业设计产品可以了无装饰，但依然透射出强烈的精神性。

《设计》：您如何看待中华传统手工艺的当代价值？

吕品田： 中华传统手工艺历久而弥新，价值日益凸显。作为我们的祖先和工匠们一代一代传承下来的文化财富，传统手工艺在长期的实践过程中积累了大量的智慧和经验，体现了中国人对世界的思想认识和审美理念。从技术哲学角度来讲，中华传统手工艺蕴含着和谐处理人和世界关系的生态思想和技艺经验，这些思想经验在强调可持续发展和生态文明建设的今天，可谓弥足珍贵。

传统手工艺以传统的方式活态传承着技能、技巧、技法等历史经验，显示了人类在驾驭自然材料、满足自身需要方面所达到的历史高度，是可资当代技术发展和文化艺术创造的丰厚滋养，也是矗立在我们前行道路上的一个个闪光的路标。今天，我们可以根据这些凝结着历史经验的路标来判断我们行进的方位，并以之衡量当代创造的推进状态和工艺水准；积累深厚的传统手工艺本身也可以通过创造性转化和创新性发展而获得新的生机。

伴随人工智能时代的到来，人类正在经历深刻的革命性变化，"万物互联"所带来的新的生活方式和强人工智能对人类劳动日益深广的替代，使"手工"有了一种新的未来学意义。这种新的未来学意义将直指人的生存本身。在不远的将来，由于物质价值和经济价值追求可以更多地诉诸人工智能制造，人们对待手工艺将不再重视其所造就的物质价值，更不会特别在意其经济价值。将来人类会从必要劳动中更大程度地解放出来，从而拥有更多闲暇时间去从事自由的创造或自由的劳动，正如马克思所描述的未来共产主义的图景色彩。想来，将来的手工艺会更多地与人的人性化生存要求紧密关联。按照马克思主义的观点，实践是人的存在方式，人是一种实践性的存在，人性是被人自身的劳动实践所规定的。如果人类的劳动被人工智能所取代、所剥夺，人的存在方式和人性的实践性也将被改变。这是人的一种异化，被现代技术所异化。要抗拒这种异化，人们就需要重新去劳动，需要靠手工劳动来表证自我，实现自己人性的实践性存在。这种需要在未来会日益强烈，手工劳动也会变得越来越重要，会成为人们的第一需要。手工艺的价值将得以升华，从而超越当今基于社会分工和市场交换的生计之道或经济活动，以至在更高层面上与人的人格化生存这样一个终极性问题关联在一起。随着人工智能技术的飞速发展和生产生活智能化水平的大幅提高，手工问题或将成为人类不得不重视的社会实践问题，手工劳动，尤其手工艺实践或将成为未来人类表达人性自我、确认自身人格的一种必要实践。

《设计》：您在著作《动手有功——文化哲学视野中的手工劳动》中曾详细论述了手工劳动对人类文明发展的重要意义，洞察了现代文明因取代或摧毁"手工"而出现的一系列问题。现在很多的年轻学生和设计师不再重视手上的技艺，您认为手工在整个设计实践中起到了怎样的作用？

吕品田：现代工具很发达，现在学生学设计、设计师做设计时有很多非常便捷有力的工具，特别像计算机、软件这类信息技术工具。应该说，工具发达本身是好事，是文明进步的体现，我们不必跟好工具过不去。但是，再好的工具最终也要靠人来驾驭，最终要体现人的意志、表达人的意向。基于信息技术的现代工具帮助我们省去了很多费力费神的操作环节，但是在表达人的意向方面，很多问题依然与人的素质，特别是审美素质相关联。比如，尽管计算机可以提供无比多的色彩方案，但是，最终还是需要由设计者来做出选择。面对无数可能性所做出的这种选择，其背后所反映的正是一个人对世界的认知和判断，并根本地体现为一定的材料、色彩、造型与主体人的体验性关系。倘若离开了切身体验，我们的选择就会失去感性的人性依据，无法反映和呈现人的活生生的生动状态。由此形成的设计方案，也就难免流于概念和冷峻，缺乏体现生命个性的温馨、微妙和生机活泼感，缺乏人性深度的展现。从这种意义上讲，"动手"是教学培养、能力训练和工作过程中不应该忽略的重要基础。因为只有动手，只有通过"工具在手""功力在身"的直接操作，才能深度地接触材料，在与材料的对话、交流中领会物化流迹的形式意味，获得对形式感和美感的深刻认知。这种认知不是书本里平面化、概念化的东西，而是切身体验性的东西。

从结果来说，设计的产品最后要与人形成一种切身体验的关系。要让设计的产品可亲，让它对使用者具有亲近性，就需要设计师首先对自己的设计方案具有亲切感，因此不能忽略这种设计感知的手工建构。手工实践一方面会增进设计师对材料特性、工艺性能等全部制造信息的了解，另一方面也会增进设计师将一般原理和理性认识转化为感性化、生活化形式的处理能力。只有沉浸于生活，用自己的双手去触摸真实的世界，设计师才能够真正进入生活语境，包括其所关联的丰富复杂的人文历史因素。开展设计工作时，一个设计师有没有这种切身体验，其选择、判断或处理的结果会大为不同。现在不少人认为，工具就是工具，有了计算机，就大可不必再劳费手工了。其实不然，如果一种工具不能够充分"在手"或者实质处于"脱手"状态，那么人和世界的关系就存在"断点"，就不够紧密、不够连贯、不够切身。计算机就是这样一种并非完全"在手"的工具，它所造就的东西和人是有距离的，对现实世界来说是虚拟的。我常说"动手有功"，就是说，只有像手工劳动那样，把工具握在自己手里，才能够获得切身体验，并且只有预先有着一种切身体验，才能将这种体验性重新注入自己的产品设计当中。在大工业生产体系，尽管设计师是一种"远距离"作业，是在"工具脱手""功力脱身"的情形下进行的，但其工作目标是要弥合分工中的裂隙，是要凭借内化于心的整体感去做统合性的工作。如果设计师自身缺乏统合性体验，又怎么能够把裂分、零散的一切很好地统合在一起呢？所以，年轻学子若是志在切实担当设计使命，就应该特别重视并主动加强手工训练。这既是培养设计能力的必修课，也是寻求切身体验、修养设计素质的必由之路。

《设计》： 传统工艺与现代设计如何实现融合与创新？

吕品田： 在我看来，两者原本就是融合的，不存在有待融合的问题。就劳作实践而言，基于手工生产方式的传统工艺是脑体、心手高度统一的劳动状态，本身包含着设计。设计作为以观念形态预先规划劳动成果的一种劳作活动或劳动环节，不仅存在于且伴随手工劳作的全过程，无法将其从手工劳作的有机结构中剥离出来。非工业化的传统工艺生产既需意匠构思又要行工操作，设计和制作是包含在劳作活动内部的无法割裂的有机整体，手工创作过程的每个环节都含有或贯穿着意匠构思的脑力劳动。眼下人们所推崇的"设计"，是一个特定的概念，所指为工业生产的一项重要分工或必要工作环节。众所周知，工业生产作为社会化大生产是高度分工的，原先手工劳作所统一的脑体、心手在这种生产方式中裂分为两种基本角色：从事脑力劳动的设计师和从事体力劳动的产业工人。身处工业流水线上游或社会化大生产顶层的设计师，其职守是要通过预先的规划或意匠构思，重新整合被社会分工所离析的劳动环节和生产要素，使得以生活需要或消费要求为内在统一性的劳动产出，能够在工业生产过程中始终保持或贯彻这种统一性。分工的现实使得现代生产特别需要一种预先的规划，即"设计"，以期将裂分的各个环节和要素结合为一个朝着制造目标协调推进的劳动整体，起到一种内在的整合组织作用。从这种意义上讲，现代设计界之所以总在要求融合传统工艺，说明手工劳作有一些极其宝贵的东西是工业设计所需要的。

对传统工艺而言，它其实不需要一种从外部介入的所谓"现代设计"，不然会造成传统工艺有机整体的撕裂，以致扭曲或破坏其生态结构。至于创新，这一直是传统工艺能够不断传承发展的生机活力所在。作为生产力，它必须使自己的产出适应不断变化的时代需要。但这种与时俱进的作为，仅靠"现代设计"的外部介入而非手艺人基于生活体验的"自主设计"，是不可能实现的。

对现代设计而言，倒是存在值得考虑的"融合与创新"问题。今天的现代设计应该考虑如何去汲取、利用传统工艺的生态技术思想和实践经验。从材料角度来看，现代设计是否可以把传统工艺所运用的一些材料、技艺引入现代产业链，一方面尽量削弱工业制造的反自然性，增进其生态性和可持续性，另一方面通过传统材料和技艺的运用，增强产品的个性、亲和性及惠民性。是否可以通过设计规划而在工业流水线上植入一些手工艺环节，譬如在汽车、家用电器等工业产品的局部采用手工打造的部件。这一方面可以延长、扩充产业链，给乡村农民或社会闲散劳动力创造就业机会，使他们可凭借手艺融入现代产业体系，分享现代技术发展所带来的红利，包括劳动者的尊严。从美学角度来看，手工的介入可使工业产品形态变得更加多样。手工技艺的本质特点是差异性，通过手工劳作将这种差异性注入产品，可以改变工业产品的千篇一律，使之富有个性和人情味，提高产品的文化附加值。这种实践在现实中已经有所展开。

针对大工业生产的现代设计力量，日后会大规模地转移到手工艺领域中。人工智能有可能在不远的将来取代一般的设计工作，交互性的加强会使人工智能设计更能适应针对个体需要的分化设计趋势，以至作为职业角色的设计师将会逐渐退出历史舞台。设计实践将随人类回归手工劳动的历史性转向而重回其与制作实践交融一体的状态。届时，人们将脑体不分、心手合一地进行手工劳作，凭借驾驭材料和技艺的自主自发的创作，为自我的人格化存在而"设计－制作"。这是现代设计和传统工艺的终极性融合，它意味着前者从面向大众需要向自我实现需要目标的转向，可谓一种革命性的回归。当然，在此之前，现代设计还会伴随人工智能化的工业制造走过很长的一段路程。

跨界与再设计是社会转型期的现实需求
——李英杰谈"设计与艺术"
CROSS-BORDER AND REDESIGN
ARE THE REAL NEEDS OF SOCIAL TRANSITION
——LI YINGJIE ON "DESIGN AND ART"

李英杰
《设计》杂志社社长

  李英杰,《设计》杂志社社长,奥加美术馆总裁,清华大学美术学院客座教授,北京英杰硬石艺术博物馆馆长,北京奥加美术馆酒店董事长,原解放军某部副总工程师,原中国工业设计协会副理事长。

  "设计与艺术的关系确实微妙,设计必须理性,偏重于物质,艺术必须感性,偏重于精神。"李英杰社长认为,以"设计"为职业的社会环境就是"设计界",最简单的定义就是一种"有目的、目标的创造行为",把想法变成现实;以艺术为职业的社会环境就是"艺术界",最简单的定义就是一种"以感性为主的创造行为",把不确定变为确定。他想告诉年轻人,什么样的设计和艺术才能成为生产力:第一要契合潮流;第二要有使用价值的创意。如果能够从传统文化中汲取营养,很可能形成极大的生产力。

《设计》：您在设计与艺术界跨界多年，您如何看待设计与艺术的关系？

李英杰：设计和艺术的种类繁多，不断变化，很难说清楚。设计是一切设计门类的总称，艺术是一切艺术门类的总称。根据艺术分类的美学原则，艺术可以分为四大类，即造型艺术、表演艺术、综合艺术和语言艺术；设计行业主要分为工业设计、机械设计、环境设计、建筑设计、室内设计、服装设计、网站设计、平面设计、影视动画设计等几个大类。

无论是管理层面还是教育层面，最终的需求层面都是划分得非常细微的。社会的需求是无止境的，更是理性的，在不同的文化背景和社会阶段下，一切都是变化的，无论是设计师，还是艺术家，都必须顺应这种变化，这不仅是社会的需求，也是自身的生存法则，但是，很多设计师和艺术家对此的认识很不充分。

设计与艺术在人类的历史发展中一直是一种不可分割的综合形式，它们一直伴随着人类的社会文明与进步。设计与艺术是相通的，究竟是设计影响艺术，还是艺术决定设计，争论了多年，终无定论。现实的情况是你中有我、我中有你，设计在艺术之中，艺术也在设计之中，两者并不是对立和并置的关系，而是相互兼容的有机统一。"美"是设计师和艺术家在实践中共同追求的要素。设计师是为人类创造美好的生活，把实用性和艺术性统一在作品中；设计师的美感需要面对用户和大众，只有被人接受才能有价值，否则不具备价值。艺术家是为人类带来精神的满足和记忆，可以是独特的、个性的，可以不考虑别人的评论而独立存在，也可以不被人接受或者只有少数人接受，都同样具备价值。

不同的设计门类体现着各自不同的艺术特点、不同的美感。洞察现代设计发生和发展的历史背景，艺术的变革以一种激进的方式影响了许多设计领域，艺术的发展与设计的发展并行不悖，二者都在追求一种能够体现时代精神实质的理想形式。21世纪初，艺术的抽象形式，尤其是几何形式直接影响了设计的现代化,而设计的探索又同时影响了艺术形式,二者的合力诞生了机器美学。包豪斯是艺术推动设计的典型代表,艺术与设计结合的形式开创了艺术推动设计的新时代。艺术家参与设计研究,投入设计实践,推动设计进步。

我认为对设计师的要求确实需要兼有艺术家的特征,但又不能像艺术家那样"单纯"。设计师不光要拿出一套形式上完美的解决方案,还必须考虑形式所提供的功能是否符合实际需要。不同的设计要求的形式特征是不同的,有时甚至是相互抵触的。我认为"设计师应该具备工程学和艺术学的双重背景,并有汲取百家之长的能力"。我们也必须清醒地看到当今时代,设计与艺术的结合已经成为趋势。所以,我们不能孤立地强调功能主义,而忽略艺术对产品本身的影响,同时也不能过分为表现艺术而忽略功能性,艺术与设计必须完美地结合,才能创造更大的经济价值和社会价值。

我非常怀念我的母校中央工艺美术学院,现在叫清华大学美术学院,她启蒙了我的艺术设计之路。现在叫"工艺美院"的学校越来越少,而叫"美术学院""艺术学院""设计学院"的越来越多,但我一直认为还是叫"工艺美术学院"接地气,更实用一些。

设计与艺术的关系确实微妙,设计必须理性,偏重于物质,艺术必须感性,偏重于精神。很多朋友都说我们设计界如何如何,我问他们:设计和艺术如何设界?没有人回答。我认为以"设计"为职业的社会环境就是"设计界",最简单的定义就是一种"有目的、目标的创造行为"把想法变成现实;以艺术为职业的社会环境就是"艺术界",最简单的定义就是一种"以感性为主的创造行为",把不确定变为确定。设计界和艺术界本身里面还有很多人为的"界",一言难尽。

设计在当代中国已经成为一种新型发展职业,可喜可贺。我们可以从教育领域看出,设计类学科是近年来发展最快的学科,近十年来的设计类毕业生逐年增加。

伴随着社会的进步与发展,设计越来越受到广泛的关注与重视,无论是国家层面、企业层面还是社会的多方面,设计的概念都深入其中。设计与艺术结合的新名片和跨界产物"创意产业"正在成为朝阳产业,受到政府和人民的瞩目;设计正在不断地升华人们的生活,提升着人们的物质财富和精神财富。

《设计》:您在多年的设计实践中,为什么提倡跨界和再设计?

李英杰:设计行业的飞速发展已经成为人们有目共睹的事实,"创意"一词更是风靡全球,创意设计正在占领着设计的主流地位。在所有的设计都在追求"创意"的年代,"设计"的概念却在逐渐模糊。在此背景下,21世纪初期行业内提出"跨界设计"和"再设计",虽然提出的时间很短,但受到了高度重视,并引发了行业内部的热烈讨论。

首先谈一下"跨界设计"。"跨界设计"是一种新的设计风格,在理论方面依然没有一套完整的理论依据,学术界也还没有为其准确定义。何为"跨界设计"?通常理解为跨越两种或两种以上的领域或界限,这种设计就被称为"跨界设计"。跨界设计的方法很多:一是经典元素之间的跨界,这种跨界得到的产品更容易为人们接受,让人既怀旧又有新鲜感;二是功能上的跨界,例如手机,几乎是"一机在手、无所不能",可以说改变了人们的生活,这种跨界会越来越多;三是改变尺寸概念的跨界,这种跨界就是要打破传统认知,创造人们新的心理需求,是创造需求的新亮点;四是调侃性质的跨界,这种跨界可能在设计中达到意想不到的效果,因为现代人都有娱乐精神,喜欢生活中乐趣不断,因此这种设计要迎合普遍大众的心理需求。

不管是对设计师还是艺术家来说,跨界都是一个新路线、新趋势,

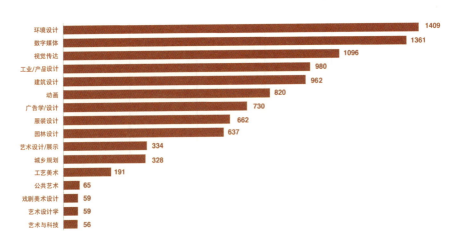

环境设计	1409
数字媒体	1361
视觉传达	1096
工业/产品设计	980
建筑设计	962
动画	820
广告学/设计	730
服装设计	662
园林设计	637
艺术设计/展示	334
城乡规划	328
工艺美术	191
公共艺术	65
戏剧美术设计	59
艺术设计学	59
艺术与科技	56

2019年全国高等院校设置设计学及相关专业总数9749个，总体比2018年增加了1541。其中变动较大的"数字媒体"相关专业（含游戏设计）的数量比2018年增加了531个；"建筑设计"相关专业的数量比2018年增加了360个；"视觉传达设计"与"工业/产品设计"相关专业的数量比2018年各增加了183个。

必将体现其特有的艺术价值与魅力。跨界已经成为新锐、新潮、时尚的表现手段。对于设计师来说,通过跨界来寻求新的方向、寻找一种新的灵感来提升自己也势在必行。跨界设计能打破行业之间的界限,推动创意产业的发展,使得设计元素从多方位发展,从有边界到破边界,从不可能变为可能。这种以经济为导向的跨界设计已经产生了巨大的经济效益,跨界潮流已经势不可当。虽然"跨界设计"目前在我国还很年轻,我们对它的理解也在探索阶段,但我们应该相信,"跨界"是将来设计界新的发展方向,它一定会在中国设计中得到越来越多的发展。

下面谈一下"再设计"。在设计仅被定义为创造价值与财富手段的商业社会里,日本设计师原研哉通过"再设计"展览要求回归原点,探索关于设计的本质和内涵,引起了业界思考。在原研哉看来,"再设计"是对日常生活用品的一次再创造,是让人们重新面对自己身边的日常生活事物,从熟知的日常生活中寻求现代设计的真谛,给日常生活用品赋予新的生命的设计,而把人们熟知的日常生活变得陌生则更加是一种创造。"再设计"传达了一种向自然学习的设计精神,强调设计的人文关怀与生态环保的社会责任,指出绿色可持续发展战略是未来设计的前进道路。作为一种新型设计理念,"再设计"对原来人们熟知的产品进行更新、改革,甚至进行彻底的改造,从某种意义上看,其包含了创意设计,而且是其中不可缺少的必要条件。"再设计"概念的提出,不仅给日本设计师指出了新的方向,也成为中国设计者的一个参考。与其追求华而不实的设计、追求一些遥远而多余的装饰和不知如何是好的功能,倒不如从身边的日常用品中找寻以旧纳新的最适合的设计。"再设计"是设计中的设计,在当下更适合我国国情,更适合老旧产品的改造和利用。"再设计"也是我最感兴趣的课题之一。例如,我们的酒店楼层消防通道,几十年来从未改变过,我利用它的展线通过再设计,把它改造成为艺术

"消防艺廊"再设计前后对比

廊区,取名为"消防艺廊",收到了很好的效果。

"再设计"是站在设计师的角度打破已有的设计定向思维,在原有功能不变的情况下,再次重构、再次赋能,不仅能收到很好的经济效益,还能收到很好的社会效益。"再设计"非常适合今日的设计方向,很值得广大设计师探索与研究。

《设计》:您的艺术作品经常参加国内外展览,您也经常担任策展人。通过自己的作品和所策划的展览,您希望引发公众怎样的思考?

李英杰:搞设计的人总想创新、想折腾。我身边的老同志、老朋友总是问我"你那么多兼职,天天折腾,你不累吗?"我感觉很好呀!我从17岁开始参加工作,开始就是服装设计学徒,在中国人民解放军总后勤部(简称总后)某军工厂技术科实验室学习打板、排版、制作、标准、工艺、材料、德国手摇计算机、放大尺……一切都令我非常新奇、非常兴奋。我的师傅们是过去的技术人员,我把师傅们当父亲,他们把我当孩子。我每天除了睡觉就是学习和工作,从来不感觉累。为了夜里看书不影响别人,我都是去卫生间里看书,所以很受师傅们和领导的喜欢,他们把看家本事都毫无保留地教给了我。当时觉得学到了本事真是幸福,师徒如父子!1972年,我在总后某军工厂技术科担任工艺技术员,同年入党,又被评为全军劳模。1975年,我在某大学既当学员又当教员,其他老师都是军工厂选来的工程师、技术员,他们大多都是国内外名牌大学毕业的,清华大学、中国人民解放军军事工程学院、苏联的大学等,就我一个人是白丁,没有高学历。当时我国没有服装设计专业,我也没有这个机会,但我胆子比较大,1979年居然给国务院总理写了一封建议函,"建议中国早日成立服装院校和服装设计专业"。此函被转到了轻工业部和中央工艺美术学院,记得当时轻工部服装处朱秉臣处长和中央工艺美术学院的白崇礼教授约我谈话,心情难以平静。1980年,中央工艺美术学院成立了服装设计系,我又激动了很久,但大学梦还是与我无缘啊!当时我在军工厂比较红,我为民用设计的一款红蓝二色的儿童夹克衫服装,火遍了中国大江南北,火了好几年,竟然生产了 80 多万件,《解放军报》《人民日报》《工人日报》以"青年设计师"为名报道了我的事迹。记得当时我收到全国各地的邀请信函有 5000 多封,收发室每天都有我的来信,不得不用打印的统一信函给予回复,至今我都感觉对不起全国各地的朋友们。那时候,我到北京图书馆(即现在的中国国家图书馆)寻找外国服装设计的图书资料,复印资料就用去了我几个月的工资。后来八一电影制片厂为我拍了一个名为《自学成才的青年服装设计师》的专题片,在全军放映,我还出席了全军劳模大会。1983 年我被送至军需工业学院学习,1985 年进入中央工艺美术学院学习,毕业后先后担任过副总工程师、代理总工程师、第一副厂长等职务。1989 年我调来北京,担任过厂长、总工、副局长、中国工业设计协会副理事长,现任《设计》杂志社社长、奥加美术馆总裁、北京英杰硬石艺术博物馆馆长、奥加美术馆酒店董事长等职务,一直在跨界设计师—艺术家—管理者—媒体人的多重角色中不停转换。

近年来,我运用"跨界设计"和"再设计"的策展理念,终于完成了奥加美术馆酒店的新赋能——一个集可持续发展的美术馆、博物馆、酒店为一体的作品。我们仍然在学习的路上,很希望大家来交流。近年来我们举办了大大小小几十场展览,我也参加了几十场国内外展览。我的中国硬石艺术展览在国际上引起了很大的轰动和好评,国家派我到意大利、法国、英国、德国、日本、澳大利亚、毛里求斯、马耳他等国家进行展览与交流。

展中国艺术,讲中国故事。文化"走出去",作为现代中国独具特色的艺术作品在国外展出,向外国民众展现一种天人合一的全新艺术形

左 /《设计》创刊第 1 期杂志
右 /《设计》近期部分杂志

式，代表的是一种中华民族文化的情怀。艺术作品富有哲学思想，凝聚着中国艺术家的审美气质和心灵神韵，及其对中国民族文化和当代世界艺术潮流的深刻理解，体现的是中国传统文化与大自然的某种偶然、惊天的巧合。展览"走出去"，是对"一体多元"的中国文化主旋律的生动诠释，有着广泛、深刻的国际性文化意义。

正是因为这种强烈的文化自信，我在策展中也收获了很多。比如在法国展出时，法国国家美术家协会主席米歇尔·金带领几十位画家来参观交流，并邀请我到卢浮宫出席展览活动开幕，让我坐在各国大使和文化参赞的前面，我非常感动。在意大利展出时，意大利史学家乔万尼·费辰达和意大利硬石艺术博物馆馆长给出了相当高的评价，并为我的展览专门写了文章。鉴于我对中意艺术交流的贡献，2018年意大利给我颁发了"荣耀洛伦佐"艺术贡献奖。在毛里求斯展出时，毛里求斯总统法基姆曾在致辞中表示，在毛里求斯很难看到如此特别的展览，传统文化和硬石艺术的有机结合，展示了中国当代文化中的创新精神。艺术的神奇之处就在于能跨越各种差异性。尽管两国文化和传统不同，但并不影响人们欣赏这些来自中国的艺术精品，它们的内涵突破了语言障碍，直达观赏者的心灵。法基姆引用德国文学巨匠歌德的话："唯有自然才是无穷丰富的，唯有自然才能成就伟大的艺术家。"她指出，展出的作品不仅展示的是中国艺术家的天分，通过这些作品，更看到了背后中国文化透露的无穷深意。

《设计》：作为专业媒体《设计》杂志社社长，您对青年艺术家和设计师有哪些寄语？您认为行业媒体在业界应该担负怎样的责任？

李英杰：从"中国制造"走向"中国设计"，已经成为我国的发展主旋律，意味着将从国家层面、社会层面产生对设计、艺术、创意产业的巨大需求。设计与艺术是有使命的，年轻的设计师、艺术家赶上了这个千载难逢的历史机遇,每一位从事设计和艺术的年轻人都要有责任感和使命感,为国家的繁荣昌盛、人民的幸福生活而从事这个职业应该感到非常光荣。

什么样的设计和艺术能够给社会分享,转换成为生产力并创造价值,非常值得深思。后生可畏,我们这一辈70岁左右的设计师和艺术家正在被年轻的一代设计师所取代,但年轻的设计师和艺术家有着与我们不太一样的经历。正如毛主席所说:"世界是你们的,也是我们的,但是归根结底是你们的。"现在信息是海量的、无国界的,年轻人对中国文化、民族文化的解读和我们不完全一样,是可以理解的,也希望你们将中国文化发扬光大。

现在提倡创意产业,好像创意产业是万能的,什么都讲创意产业。理论上创意产业确实是无限的,它不仅是一场经济革命,而且还是一场文化的革命。我们必须告诉年轻人,什么样的设计和艺术才能成为生产力:第一要契合潮流;第二要有使用价值的创意;第三如果能够从传统文化中汲取营养,很可能形成极大的生产力。

青年设计师和艺术家应该积极参加当下的生产生活实践,在实践中发现和理解具体问题。很多年轻人强调概念,当直面现实时却无法实现。我去国外的名校考察,体会最深的就是它们注重培养学生的实操和动手能力,学生解决问题的能力非常强,他们在学校就锻炼了手头功夫和实践能力。但我们的学子在这方面可能还有短板,青年人需要更加努力。

《设计》杂志自1988年创刊以来,已经走过了30多个春秋。自我2007年担任社长后,杂志从月刊发展为半月刊,从专注设计实践到实践与学术兼顾,回顾过往十余春秋,心情久久不能平静。作为设计行业的专业媒体,《设计》杂志本着为设计界所有人士提供服务平台的原则,提倡百花齐放、百家争鸣,提倡大设计的概念,提倡再设计的理念,在院校和社会之间搭建可行的桥梁和快速通道,为所有从事设计的院校、公司、专家、学者、爱好者提供有效的服务。在新的时代背景下，《设计》杂志将站在国家转变发展方式的战略高度，沟通设计界和产业界的迫切需求，展示全球设计精英和设计教育界的新思维和新作品，传播具有导向作用的学术思想和创新模式，以理论指导创意实践，汇聚行业精英思路，促进社会公众设计意识的提升。以国际化视野解析全球经典设计案例与推广中国设计价值，引领行业健康发展，洞察国内本土设计萌生之趋势道路、发展之机遇因果、未来之格局突破，为我国优秀的设计和创意工作者提供创新工作的决策支持，为创新型企业提供有效务实的智慧援助。并将作为中国设计的专业媒体代表之一，参与国际设计交流，扩大中国设计的国际影响。我们希望与各位设计界同仁共图中国设计的新发展，感谢所有支持与关心《设计》杂志的朋友。

《设计》：请您谈谈对设计行业发展的展望。

李英杰：2020年注定是不平凡的一年，突如其来的新冠肺炎疫情加深了这个世界"百年未有之大变局"的复杂性。在"后疫情时代"，各行各业都在进行深刻反思，设计行业在解决社会问题、公共卫生问题等方面的价值也得到了充分肯定，比如对口罩、防护服等防疫用品的产品设计，对疫情防控系统的交互设计，以及应急管理和处置系统的服务设计等，都切中了用户需求痛点，也得到了社会各界的认可。所以，我认为未来设计行业必将面临更大的发展机遇，设计行业从业者需要主动拓展思路、探索新的发展模式和发展战略。当然，行业的发展也面临很多的挑战，需要政府、设计行业专家、学者、企业家、设计师以及设计管理人员的共同努力。

改革开放以来，中国设计在经历了从仿制引进到自主创新再到融入企业乃至国家战略的过程后走向复兴，从自我否定转变为拥有文化自觉和设计自信。今天，设计在我国已经发展为"大设计"，既与我国作为一个大国蓬勃发展而催生的庞大社会需求有关，更是体现了我国设计界的改革探索精神，折射出我国改革开放时代观念转变、实践不止的文化气象。

改革开放 40 多年来，中国设计被赋予了新的发展契机。当下，设计的能量已经渗透到中国社会经济文化、生产生活的各个方面。设计作为驱动力，已经成为科技、文化、产品、服务等领域创新发展的协同要素。今天的设计价值有着更为广阔深刻的含义，它是一种产业价值、一种文化价值，更是一种社会价值。未来如何从"中国制造"向"中国设计"转型，正是依托于中国社会的巨大转型和社会生产方式的转变。中国设计既从经济、技术、市场等方面打开发展的方向，又更加注重在社会文化建设中发挥重要的作用。中国设计师们展现出了非凡的创造力与责任感，他们作为一切创新尝试的主体，作为推动中国设计在 21 世纪走向全球的中坚力量，用多年的不懈奋斗书写着当代中国设计师的"时代精神"，带领着一代又一代的新生力量在设计行业开拓新的空间，为中国设计文化注入新的内涵，为未来设计的发展赋予新的可能。

中国设计，四十而行健，如今已可以更加自信从容地走向更远的未来。今后，我们仍要跟上时代的步伐，携手同行，抓住机遇，迎接挑战，大家还要一起拼搏、一起奋斗！

上 / 北京英杰硬石艺术博物馆
下 / 北京奥加美术馆酒店

以"为人民而设计"为办学方向
——潘鲁生谈"设计与艺术"

"DESIGN FOR THE PEOPLE" AS THE DIRECTION OF RUNNING A SCHOOL
——PAN LUSHENG ON "DESIGN AND ART"

潘鲁生
山东工艺美术学院校长、教授、博士生导师

    潘鲁生,艺术学博士,教授、博士生导师,现任全国政协委员,中国文联副主席,中国民间文艺家协会主席,教育部高等学校设计学教学指导委员会副主任,中国美协工艺美术艺委会主任,山东省文联主席,山东工艺美术学院院长;系中央联系的高级专家、国家"万人计划"哲学社会科学领军人才、中国文化名家暨全国宣传文化系统"四个一批"人才、享受国务院政府特殊津贴专家、"泰山学者"特聘教授。

    在潘鲁生教授看来,设计的根本目的在于改善人们现有的生存状态,服务提升人们的生活质量。"为人民而设计",在于明确为谁设计,设计何为。"为人民而设计"是山东工艺美术学院办学的方向,也使其在发展实践中得到锻炼和提升,不断积聚来自生产生活一线的创意创新灵感和服务国家人民的深沉情感、坚实力量。在教学、科研和创作中倡导"为人民而设计",鼓励民生设计,鼓励以艺术设计传承传播优秀传统文化,切实培养和提升师生的文化使命感和设计责任感,做到有文化情怀,有民生关切,有人文追求,有设计使命。只有这样,所有设计能力的培养才有意义,这是设计教育的责任。

《设计》：请您介绍下山东工艺美术学院的学科专业特色。

潘鲁生：当前，设计已成为经济发展的创新驱动力。如何在经济、社会、文化转型期，培养符合时代发展的设计专门化人才、复合型人才和交叉型人才，提升设计人才的培养质量，是高校艺术设计专业教学改革的重点。特别是2012年"设计学"提升为艺术学门类下一级学科后，全国不同类型的高校持续增设设计学科，专业与课程的"同质化"问题较为突出。因此，提高质量、强化特色是办学发展的重中之重。

作为艺术设计专业院校，山东工艺美术学院一直坚持"以特色求发展"的办学理念，涉及艺术学、文学、工学、管理学4个学科门类、11个一级学科，形成了"以设计学为主导、美术学为基础、艺术学理论及相关学科为支撑、工艺美术为特色"的学科专业布局。作为应用型定位的单科艺术类大学，培养创新型应用设计人才并突出人才培养特色，是我们的发展重点。

就此，我们一方面夯实传统基础学科，另一方面着力推进"新设计学"和"大设计学"建设，结合"新工科、新医科、新农科和新文科"的建设思路和经验，从设计学科融合艺术与科学的特点出发，把握与哲学、社会学、生态学、经济学、管理学、机械工程、材料科学及工程等学科的关系，全面构建新型设计学学科建设体系。在落地实施过程中，做到立足社会需求，结合区位特点，对接产业发展。比如，从校区功能划分着手，学校的济南校区，集人才培养、科学研究、社会服务、文化传承为一体，重点发展设计学类、美术学类、艺术学理论类、建筑类、轻工类、新闻传播学类、工商管理类专业；同时发展特色优势专业，形成学术研究中心、社区艺术教育和社会服务中心。淄博基地重点发展陶瓷与琉璃、染织与丝绸、产品与家具等专业和方向，服务推动陶瓷产业发展；立足青岛产业集群优势，加强新工科建设，突出船舶工业设计、服饰与表演、

山东工艺美术学院工艺传承与体验中心

首饰与妆扮、电影与电视、书籍与插画设计等专业方向。整体上实现人才培养、科研创作、社会服务、文化传承与社会发展、区域建设的深层对接，建设有基础、有需求、有前景、有引领性的学科及专业。在此基础上，发挥区位优势。学校的学科专业与产业紧密对接，服务新旧动能转换重大工程，促进制造业和文化创意产业发展，服务带动"精品旅游""医养健康""海洋产业"，并服务"乡村振兴""工业4.0""振兴传统工艺"等战略，就此建成了国家"十三五"产教融合发展工程、山东省文化创意产业和智能制造设计创新创业共同体、国际文化创意产业研发中心等功能强大的服务产业发展的平台，形成了行业和区域经济、文化发展的重要服务和创意基地。

《设计》：在教学中您重视学生哪些方面的能力培养？

潘鲁生：教育教学，立德树人是根本。设计人才培养，既要有创意能力，也要有动手实践的能力；既要有专业本领，更要有家国情怀、人文素养。所以，我提出了构建设计教育的"创新与实践教学体系"，倡导培养设计人才的"科学精神、人文素养、艺术创新、技术能力"，我们也提出了"天工开物，匠心独运"的校训精神。可以说，好品格、高素养、真本领缺一不可。

从专业素养的层面来看，设计教育的"创新与实践教学体系"就在于解决设计人才专业素质的全面性问题。我们认为，创新能力是引领，实践能力是基础。如果不能创新，设计就难以真正在变化发展的社会中发挥解决问题、服务民生的作用；如果不能实践，设计就是纸上谈兵，再好的创意也是镜花水月、空中楼阁。我希望大学培养的设计人才脚踏实地，能从具体问题出发去研究探索、创意创作，切实发挥设计优化方案、提升品质、改善生活的作用，也希望这些设计是充满创造力的，能在变化发展的潮流中发挥积极作用，甚至提出更美好的创意与方案。对应到教育理念、课程安排、教学方法以及配套的评价机制、硬件设施等方面，就需要一个系统的体系。早在十几年前我们提出"假期课堂"计划，并联合建立了一系列企业实习基地，不断优化和完善课程体系和教学方法，从具体环节入手，都取得了显著效果。现在，信息技术发展，众创、众享成为热潮，学生们有更多机会在学习的同时开展实践。因此，我们进一步加强体系化的培养和引导，包括将培养目标前置化提升学生建构自我的能力，引导学生建构自我，找到设计能力的成长点；同时，建立多元化的课堂配置，提供更多优质的课程和教师资源，构建多元化的成才路径；并常态化构建社会需求、毕业要求、课程体系内容与教学资源配置的匹配关系，确保毕业要求与培养目标、课程体系的一致性，实现专产对接、产教融合，实现学生与社会行业的无缝连接，切实提高人才培养质量。

从品格教育、人文精神的角度来看，以文化人，艺术养心，艺术与设计人才必须做到立德树人。就此，我们坚守优秀传统文化育人的"养成教育"，不断提升学生的人文素养，包括开设"中华传统造物体系""中华传统造型体系"专业课程，推进社会主义核心价值观进课堂、进教材，开展弘扬和践行社会主义核心价值观主题创作活动，在教学、科研和创作中倡导"为人民而设计"，鼓励民生设计，鼓励以艺术设计传承传播优秀传统文化，切实培养和提升师生的文化使命感和设计责任感，做到有文化情怀，有民生关切，有人文追求，有设计使命。只有这样，所有设计能力的培养才有意义，这是设计教育的责任。

《设计》：如何阐释"为人民而设计"的办学理念在当下的时代意义？

潘鲁生：设计的根本目的在于改善人们现有的生存状态，服务提升人们的生活质量。"为人民而设计"，在于明确为谁设计，设计何为。

设计是有使命的，国家培养的设计人才要有社会民生的视野。学校要在人才培养过程中通过具体的举措培养学生的设计责任感和使命感。比如，我们以主题创作为抓手，从专业出发服务社会，近年来开展了一系列主题创作活动。2008年，举办了"抗震救灾重建家园"主题宣传画展览创作活动。2017年，举办了"践行社会主义核心价值观主题创作"活动及相关展览；为深入贯彻习近平总书记在文艺座谈会上的讲话精神，学校于2018年举办了"为人民而设计——山东工艺美术学院艺术与设计作品展"；2020年，在抗击新冠肺炎疫情的行动中，开展了"生命重于泰山——紧紧依靠人民群众坚决打赢疫情防控阻击战"主题创作活动，都在于发挥设计的力量和优势，服务社会、服务民生。就是在这样一系列主题创作中，使学生深刻理解设计的价值，使艺术创作与设计更加贴近生活、洞悉和把握社会需求，用艺术与设计去传递关爱、传递力量、服务社会所需，凝聚善与美的力量，从而以专业素养服务社会。这是设计本质的体现，是设计人才培养必不可少的维度。

同时，设计需要对接产业发展，实实在在发挥提质增效的服务作用。我们致力推进产教融合，从办学特色和学科专业集群出发，精准对接文化创意产业领域相关需求，积极构建以专产对接为主线的组团式"政产学研金服用"创新平台，全力推动"专业群+企业群+产业群"协同创新的专产对接实践模式。比如，学校专业教研室、教研团队与数百家"老字号"品牌企业建立合作关系，联合政府、行业、企业、高校，全面开启以"发展轴—决策帽—任务锚—问题解"为工作界面的"设计伞"模式，在产教融合质量、优势专业打造以及服务社会成效上蓄力突破，让更多教师找到教研课题，让更多课堂沉淀产业项目，让更多成果回应产业需要，全方位开展实题实做，实现专产融合紧密对接、校企合作互惠共赢。

在此基础上，设计要服务国家战略，服务展现国家形象。近年来，山东工艺美术学院对接"乡村振兴战略"，在"手艺农村"特色产业扶贫计划、"城镇化进程中的传统工艺美术保护与发展调研"、"乡村文化振兴'齐鲁样板'研究"的基础上,致力以设计助推"产业兴旺",因地制宜发展乡村特色文化产业;以设计助推"生态宜居",提高乡村建设的文化质量;以设计服务"乡风文明"建设,挖掘传承优秀传统文化;以设计促进就业创业,服务农民增收致富,助力乡村振兴发展。学校加强中华传统艺术研究,推进中华传统艺术创造性转化、创新性发展,近年来完成了上合组织青岛峰会总体艺术创意设计、新中国成立70周年展览设计和专题设计,承办了十三届全国美展艺术设计展区工作,相关设计凝练形象语言,转化应用传统工艺,诠释表达了国家的文化精神和文明理念。

可以说,"为人民而设计"是我们办学的方向,也使我们在发展实践中得到锻炼和提升,不断积聚来自生产生活一线的创意创新灵感和服务国家人民的深沉情感、坚实力量。

《设计》:设计艺术学科如何应对信息时代的挑战,做出更符合未来发展的变革?

潘鲁生: 信息技术发展带来生产、生活方式的巨大变革,对设计艺术学科发展提出了新的要求。

具体来看,我们需要不断研究并有效更新关于设计人才的培养理念和培养机制。比如,在网络信息技术支持下,共创、共享形式的设计机制兴起,打破了传统产业流程中"设计明星制"的机制,设计参与者的多元化、设计数据分析的智能化、设计更新的迭代化等,都需要我们不断思考和定位专业设计人才的培养目标,把握专业设计人才在当下以及未来发展中的职业定位、设计能力构成,把握技术更新背景下设计的本质、设计的价值以及设计的方法,将之落实到教育实践中,才能真正发挥好专业人才的培养作用。

我们需要常态化更新和优化专业课程结构和内容构成,对接信息社会发展的人才需求。比如,在"融媒体"与创意设计领域,品牌设计、广告设计、包装设计、出版设计、包装工程及交互设计等专业要相互衔接,培养学生利用多学科知识解决问题的能力,提升综合素质,从而适应甚至对未来技术和相关产业的后续发展发挥引领作用。又如,在产品设计领域,不仅要强化传统领域的设计优势,还要关注新工科发展,保持对新经济、新产业的开放度,及时融入与互联网、工业智能等有关的技术要素,完善设计培养内容。

我们也需要深入把握技术迭代进步过程中最持久、稳固的文化艺术存在及其规律。在保持活跃发展的同时,要有文化的、思想的、精神等层面的守护与传承,使中华民族优秀传统文化、造物文化、工匠精神成为我们艺术与设计人才培养中不可或缺的维度。比如,加强传统工艺振兴等课题研究,持续开展"手艺农村"等传统手工艺的艺术人类学研究,持续推进"中华传统造物体系""中华传统造型体系"进课堂计划,在教学、科研、创作、社会服务中努力做到创新转化,使中华传统文脉为社会进步发展提供文化养分与发展动力,使发展中有历史的传承和积淀。

《设计》:您如何看待中国传统工艺的保护与发展?

潘鲁生:传统工艺的保护与发展是一个系统工程,既要切实加强濒危传统工艺的抢救与保护,续存母本,丰富存量,做好文化生态基础研究,制定保护与传承措施,保持传统工艺的多样性;也要做好传统工艺的活化与发展,特别是对于具有较好的传承与生产基础,并有望拓宽发展空间的传统工艺,要进一步丰富题材和品种,提升设计与转化水平,发挥对城乡创业就业的促进作用,促进传统工艺在当代生活中的广泛应用。因此,传统工艺的保护与发展要处理好保护、传承与创新、衍生的内在关系。在保护上,突出原汁原味,续存文化根脉,突现创新转换;在传承上,兼顾个体与集体,全面构建传承体系;在创新上,扎根当代生活,

上 / 2011 年手艺农村——潘鲁生主持山东农村文化产业调研成果展
中 / 第十三届全国美展金奖 《铸梦》工艺美术 徐强
下 / 第十三届全国美展铜奖 《合礼之器》工艺美术 常瑞红、李晓梅

重塑传统工艺活力；在衍生上，积极探索跨界融合的多元发展路径。可以说保护是基础，续存基因母本；传承是关键。传统工艺作为习得性知识，重实践、重经验，传承是保护与发展的关键；创新是必然，扎根当代生活，重塑工艺文脉，传统工艺要创新以适应新的生活方式。创新是联结传统工艺文化、工艺生活、工艺业态的桥梁。

以传统工艺资源为重点，根植现代生活，开展战略性、生态性、生产性创意设计研发，是实现传统工艺生活化、规模化、产业化的根本。其创造性转化路径主要包括：其一，以当代设计观念创新转化传统工艺样式。由于新的生产关系和生活方式变化，生产、文化等价值坐标发生改变，创新的关注点要从物质生产向文化建构深化，从产品功能向人文情感拓展。其二，以当代设计语言创新转化传统工艺文化内容。我国传统工艺文化资源中蕴含着丰富的传统知识、符号语言、艺术形态、工艺技法、生态材料和文化思想，要加强设计转换，丰富集人文、精工和生态特性为一体的"中国设计"内涵，厚植"中国设计"的文化基础。其三，以当代设计创意产业创新转化传统工艺产业。通过设计，因地制宜、因势利导地将工艺资源优势转化为设计发展强势。其四，以品牌设计创新转化传统工艺代工。从产业链布局看，改变我国劳动密集型贴牌代工生产模式，加强设计创新与品牌构建是夯实工艺美术产业发展的利器，势在必行。

目前，我们结合学校实际，加强中华传统艺术研究，开展相关课程的教学工作，并在具体社会服务项目中运用和体现传统造物文化的价值，也是多措并举构建传统工艺"保护、传承、创新、衍生"四项全面发展的产学研协作机制，希望将学校建设成为"中国工艺美术研发与信息中心""文化创意产业和工艺美术设计服务业实践基地""传统工艺振兴文化服务站"。应该说，文化艺术既是宏观的精神文化存在，在设计领域、工艺造物领域,又是有形的、具体的,我们希望在"四项"的宏观机制和理念中,做好具体落实,以优秀的设计作品来表达和诠释,在设计实践、教育实践中发挥扎实的作用。

《设计》:如何挖掘中华传统文化要素转化为当代艺术的再生能力?

潘鲁生: 首先要坚定文化自信。如果不自信,美而不知其美,将失去自我发展的能力。我们经历了从农耕到工业生产、产品市场化流通乃至文化全球化交流的转变过程,在物质方面,接纳新的,淘汰旧的,往往不仅淘汰了有形之物,还使其蕴含的传统工艺和情感记忆都走向了边缘化。所以,文化的传承需要自信,需要认识和发现其中的意义和价值。而且这样的再认识、再发现、再欣赏,不是少部分人的事,不能仅靠专家学者或艺术家等专业人士,而要有广泛的共识、共鸣和广泛的基础。只有我们大家都深切感受到、认识到优秀传统文化的意义与美,才能做好传承和创新。

进而要做好美育。要通过学校的专业教育、通识教育以及社会更广泛意义上的美育,提高学生对中华传统文化艺术的认知能力和欣赏水平。历史上,对民艺的理解和接受很大程度上是一种自发的经验传承,甚至日用而不觉。今天,面对文化的转型变迁,我们需要一个文化再播种的过程、深刻理解中华民族美的历程,就传统艺术样式、题材、语言、意蕴等进行普及和体验,理解中华美学精神,从而有更多的传承与欣赏需求、传承与创作动力以及交流过程中新的发展。

在具体的创作等实践层面,要坚持"创造性转化、创新性发展"的理念。要深入理解和把握传统文化艺术的精神,而不只停留于符号、要素的取用;要融入今天的时代气息、时代精神,观照今天的生活和人们的精神情感需求;要有创造性的活力,在汲取传统精华的同时,有推陈出新的视野和创造力;要有当代生活的出发点,以艺术补给心灵,提升生活品质。

总之，文化艺术的发展，是一种内生动力，需要创作、实践、研究、普及、应用等多方面配合。"追求真善美是文艺的永恒价值。艺术的最高境界就是让人动心，让人们的灵魂经受洗礼，让人们发现自然的美、生活的美、心灵的美。"我们要传承和发展的正是这样一种永恒的力量。

《设计》：疫情会给设计学科和行业带来哪些影响？

潘鲁生：疫情给设计学科提出了一系列新的命题和维度，包括如何在公共卫生服务中通过设计传播信息、优化产品、实现人文关怀，如何在艺术设计中传递生态和谐的价值观，如何通过设计诠释更深层的生命、生活理念从而减少不必要的盲目、焦虑和恐慌等。这不仅涉及具体的设计内容和语言，更关乎我们对于设计本质和设计价值的理解，还涉及具体的设计实践领域，更与设计教育、设计文化的传播与接受有关。

比如在产品设计领域，需加强防疫信息产品设计、防疫工业产品设计以及防疫服务方式设计，从而提高防疫产业自主率，提高服务业抗疫情能力，发展生产，促进就业。又如防疫工业产品设计方面，可以通过设计研发提高关键救治器材的设计生产自主率，加大核心芯片、控制模块的设计研发，提高产业自主率；通过自主设计提高防疫产品的本土适应性，包括防疫用品与我国人口生理特点等的适应性、防疫用品原材料与我国物产资源的适应性等，从而更符合人体工学，以本土原材料替换进口材料，以设计提高防疫产能；通过自主设计提高防疫产品的环境友好性，设计应用生态环保、可降解材料制作口罩等易耗防护品，避免对环境造成过大冲击；通过设计提高防疫产品的复用性，包括可替换滤芯、可复用防护品等，提高重复使用率，降低能耗和污染。加强设计研发将更有力地应对疫情挑战。

比如在设计教育方面，要进一步加强学科、专业交流，推进集成创新。由于新冠肺炎疫情使餐饮、文化娱乐、旅游、住宿、交通运输等服务业

左 /《致敬人民科学家——钟南山》(宣传画) 潘鲁生 2020年2月15日(雕塑作品:商长虹)
右 / "生命重于泰山——紧紧依靠人民群众打赢疫情防控阻击战" 主题创作作品

受到影响。就此不仅要实施和加快相关服务模式的数字化转型，还要在现有消费习惯、服务方式的基础上进行创新，通过加强防疫服务方式设计，优化和提升相关服务模式，在保障就业用工、促进消费的同时，切实降低疫情传播风险，促进服务业健康、生态、可持续发展。这要求设计人才培养加强与信息技术等学科领域的结合，从而通过设计服务释放5G人工智能、虚拟现实相关的消费潜力。同时，我们也需要加强对实体经济服务模式的设计，针对餐饮、零售、影院等受疫情影响较重的服务业开展有关服务空间和模式设计，根据"社交距离""消毒通风"等要求，设计公共空间结构、服务模式、人群流线、空气控制系统等。这要求我们的设计教育加强与经济学、社会学等领域的结合，在产业发展、行为模式等的基础上设计创新以降低病毒传播风险，未雨绸缪为"后疫情"时期生活方式优化与转变提高产品引领和支持。

设计的本质在于提供更优化的解决方案。疫情带来挑战和影响，也使我们更贴近设计的本质，追寻生命、生活、生态的意义，不仅涉及设计的实践层面，也关系到我们的教育理念和人文精神。

《设计》：请您分享一个目前关注的行业话题或正在从事的项目。

潘鲁生：几十年来，我一直在从事与民艺相关的教育教学、田野考察、理论研究和保护实践。一个深刻的感受是，"民艺"依托于社会，不仅是一个纯粹的学术问题，还是社会学的命题。我们必须立足社会变迁发展的实际，观察民艺、传承民艺、发展民艺，既要守护好祖辈留给我们的民艺瑰宝，也要想办法把它传下去，让它更有生命力。所以，我们需要做研究，需要做收藏，也需要展示和传播。

在研究方面，我们近年来完成了国家社科基金艺术学重大项目《城镇化进程中民族传统工艺美术现状与发展研究》，根据我国城镇化发展程度的不同，项目组按照东部发达地区、中部地区以及边远、少数民族地区三类地区，选取了山东、广东、浙江、陕西、河南、贵州、甘肃、云南、内蒙古等 20 多个省份集中进行工艺美术生存现状普查，并在全国普查的基础上进一步就传统美术分布较为集中的城市进行重点深入调查，对农民画、木版年画、唐卡、剪纸、玩具、陶瓷、纺织、刺绣、印染、植物纤维编织、雕刻、家具及传统村落民居等 13 大类百余种民族传统工艺美术进行了调查和研究。从社会环境聚焦到传统工艺美术本体，即从城镇化的社会历史语境中研究传统工艺美术现状，包括现有的形态样式、生存状态，分析具体社会历史环境对传统工艺美术的生成性影响，阐释演变的社会历史原因，并深入分析传统工艺美术自身构成要素与传承发展机制，剖析内在演进规律，在学理层面深化了对民族传统工艺美术发展的规律性认识，为提出工艺美术发展策略提供理论及现实依据。当前，我们还在开展国家社科基金艺术学重大项目《中华传统造物艺术体系与设计文献研究》，致力通过系统的研究，进一步发现和认识伟大民族的感性特征、文明古国的心灵历史和博大精深的审美意识体系，建构有中国特色的设计理论体系，推动中华优秀传统文化的创造性转化和创新性发展。

在展览和出版方面，我们在中国国家博物馆举办了"记住乡愁——山东民艺展览"，让公众共同感受和探讨"民艺的意义"。我们的展览回归到最朴素的出发点，就是"记住乡愁"，因为"关注"胜过"遗忘"，不断体验和交流能够唤起和建立新的记忆乃至创造。"记住乡愁"，不只是对优秀传统文化的回顾，更是面向未来的启示和发展。我们还举行了《中国民艺馆》丛书的英文版合作出版签约仪式，这是继韩文版权和波兰语版权授权后的又一项海外出版。《中国民艺馆》丛书是一套关于中国民艺的图书文献，以"图说"中国民艺博物馆馆藏的形式，展示了中国农耕时代的民间造物艺术和生活图景。丛书计划分批次出版 36 册，目前已出版 10 册，后续批次的编撰工作也已启动。可以说，几十年来收藏民艺，不只是将其作为研究的第一手资料，而是要守护一种生活文化。相对于特点空间里的展览陈设，图书更能呈现细节并广泛传播和交流，能使更多的人走进民艺传统，凝视民艺之美，体验和思考民艺的生活美学命题，并展开对话和交流。

在手工艺扶贫和乡村振兴服务中，我们认为乡村振兴不仅包括物质上的脱贫致富、生活基础设施和社会福利的改良与提升，更有内在凝聚力和创造力的壮大和提升，涉及历史记忆、文化认同、情感归属和经过历史积淀的文化创造基础，将实现对乡村文化资源的再认识、再发展，实现文明再生产，从而实现振兴。就此，系统地开展了手工艺创意设计、手工艺扶贫计划等调查研究和文化帮扶活动。就手艺特色产业发展以及乡村文化生态保护、景观建筑规划、民俗文化发展及公共文化服务等展开"产学研用"协作和志愿者服务，对有关实践案例的经验等进行总结和推广。其间，形成了一系列优秀的手艺创意作品，推广了不少好的手工艺发展经验，不仅参加了中国设计展、北京设计周等展览交流活动，我们也进一步加强研究和跟进，以期形成以客观数据为基础、理论研究为线索、文化实践为补充的立体化研究报告，形成深刻反映当代中国伟大社会变革进程中乡村文化建设历史与规律的研究报告，服务传统工艺振兴，服务乡村振兴。

在设计实践方面，近年来，我们参加了"上海合作组织青岛峰会""庆祝新中国成立 70 周年国庆招待会"艺术创意设计。其中，民间艺术元素和样式的运用体现了文化的凝聚与认同，表现了我们的民族精神和时代精神。民间艺术是人民的创造，民间艺术进入国家殿堂，是新时代赋予的生机。现在，学校团队也在与国家博物馆等开展合作，以传统文化艺术为基础，进行创意研发。时代在发展，文化也是流动不息的长河，有润泽生活的动力和活力。我们希望从专业出发,守正创新,以文化艺术的创造活力助力传承与发展。

可以说,国家建设、社会进步,都离不开文化传承和教育发展。设计教育具有文化艺术和科学技术兼容的属性,已经凸显出集成创新的活力和优势。我们要在设计教育发展中,守其源,因其势,成其实,守护悠久的文化传统,顺应文明进步发展的趋势,成就设计求解问题、服务生活的本质,使设计教育发挥实质而持久的作用。

城市的发展一定要回归美学
——王中谈"设计与艺术"

URBAN DEVELOPMENT MUST RETURN TO AESTHETICS
——WANG ZHONG ON "DESIGN AND ART"

王中
中央美术学院城市设计与创新研究院院长、教授、博士生导师

王中，中央美术学院城市设计与创新研究院院长、教授、博士生导师、中国公共艺术研究中心主任、北京市人民政府专家顾问团顾问、全国城市雕塑艺术委员会副主任、中国城市雕塑家协会副主席、中国室内装饰协会副会长、中国工艺美术学会副理事长、中国雕塑学会常务理事、IAI全球设计奖学术委员会副主席、国际动态艺术组织艺术委员。

王中教授20余年来致力于国内外公共艺术领域的研究工作，2000年在中央美术学院雕塑系创办我国第一个公共艺术本科教学工作室；2005年在中央美术学院城市设计学院创办公共艺术系；2011年—2020年主持北京地铁8、9、14、15号线，青岛地铁M3、M2号线，济南、长春、深圳等城市轨道交通公共艺术项目；2015年主持北京CBD核心区公共空间艺术规划设计；2015年主持文化和旅游部"公共艺术在新型城镇化发展中作用研究"课题；2016年文化和旅游部主办中国公共艺术展策展总召集人；2016年策划主持首届公共艺术与城市设计国际高峰论坛，提出艺术引导城市创新 AUD (Art-Oriented Urban Design, 艺术导向城市设计理念)；2017年主持北京新机场公共艺术整体规划与实施；2017年策划主持第二届公共艺术与城市设计国际高峰论坛"明日城市"；2019年策划主持"艺术雄安 设计之都"——雄安艺术都市规划，提出"软城市"理念，以艺术思维引导城市设计，激活、优化城市公共空间品质，塑造城市的核心精神和文化品格，构建宜人的丰富多彩的人文活动空间体系，培育创新动力，创造永续的经济社会价值和文化遗产。

《设计》：2000 年，您在中央美术学院雕塑系创办了我国第一个公共艺术本科教学工作室，最初开创这个本科课程的设想是怎样的？20 年来课程和教学方面发生了哪些变化？

王中：2000 年在中央美术学院雕塑系创立的公共艺术工作室，是全国第一个本科教学工作室，当时对公共艺术的理解相比现在有很大的局限性，我只是觉得雕塑系应该有更大的拓展，从一个特定的领域飞跃出去。

2000 年工作室刚成立的时候，从 2001 年的高研班开始把公共艺术的本科教学做起来。经过比较系统的研究以后，我发现公共艺术的外延很大，在雕塑系存在一定的局限性，学校希望在城市设计学院成立公共艺术系。在 2005 年创办了公共艺术系，经过深入研究，我认为公共艺术从某种意义来说不是一个专业，不能按一个传统的专业来做，我认为它是一个学科群，所以我们就把公共艺术做成一个学科群的概念。现在的学科群里有若干工作室，比如公共艺术与空间设计工作室、公共艺术与体验设计工作室等。也就是说，在本科工作室教育里要有一定的方向性，虽然我们都在谈跨领域，但是并不意味着就完全没有一个相对的边界。2012 年，我们推动其在教育部成为二级学科，从那以后，更多院校开始建立公共艺术的专业及系科研究机构。根据我们的调研，目前超过 200 所院校设有公共艺术专业，各具特色。很多的艺术院校公共艺术教学缺少系统地研究公共艺术的整体发展，对其外延和生长性缺少研判，更多还停留在雕塑、壁画等公共艺术品的物化层面。公共艺术是一个舶来品，进入我国后，我认为一直存在某种"误读"。公共艺术如果从字面上解释，就是"公共+大众+艺术"，构成了一个特殊的领域，这个领域形成的公共艺术更强调文化的生长性。公共艺术之所以是"公共"的，绝不仅仅因为它的设置地点在公共场所，而是因为它把"公共"的概念作为一种对象，针对"公共"提出或回答问题。

因此，公共艺术就不仅是城市雕塑、壁画和城市空间中物化的构筑体，它还是事件、展演、计划、节日、偶发或派生城市故事的城市文化精神的催生剂。公共艺术存在于对人类文化、城市自身、社会的主体——"人"的生存价值的思考，除了具有公共性的艺术价值外，还包含以艺术的介入改变公众价值或以艺术为媒介建构或反省人与环境、人与社会的新关系，艺术回归人们的日常生活，满足人们的心理和行为需求，并影响人们的价值取向。

《设计》：请您介绍下 AUD 的理念。

王中：如果我们把一座城市的建设以百分比的形式呈现出来，那么其中的 60% 代表这个城市的布局和功能，包括基础设施等城市硬件建设。在这方面，今天中国的很多大都市，甚至包括一些二三线城市都完成得很出色，中国的机场、高铁、轨道交通、CBD 商务区等功能设施已居世界前列。另外的 40% 我们称为"软城市"，是城市的更新、再生、精神、文化和品质，是城市特色的重要载体，它是软性的、具有生长性的，能够给城市居民带来愉悦感和幸福感，是今天中国城市所欠缺的。而顶端的那 15% 是文化、艺术、心智、灵魂，展现的是城市的魅力。为什么那么多城市"千城一面"？因为我们的城市没有独特的品格，而这些独特的品格，是基于文化因子而创造的。如何从一座功能城市转变成一座人文城市，这是今天我们的城市建设者应该着重思考的问题。在城市发展中，我们更希望让艺术去营造空间，甚至让艺术去激活空间，我们更希望在发展的过程中进行价值回归，回归到人类建造城市的整体性理念。

土耳其诗人纳乔姆·希克梅曾说过："人的一生会记住两张脸，一张是母亲的脸，一张是城市的脸。"AUD 是我们在进行的系统研究，有几个很重要的发展依据：1999 年，英国"城市工作专题组"（Urban Task Force）的罗杰斯先生领衔撰写的专题报告《迈向城市的文艺复兴》

(Towards An Urban Renaissance)中强调了在优秀城市设计基础上的高质量城市发展。等同于文艺复兴时期的历史高度,来看待未来城市转型的一个发展,这是一个里程碑。2002年,英国伯明翰召开的城市峰会中又提出了城市复兴、再生和可持续发展的口号。2004年,美国哈佛大学有一项重要的研究成果,核心结论的一句话让人颇为感触:"世界经济发展的重心正在向文化积累厚重的城市转移。"这些理论研究、成果结论都表明,"城市复兴"(Urban Regeneration)越来越强调城市整体设计的核心作用,更注意历史文化与文脉的保存,使之纳入可持续发展的理念中。城市正在从以经济为核心的失衡发展模式走向以文化为核心的平衡发展阶段,"美的城市"成为城市的战略目标,城市建设返回了"美感"出发点。世界竞争战略之父迈克尔·波特(Michael E. Poter)也说过,基于文化的优势是最根本的,是难以替代和模仿的,是最持久、最核心的竞争力。经济可以使一个国家壮大,军事可以使一个国家强大,但只有文化才能让一个国家伟大。

雅典卫城的总规划师之一是雕塑家菲狄亚斯,在他的规划理念中,建筑、雕塑、园林、手工艺从来没有分开过,是一个紧密结合的整体。文艺复兴时期也如此,米开朗琪罗也不仅仅是一个雕塑家,他还涉及广场建筑,雕塑、壁画都是他亲力亲为。其实达·芬奇也不仅仅是一位画家,他在建筑领域也有不少作为,如规划了伊莫拉古城。这些都说明,在欧洲的历史上优秀的遗产城市,它是一个整体,而且很多都是由艺术家主导来做的。

我国历史上的王城布局,我们的祖先在2000多年前就有营造法则,《周礼·考工记·匠人》里记载:"匠人营国,方九里,旁三门。国中九经九纬,经涂九轨,左祖右社,面朝后市,市朝一夫。"这种经典布局在我国历史上被长期沿用。明清北京城拥有全世界独一无二的建筑艺

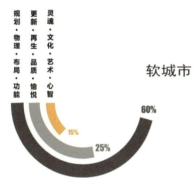

上／武汉光谷广场大型公共艺术作品《星河》 王中、熊时涛、李震、武定宇、邵旭光
下左／"软城市"概念
下右／雅典卫城复原图

术的中轴线，从最南端永定门、天坛一直到前门，包括故宫建筑群、景山、鼓楼、钟楼。明清北京城之所以被称为地球表面最伟大的人类个体工程之一，就是因为它是一个不可分割的整体，拥有世界上独一无二的建筑艺术中轴路。

海德格尔曾经说："人，诗意地栖居在大地上。"我想这样的诗句，其实是今天全人类的共同呼声。我们要寻找回家之路，我们要找寻那个能够让我们有幸福感和愉悦感的城市。这也是"软城市"建设的核心理念。以现阶段的城市规划、建设模式去指导中国城市的未来发展，无法解决中国新型城市化的问题，"软城市"日益成为中国城市转型的新诉求。我们提出艺术导向的城市设计（Art-Oriented Urban Design，AUD）的全新综合理念，倡导一种文化导向的城市发展思路。这不仅是中国城市化进程的必然需求，而且必将对未来的世界城市发展和格局建立起到关键性作用。我们希望能用艺术思维和城市设计激活、优化城市公共空间品质，彰显城市品格，活跃城市人文氛围，培育城市创新动力，创造永续的经济社会价值和文化遗产。

《设计》：您对城市规划者有什么建议？

王中： 首要是机制转换。我们现在这种垂直机制，类似学校和各个教学机构的学科分布，学规划的人就学规划，学建筑的人就学建筑，还有专门学园林景观、室内建筑的，专门学艺术作品的。种种迹象表明，文化才是一个城市最大的不动产。这个也可以从历史上去追溯，人类历史上遗留下来的那些重要的、有魅力的遗产城市，有很多共性的特征。联合国教科文组织评价遗产城市有4项重要指标：历史、文化、艺术、科技。城市文化性的东西，越来越受到高度的重视。我们大家都有体会，所以我们提出 AUD 理念，实际上就是以艺术为导向的城市设计，它的方法就是变纵向机制为横向机制。我们要让艺术家、规划师、建筑师、科学家、市政工程人员从一开始就横向联合，从整体考虑我们的城市。所以，从这几个来讲角度来讲，我们也可以看到在全球范围内也逐渐出现艺术都市，城市的发展一定要回归美学的精神价值。

《设计》：您如何看待公共艺术在现代城市发展中的作用？

王中：公共艺术进入我国后，我认为一直存在某种"误读"，这与我国的城市化高速发展有很大的关系。我国一些城市的飞速发展带来了文化的缺失，很多城市急于弥补这种文化缺憾，"快餐式"地用艺术"装点"城市，将公共空间的艺术品等同于公共艺术，这种认识显然弱化了公共艺术的职能和作用。

我国高速发展的城市建设扼杀了城市的独特性，而这种独特性恰恰是与城市特有的文化息息相关的。2018 年 12 月 14 日，我在飞机上看着一份《环球时报》，发现报上有两篇小文章特别有意思，几乎就是中国 40 年城市建设的一个缩影。一篇文章的报道是 2018 年全年世界上超过 61.5% 的摩天大楼出自中国，实际上全球 2/3 的摩天大楼都在中国；还有另外一篇文章，是日本学者质疑千年古村杜回村被拆掉。杜回村在西安附近，杜回是秦朝将领，成语"结草衔环"中的"结草"就是从他而来。这时你就会发现，我们对城市的理解实际上也是有误读的。我们一直认为现代化都市就是摩天大楼林立，但实际不然。城市一定是有温度的，当你从全球那些有魅力的城市回来以后，给你留下的文化意象不会是城市的 CBD，它的代言人一定是与文化艺术、城市表情、城市故事有关的。所以我们提出"软城市"，强调让艺术去塑造创新。

2017 年，中央美术学院城市设计学院和 DCL 伦敦设计中心联合国际 20 余家大学和机构共同创建了"软城市实验室"，我们提出"软城市"理念，关注"软城市"，将其称为城市灵魂和精神。文化和艺术是城市的精神角色，是"软城市"的重要内容；公共艺术是城市文化建设中重要的组成部分，是城市文化最直观、最显现的载体。城市公共艺术能够培育本地文化创新能力，营构文化自我"生长"氛围；并且，公共艺术在营造城市文化氛围、彰显城市文化品格、提升城市美誉度的同时，还培育着公众艺术审美和创新精神。

艺术成为植入城市公共生活肥沃土壤中的"种子"，诱发文化的"生长"，使艺术之花盛开，延伸喜悦、激发创意，让艺术成为城市生活的精神佳肴，令城市焕发生机和活力，使人们更加热爱自己的城市和社区，提高城市的美誉度，创造城市的新文化，使之成为传递城市文化的艺术名片。

《设计》：您曾主持北京大兴国际机场"人文机场"的整体策划和规划，在创作中您提倡哪些设计艺术理念？

王中：我们曾去过全球很多有魅力的城市和机场，留下了深刻的文化印象，你能强烈地感受到那是一个城市甚至一个国家的文化诉求和文化形象。我国的机场，特别是近些年建设的大型机场，其硬件设施已经位居世界前列，但是人文建设严重滞后。作为世纪工程的北京大兴国际机场，"人文机场"的建设是历史赋予的重托。

2019年9月25日投入运营的举世瞩目的北京大兴国际机场，被英国《卫报》称为世界新七大奇迹之首，树立了全球空港新的标杆，也成为中国的"新国门"，是民族复兴的世纪工程，是国家战略发展的动力源，更是一张烫金的国家名片。北京大兴国际机场建设是落实首都城市战略定位、完善首都功能布局、推动京津冀协同发展的国家重大项目。

回首2016年，中央美术学院应机场指挥部之邀启动"北京大兴国际机场公共艺术整体规划"项目以来，建设"人文机场"已经成为北京大兴国际机场"平安、智慧、绿色、人文"四个机场建设的重要内容。中央美术学院高度重视国家重大项目，以院长范迪安教授为总指挥，以

上 / 青岛地铁 M2 线实施"空间艺术一体化"设计,突破传统城市地铁轨道交通艺术设计思路,以"艺术营造空间,艺术激活空间"为理念,空间已经成为一个艺术的舞台,充当着城市的文化载体

中 / 北京大兴国际机场全景鸟瞰图

下 /《意园》朱锫(图片来源:艺术家本人提供)

创新机制成立了由我为项目负责人的执行团队,组织讨论研究、专项课题研究、现场勘查、专题会议、专项规划等系统工作,其间还组织了全球征集以及国内外定向邀约、定向邀请艺术家的方式参与项目,同时还整体策划实施四个"艺术+"板块和平台。团队秉持"传统文化,当代演绎"的前瞻性理念,建设"平安、绿色、智慧、人文"机场的要求,运用以艺术为导向的城市设计(AUD)理念,倡导以"软城市"文化为导向的发展思路,用艺术思维和城市设计激活、优化公共空间品质,活跃人文氛围,培育创新动力,力争使北京大兴国际机场成为新时代中国的文化名片,"新时代中国连接世界"的"世界上最繁忙的美术馆"(From Airport to "Artport")。大型公共场所的发展趋势必将从重功能、重形式到重人文、重生活,从功能空间到人文空间,为机场带来一种新的文化体验,提出了"出入之际,人文滋养;即使候机等待,也可心存喜悦"的核心定位。人文机场的营造采用艺术+交互(公共艺术)、艺术+功能(艺术化设施)、艺术+计划(遗产、活化)、艺术+平台(天空美术馆)的方式,让新机场充满人性关怀、拥有多元的艺术表现形式、与机场空间和建筑紧密结合,成为既反映传统文化又注重人文精神的场所。

《设计》:您怎么看设计与艺术的关系?

王中: 现在特别容易把艺术和设计区分得特别清楚,其实我一直觉得不是这样的。艺术最早是为宗教、统治阶级、贵族服务的,后来艺术发展的走向越来越降低飞行高度,因为它希望影响更多的人,就得有策略。所以,艺术逐渐被从象牙塔里释放出来走向大众,也由此催生了公共艺术。

包豪斯其实也是这样,成立之初都是艺术家在教书。这与社会的民主化进程有关,越来越多的普通民众也需要艺术,需要有品质的生活。所以其实很多的设计,特别是与生活有关的设计,就是具有这样的价值。

举个例子,为什么在全球很多城市宜家这么火?就是因为它既便宜,又能让人享受到艺术和文化的品质。很多的设计都要赋予这种职能。所以，艺术与设计不是两条不相交的轨道，很多时候它们是互相影响、并驾齐驱的，而这种设计创新点的源头往往是艺术。

比如美国国家航空航天局要探讨人类未来到太空如何生存，刚开始请的是艺术家，因为科学家不一定能够想象更久远的未来的可能性，而艺术家的想象力则更丰富。设计本身是强调创新的，创新能够驱动发展，这是这个时代的特点，但是很多创新思维实际上是艺术赋予的想象力。早在 20 世纪八九十年代，我国的艺术院校是没有设计学科的，所以今天国内做设计做得非常好的一拨人，是学艺术出身的。今天的创新，70%以上我认为在系统之外，这一点很重要。所以今天的艺术，包括中央美术学院马上要申报教育部的二级学科，叫作"艺术科技"。

其实今天的很多传统学科已经不适合发展的诉求了。因为现在的很多学科设置，实际上是西方工业革命的产物，是为了应对工业设计、产品设计等。但今天，整个形态发生了变化，传统学科就像一眼井，无法带来新的可能性。而我们讲的跨界，无非就是在井之间加一根管子，让水稍微流动一下。举个例子，英国皇家艺术学院原来有一个专业叫汽车设计，在全球都很有影响力，但他们给砍掉了，改叫"智能移动"，这是完全不同的概念。"设计"这个词也要重新定义和解读，它根本不是我们原来想象的，艺术就是艺术，设计就是设计。全球很多艺术家的工作方法用的是设计思维的方法，有自己的方法论，更多的是做一个计划来实施作品。

《设计》：当您的作品融入北京这座城市时，您希望可以引发大家怎样的思考？

王中：我的作品其实也有不同的形态，比如我个人的一些雕塑作品，主要运用"阴阳"为基础语言，材料常一半用不锈钢，一半用铜。铜这种材质几千年前就有了，但不锈钢是现代工业文明的产物，这背后我找的是一个哲学的思考：这几千年真正属于人的初始，是随着科技发展而进步的吗？现代的工业革命带来的这种秩序，机械的使用与属于自然的人是一个冲突。所以我特别想质疑这种想法，我们人类未来到底应该如何走？如何真正回归人和自然和宇宙之间的平衡？

我还有一部分作品是强调生长的可能性，比如我在北京地铁8号线南锣鼓巷站的《北京·记忆》公共艺术作品。作为北京地铁线网的重点站，其公共艺术创作必然承载城市的传承与创新，在重建模糊的北京记忆同时，更加注重艺术的延展价值，让作品讲述城市动人故事。作品强调地域识别性和互动参与性，通过创新的策划理念、广泛的合作、多维的空间延展，使之超越了艺术作品本体的物质形态，将公共、大众和艺术联结成一个新的领域，成为集艺术、公共事件、社会话题、市民互动、媒体传播于一体的新型艺术载体。

《北京·记忆》的整体艺术形象由4000余个琉璃铸造单元立方体以拼贴的方式呈现出来，用剪影的形式表现了老北京特色的人物和场景，如街头表演、遛鸟、拉洋车等。有趣的是，每个琉璃块中珍藏着由生活在北京的人提供的一个个老物件：一个纪念徽章、一张粮票、一个顶针、一个珠串、一张黑白老照片……这一个个时代的缩影，也在不经意间勾起了人们对北京的温暖记忆。

每个琉璃块中封存着这些承载鲜活故事的物件，并在临近的琉璃块中加入可供手机扫描的二维码，市民可以通过扫描二维码阅读关于该物件的介绍及其背后的故事，观看提供人的访问视频或文字记录，并与网友通过留言进行互动。通过这些延展活动，也借助地铁庞大的人流形成的影响力，将北京记忆的种子植入人们的心中，让城市的历史文化从鲜活的日常生活中得以彰显，让城市记忆以物质的形式保存下来、流传开去，并与当下生活发生关联，唤起人们的情感与回忆，使每个市民都成为艺

上/《其名为鲲》 熊时涛、王维东（图片来源：中国公共艺术研究中心）
中/《弈趣》 武定宇、魏鑫、肖博文（图片来源：中国公共艺术研究中心）
下/《归鸟集》 费俊（图片来源：艺术家本人提供）

术的参与者，在产生自豪感的同时，激发市民的责任感和归属感，也唤起各地乘客对这座城市的喜爱和记忆。地铁南锣鼓巷站公共艺术的呈现，比结果更为重要的是采集物件的过程。在这个过程中，市民为这个城市乐章添加了个体音符，众多的个体记忆被集合、放大、发酵，最终升华成为城市的集体记忆。也正是在这个过程中，本质上零散的"个体记忆"转化成为"被收集的集体记忆"，通过作品的多元传播延伸成"传递性回忆"。

《设计》：您对年轻的艺术家和设计师有哪些寄语？

王中：传统设计师跟未来设计师是完全不同的。我曾经画过一个表格，以两个圈为环，其中一个圈是传统设计师的工作方法，他会依据他的技术平台、经验、创意点进行设计，这是传统设计师的工作的闭环；未来设计师是另一个圈，他必须了解大数据、人工智能、发展趋势、用户体验、人文审美，了解发展设计和创造 IP 内容，运用新的技术平台，也就是说他涉及的不仅是传统的专业范围。

所以我觉得，年轻设计师一定要对自己现在所做的事情之外的事物保持一种饥渴的贪婪。也就是前面我说过的，未来的创新，70% 以上是来自系统之外的。如果你不研究系统之外的事情，触类旁通，你就无法做一个未来设计师。

此外，必须重新定义设计师的信仰、责任、使命，这一点很重要。如果一个设计师不达到这个高度的话，就很难去胜任未来人们对设计师的诉求。

《设计》：您提到设计师的信仰，未来设计师的信仰应该是什么样的？

王中：我认为有 4 个关键词：信仰、责任、良知、理想。设计师必须深入地思考，对可持续发展有深刻的理解。某种意义上讲，现在很多设计都是过度设计，这就不符合真正的可持续发展。也就是说，你的思考一定不能够仅仅是眼前的 5 年 10 年，而要想到未来更多的可能性，要有责任感、有良知。说白了，不能给钱就做，你要有你的判断，要有理想。

未来的主题词是"创新"，我们正处于"百年未有之大变局"，人类未来的抗争是"算法"和"心法"的抗衡。"算法"指的是指数叠加的发展，是从工业文明向智能文明的转变，我们几乎无法预测未来 20 年的变化；而"心法"对于设计师来说就是文化、修为、心智，是道德和精神的救赎。

《设计》：请您分享一个目前关注的行业热门话题或正在从事的项目。

王中：我觉得公共艺术现在特别火，好像是一个很时髦的话题，但是很多人只是把公共艺术当成一个词。我觉得这个是一个很大的问题：并没有真正系统地研究公共艺术的生长性特点。从某种意义上来说，我认为公共艺术不是一个专业，它实际上是一个文化现象，代表了未来艺术的一个走向。

我们现在理解公共艺术，更多的是公共艺术品，实际上还有很多工具，可能是一个计划或者一个活动，甚至是一个节日。而且，我们一般都认为公共艺术一定是妥协的艺术，要符合大众的审美，符合大众的诉求，不能太超前，其实并不是这样。有一位西方的理论家曾说，公共艺术实际上有两个方面：一方面，它要营造一个场所，然后让公众去体验；另一方面，它要潜在地担起现代主义的重任，要质疑和颠覆固有的价值观和偏见。这一点其实特别重要，因为如果看到了艺术的走向，你会发现"美术"这个词从字面理解是"唯美之术"，就是愉悦感观。现在为什么总在提艺术呢？因为随着时代的发展，艺术与哲学、宗教几乎是具有同样大的价值的，它影响人们的世界观、价值观，从而引导出一种新的可能性。

我们现在正在持续北京大兴国际机场二期公共艺术项目，同时正在展开雄安新区艺术都市的相关策划和设计。

艺术需要解释,而设计是共识
——朱炳仁谈"设计与艺术"
ART NEEDS EXPLANATION, AND DESIGN IS CONSENSUS
——ZHU BINGREN ON "DESIGN AND ART"

朱炳仁
中国工艺美术大师

朱炳仁,中国工艺美术大师,国家级非物质文化遗产铜雕技艺唯一代表性传承人,被授予全国五一劳动奖章,故宫博物院顾问,中国艺术研究院研究员,中国文物学会文物修复委员会理事,中华老字号"朱府铜艺"第四代传承人,西泠印社社员;峨眉山金顶、雷峰塔、灵隐铜殿、台湾同源桥及G20杭州峰会主会场等百余铜建筑总工艺师,被誉为"中国当代铜建筑之父";新加坡中国文化中心巨幅熔铜壁画《春和清妍》作者,作品还被收藏在中国国家博物馆、北京人民大会堂、故宫博物院、中央组织部大楼、印度玄奘纪念堂、美国加州大学等。

2006年,朱炳仁大师独创了熔铜艺术,开创了"熔现实主义"新流派,造就出一种新的美学、视觉、艺术概念,是对世界已有的艺术流派的一种颠覆。他将不同熔铸条件下的熔块重新配置,赋予了铜流动的自由。朱炳仁的作品,于抽象的形态之中捕捉到具体的意念,表达了他畅翔于上的匠心。他独具风采的诗书画印综合才艺,在国内外有很高的评价。他还倾其所能、澄清心虑、规天矩地,以铜为精华,创建了中国唯一一座江南铜屋,即朱炳仁铜雕艺术博物馆。

《设计》：作为"朱府铜艺"的自然传承人，您如何看待传统工艺的传承与创新？

朱炳仁：传统工艺是祖先留给我们的艺术瑰宝，是我们的个性，是民族的根。对待传统工艺，有的人渐渐遗忘，有的人紧紧握住，还有第三种，就是创新性地继承、循序渐进地发展。它不是一潭死水，而是如滚滚江水，支流汇集才能滔滔不绝。

铜雕艺术也是如此，在中国数千年来传统铜雕技艺的流变中，可以分为铸铜、锻铜、刻铜等几大方面。而在一次偶然的大火中，我发现铜液在高温熔化后自由地流淌竟也能形成宛若天成的艺术作品。在这种艺术实践的启示下，我创造了新的铜雕工艺流派——熔铜艺术。

我以铜水作墨，通过对不同的方向、速度、温度等的控制，最后自然形成铜的结晶。其中有很多不可控的因素，最终形成独一无一的肌理，因此，每一件作品都成了独一无二的孤品。铜雕，实现了对铜的立体写实，而熔铜，则实现了铜的大写意。很多作品用雕塑手法很难表现。而采用熔铜艺术就很流畅。

可是，铜的颜色很单调，"黑、黄、青"是主打色，即使高温熔铜成功，也只有三种色彩，而且都比较沉闷。于是，我把自己关在工作间，熔铜、加彩、作画，经过无数次试验，终于成功了。古朴的铜更加流光溢彩，铜艺术品更加精彩纷呈。2000年正是庚辰年，我就把这项独创工艺命名为"庚彩"。

如今，我用熔铜艺术、庚彩艺术对传统的铜雕技艺进行了全新的尝试和演绎，不少艺术作品也被收藏在文化和旅游部、新加坡中国文化中心等艺术机构。

《设计》：您如何看待设计与艺术的关系？

朱炳仁：康德将美分为两种：一种是纯粹美，一种依存美。我想，这就是我理解的设计和艺术的关系。设计是解决问题的手段，而艺术是某种价值的传递。通俗地说，艺术需要解释，而设计是共识。

从古至今，设计和艺术也是彼此融合、不可分割的。在原始时代，大多数的生活品既是工艺品，又是艺术品。在商业社会，慢慢出现为产品进行艺术化的设计。在这一过程中，审美倾向渐渐独立，但仍与设计互相交融、互相影响。

我的祖辈世代以打铜为业，这是一份谋生，为老百姓设计和制作喜闻乐见的铜制品。而现在的熔铜艺术，用敏锐的艺术嗅觉，将铜熔成观赏的艺术品，流露出独有的东方审美情趣，在这一过程中，铜的功能性被取代。

《设计》：您如何研究出"朱府铜艺"七大祖传绝活，并与现代科技结合？

朱炳仁： 因为时局战乱，市场无铜可买，朱府铜艺曾历经断层。改革开放后，社会经济迅速发展，街道上大大小小的店铺招牌也不断更换着材质，这时父亲和我也看到了恢复家族手艺的希望。虽说是铜雕世家，那时候知道朱府铜艺的还不多，铜字招牌虽有市场，但铜炉、铜盆这样的生活器用已退出了人们的生活。更重要的是，我没有铜艺的制作经验，人到中年，我不得不从头开始学艺。

从学艺开始，我的技艺都是从父亲的口传心授和一个个作品案例中获得的，最后总结出镂空、点刻、烘炼、叠镶、三色、制绿、熔模七大祖传绝活，结合熔铜艺术，就是"八大技艺"。如铜壁画的色彩，古代用漆涂之，根据红铜、白铜、金银熔成图案。在印度玄奘纪念堂的玄奘法师巨幅壁画中，我用了紫金刻铜雕技艺，这是借鉴了石雕的阴刻、阳刻及西洋铜版画的表现手法，进行分层蚀刻、分层氧化着色，使之露出金色、银色、铜色的自然本色，展示壁画古穆、精致的气质。

而叠镶技艺，是工匠用手工将多种工艺的铜配件叠镶、复合在一起，在比例部位嵌扣、融汇、浑然一体，甚至连水也渗漏不出来。叠镶铜最早见于秦铜马车、宋冠带扣、古铜锁等，但在现代铜建筑的应用中还是首次。灵隐铜殿的建造就采用了重叠、复合、镶嵌、刻雕等多种技法，成就了佛教文化艺术精品，首开大型铜建筑叠镶技艺的先河。

《设计》：您从工艺和理论两个角度，对铜雕工艺进行研究，并出版专著。您认为理论和实践在这个过程中的关系是怎样的？

朱炳仁：我虽出生于铜雕世家，但我是一个门外汉。从40岁开始，我从父亲手中接过铜榔头，没有理论指导，一头扎进铜雕行业里。我只有实干，从一个个实验、教训中，第一座铜门、第一幅铜雕壁画、第一座铜建筑……诞生了。

2000年，雷峰塔重建的消息传到我的耳朵，我认为自己有责任提出将雷峰塔建造成一座以铜为主要外观装饰的铜塔。但是，由于之前没有建造铜建筑的先例，对于铜是否耐腐蚀，是否坚固，专家们纷纷提出质疑。为了解决专家的疑惑，我和儿子朱军岷一头扎进图书馆，对古今中外的铜建筑进行了大量的研究。通过防腐蚀的实验，铜1000年才腐蚀1mm。在查阅大量资料之后，我写出了10万字的创作思路，终于得到了领导和专家们的一致肯定。

受到专家论证的启发，我又突发奇想：雷峰塔能不能建成一座彩色的铜塔呢？这个兴奋的念头一旦产生，我开始了无数次的实验和尝试。我用了多门学科的工艺，发明了多项全新的技术，其中取得国家专利的技术就有五项。经过十几道工序之后，原本单调的铜呈现出丰富的色彩，青色的瓦、金色的雕花、富贵红的斗拱，再加上采用南宋风格的图案和纹理进行雕刻，终于，雷峰塔披上了一件五彩的外衣，成为一件瑰丽的艺术品。

随着经验越来越丰富，我从每次的经历中慢慢研究、总结，创建出一套完善的铜雕艺术体系。但同时,我们也要看到,理论也能更好地指导实践。在铜雕行业,不仅讲究传统工艺,还重视理论水平的提升。为了提高理论素养,我在建筑、雕塑、壁画、水墨、摄影、熔铜、庚彩、学术等领域多方涉猎,汲取多方位的审美养分。可以说,没有理论积累,就不能形成自己的特点,对行业也不会有所建树。

《设计》:创办中国首座铜雕艺术博物馆的初衷是什么?目前博物馆的发展起到了哪些作用?

朱炳仁:那是多年前我的一次法国经历。我在卢浮宫参观作品时,看到维纳斯情不自禁地想上前触摸了一下,顿时,我想,原来维纳斯可以很近地让人观看,为什么中国的某些博物馆把人民和艺术品隔得那么远?

经过这一次经历,我回去后和儿子商量,决定建造一座江南铜屋,其实这也是我心中埋藏了几十年的夙愿。建一座博物馆的条件成熟了,但当时市场铜价一下子从每吨 2 万元飙升到 8 万元。我也想先等铜价回落再继续,但铜价不由人,最终,我们把自己几十年的积蓄全部拿出来买铜,还把自己和孩子的房产拿到银行做了抵押。

两年后,这座世界仅有的铜文化民居,以"浙江朱炳仁铜雕艺术博物馆"为名,免费向世人开放。在博物馆的引导牌上,还有一句不同寻常的提示——欢迎摄影!

如今,这座世上绝无仅有的江南铜屋已经矗立在杭州著名的河坊街上。这里展示的是你想象得到与想象不到的与铜有关的种种可能。博物馆以明清时期典型的江南民居风格为建筑蓝本,无论梁、柱、拱、瓦,还是门、窗、桌、椅,均由铜质装饰,共耗费原料铜数 100 余吨。

十几年来,江南铜屋一直免费对社会公众开放,每年吸引上千万游客、众多学者驻足观看,更是全国乃至世界艺术界的交流之地。它向世人展示了当代建筑艺术、熔铜艺术、篆刻艺术和铜艺创新,多次举办国大师、省大师和艺术家的展览交流活动,是集规划展示、学术研究、创作教育于一体的铜艺术博物馆,是浙江重要的国家非遗铜雕文化与艺术展示基地,被民政部评为全国先进社会组织,被誉为"世界的骄傲"。

《设计》:将中国 5000 年的青铜文化推向世界,您认为中国的古老艺术如何在新时代焕发新的生机,并在世界大放异彩?

朱炳仁:2018 年,我在柏林举办了一场"中国非遗·铜雕艺术展",此次展出的作品融合了中国传统铜雕技艺和现代熔铜工艺,多层面展示了中国传统"非遗"技艺的当代表达,有着独特的观感效果和鉴赏价值。其中既有传达中国艺术家对世界贫穷与民生问题之关注的《稻可道,非常稻》,也有展望人类文明发展的《图腾》,还有表现大国沉浮的《圆明园之魂》,以及向中国山水致敬的《枝木之冠》等。

前来观展的除了业界同行外,还有很多艺术爱好者和老百姓。我特别喜欢观察参观者的反应,他们都表示很喜欢、很有趣。这对我们的铜文化是好事,也很好地促进了中外文化交流。

作为全欧皇家艺术学院艺术评审主席,也是这次展览的策展人巴特院长,曾来到杭州江南铜屋和我交流。巴特院长对我的艺术给予了高度评价,并专门为此展撰写了评论:"朱炳仁的世界令人神往,其中充满了对艺术技巧和艺术表现方式的探索。他以中国古代文化为起点展开研究,将其变形为一种新的当代表达方式,从而展现了中国风的复兴。"

从一个西方艺术家的角度,我们可以看出这种超越历史、超越东西方的精神。我们需要自信,敢于尝试。我们的现在艺术水平、工艺在全世界也是独一无二的。另外,民族的就是世界的。将传统储存在脑海中,使用祖先的语言,讲述当代的故事。

《稻可道,非常稻》 2012 年

上 /《图腾》 2017 年
下 / 熔铜庚彩——《喜事连连》系列 2020 年

上 / 熔铜壁画《春和清妍》 2015 年
下左 / 熔铜艺术《燃烧的向日葵》 2015 年
下右 / 熔铜艺术《我想象中的达利》 2009 年

《设计》：在作品中您重视哪些现代设计艺术理念的发挥？

朱炳仁：朱家祖上一直是铜匠，做的是老百姓用的东西。可随着时代发展进步，铜逐渐淡出了人们的生活。所以，在产品设计中，要注重实用性，设计老百姓能够用的东西。此外，设计要非常讲究，要有文化，符合铜的特性。

传统文化是我们民族一脉相承的瑰宝，是中国现代艺术设计之魂，也是一个大宝库。近些年，"朱炳仁·铜"和故宫博物院、颐和园、浙江博物馆、凡·高博物馆合作，在器形纹饰和选料制作上，丰富精美的藏品和文化是创意的源泉和动力，展示我们工艺设计之精美。我们通过文化产品的研发，让一件件文物"活"了起来，延续文物藏品的鲜活生命，让人们把"传统文化带回家"。

另外，在设计上也要遵循铜的健康性和环保性。铜是一个好东西，在不少欧美国家，如排水系统、洗水槽等，用的都是铜。在国内"朱炳仁·铜"也致力于铜的抗菌性的理念推广，重新培养人们对铜的健康需求，让铜真正走入千万百姓家。

《设计》：您曾与西方的艺术家达利开展一场跨时空的对话，同样做铜雕，东西方的艺术设计理念有哪些异同？

朱炳仁：2009年11月，在第十二届西湖艺术博览会上，西班牙超现实主义大师萨尔瓦多·达利(Salvador Dali)的百余件青铜雕塑遗作在杭州亮相，与此同时，主办方特邀我也展出熔铜艺术作品100余件，以我开创了"熔现实主义"新流派，与达利作品对话。中西方艺术开展了一场跨越时空的碰撞和交流。

当然，东西方的设计理念是有很多差异的。当时的对话，无论是时空、性格、作品风格和追求都不存在可比性，何来这场对话呢？有人说，我是勇敢的突破者、革新者，我的熔铜艺术掀起了一轮新的艺术革命，开创了"熔现实主义"新流派,这与以达利为代表的西方超现实主义艺术流派颠覆经典、突破传统的创造精神暗合,成为两者对话的基础。

而在达利纪念馆的负责人眼里,我的熔铜作品与达利的作品至少有一点是共通的:我们都将铜当作了一种具有可流动性的材料。达利因此创作了他的专属符号"软化钟",而我因为东方审美创造了熔铜艺术。

我们抱有不同的理念而运用了相同的手法。达利的《融化的时钟》体现的是软与硬的对比,他的本意是通过将时间软化来解构一般意义上的时间;而熔铜艺术也很好地体现了软硬的对比,坚硬的铜一旦变成了流动的水,便可行于所当行、止于所当止,再加上作品所表现的中国山水画的内敛与简洁,对比自然鲜明。

所以,有评论家说达利是一个"左手疯子,右手天才"的怪才,朱炳仁就是"左手熔铜,右手水墨"的疯子。无论是西方超现实主义,还是东方传统文化,都是充满灵性的表达,对自由艺术的审美。

我认为,中西方文化各有所长,中国艺术家有足够的底气与西方的艺术进行对话。特别是随着中国政治、经济的发展,有着深厚历史的东方文化也能重新建构自身的品格和风骨。正如原中国美术学院院长肖峰所言,以达利为代表的超现实主义流派今天依然繁花似锦,而中国的山水画从一开始所追求的就是"乃神似,非形似也""妙在似与非似之间",所以西方的一些画家才说,"我们的现代就是中国的传统"。

《设计》:人工智能技术给各行业带来了变革的思考,作为国际级工艺美术大师,您如何看待传统工艺在信息时代的文化价值?如何与高科技共存?

朱炳仁:习近平总书记说,不忘历史才能开辟未来,善于继承才能善于创新。传统工艺是数千年来古人在生产实践中的一种生活智慧,是中华传统文化的一种表现方式。随着数字化、人工智能等技术不断介入,传统工艺不再囿于固有的手法和思维。

面对近些年汹涌而来的互联网浪潮，我们积极推动传统工艺与互联网结合，促进产品销售方式的创新。以粉丝需求为导向的新玩法，用互联网重新定义工艺传承，让更多的年轻人了解我们古老的品牌和历史。

在产品的开发和设计上，研究当今主流消费群体的需求和年轻人的审美，以现代创意设计融合，设计出时尚美观又不失实用性的产品，贴近百姓，走进生活。

身边的很多老百姓可能还不知道铜在生活中的好处，不知道我们有如此恢宏深厚的铜文化传承。我们充分发挥电视、报纸、微信、自媒体等媒体作用，对铜雕工艺进行广泛的宣传，多次组织铜雕展参加浙江工美展、文博会，积极赴台湾地区，甚至国外举办展览，开展文化交流，提升"非遗"项目的知名度。

铜雕有着广泛的艺术内容，它的制作技艺也多种多样，在传承祖传技艺之余，也要对铜雕艺术进行挖掘和研究。

《设计》：您对青年学生和艺术家有哪些寄语？

朱炳仁：孔子说："后生可畏，焉知来者之不如今也？"我对"后浪"们的寄语就是：勇于赶超。

2012年，我在杭州市"工艺与民间艺术薪火传承计划"中，作为5位国家级工艺美术大师之一，我收了5位徒弟。5位徒弟中，有2位是中央美术学院的学生，其中一位还是雕塑硕士学历，还有一位毕业于澳大利亚科廷大学。

当时我就对他们提出了高要求：专业素养不可少，需要经过院校的基本训练。重要的是，要对这一行非常热爱，把它当成终身职业。

其实，我更看重的是学生要有超越师傅的勇气和创新精神，能够继承前人，又不拘泥于前者，敢于打破传统模式进行创新，将铜文化和其他不同领域的文化相交融，做出自己的特色。

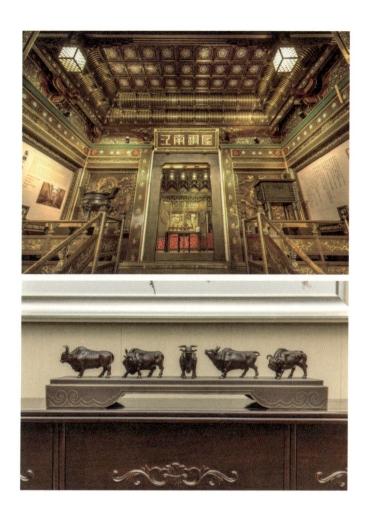

上 / 江南铜屋
下 / G20 文创——《五福临门》

扶贫 与 设计 | 第三章

设计与扶贫
Design and Poverty Alleviation

《设计》杂志社主编　李杰

　　2018年4月21日,第二届世界工业设计大会上,联合国工业发展组织、中华人民共和国工业和信息化部、中国工业设计协会等联合发起《设计扶贫倡议》,得到了与会各个国家和地区设计组织和机构的积极响应,将以设计的力量为国际扶贫事业做出探索和积极努力。这是设计界第一次对设计扶贫的正式回应。

　　在党中央确定的精准扶贫、精准脱贫基本方略指引下,各地在扶贫实践中探索出金融扶贫、生态扶贫、电商扶贫等多种扶贫模式。为全面贯彻落实《中共中央、国务院关于打赢脱贫攻坚战的决定》《"十三五"脱贫攻坚规划》《关于支持深度贫困地区脱贫攻坚的实施意见》《中共中央、国务院关于打赢脱贫攻坚战三年行动的指导意见》等部署要求,更好地发挥工业设计在提升产品品质、助力产业扶贫方面的作用,切实打好精准脱贫攻坚战,促进区域协调发展,制订了《设计扶贫三年行动计划(2018—2020年)》。

　　在脱贫攻坚大背景下,所谓设计扶贫,就是把设计纳入扶贫工作体系中,通过设计创新改进扶贫开发方式,充分运用和发挥独创、道德、情感、美学的设计力量来助力脱贫。设计扶贫的理念主要是"以设计尊重并发扬多元的人文生态,推动健康的产业生态和营造可持续发展的环境生态"。这与生态扶贫的功能定位及精准扶贫的扶贫目标相契合,强调通过设计创新在经济、社会、环境领域形成良性循环,有效提升产业活力和生命价值。设计参与扶贫的路径主要包括提供解决方案、品牌建设、乡村风貌或公共设施改观设计、"非遗"再造、乡村特色旅游产品和服务设计、田园社区建设等多个方面。

国内设计界也对设计参与扶贫做出了回应,主要从实践层面通过为村庄整治提供设计方案、"非遗"再造、传统工艺再设计等方式带动脱贫。但在研究领域,并没有对设计扶贫的概念和内涵做出清晰界定。有学者分析了设计扶贫的几个难点:一是如何做到经济上可行。贫困地区的一些传统工艺品,若在设计上稍加改造以适应发达国家的消费者口味,则有可能出口创汇。但是若没人帮助这些贫困地区的人群去探索市场和改进设计,则那些工艺品原有的销售规模根本不足以为当地脱贫做多大的贡献。二是如何做到环境友好。最近,国家在限制高能耗、重污染生产厂家的运行,这将明显影响一些地方百姓的近期收入。可见,从扶贫的源头(扶贫设计)做起是多么重要。三是如何从制度上保证这些"觉悟高"的设计人员和群体能够长时间保持这样的积极性,而无须担心自己的生存保障问题。第三点是最难的。在发展市场经济的大环境下,政府怎样鼓励和保护有志于"设计扶贫"的组织和个人,是一项严峻的挑战。

从本期专题中各位专家学者的访谈中可以看出,设计参与扶贫的实践表明,设计能够通过多元路径把本地资源和文化资源转化为生产力,通过利益联结机制实现生态环境改善与贫困人口脱贫致富的"双赢"目标。为满足人民日益增长的美好生活需要,更应发挥设计的力量,平衡好经济发展与环境保护、人与自然的关系,让更多人获得幸福感。

扶贫攻坚需要有社会责任感、奉献精神和创新精神的高素质设计人才
——陈兴义谈"设计与扶贫"

CREATIVE POVERTY ALLEVIATION REQUIRES HIGH-QUALITY DESIGN TALENTS WITH A SENSE OF SOCIAL RESPONSIBILITY, DEDICATION AND INNOVATION
——CHEN XINGYI ON "DESIGN AND POVERTY ALLEVIATION"

陈兴义
河南理工大学建筑与艺术设计学院原院长、教授、硕士生导师

陈兴义,河南理工大学建筑与艺术设计学院原院长、教授、硕士生导师,中原传统村落建筑文化艺术研究中心主任,河南省高校特色新型智库太行发展研究院研究员,河南省传统村落专家委员会委员,丝绸之路创新设计产业联盟专家工作委员会委员,河南理工大学美丽乡村行动计划发起人,焦作市传统村落保护协会主要发起人,"草帽教授"乡镇建设团队负责人,古村落大会《新碛口宣言》发起人之一。

陈兴义教授认为,《设计扶贫宣言》与《设计扶贫三年行动计划(2018—2020年)》在很大程度上为设计扶贫指明了方向、明确了目标,近几年取得了一系列的成绩,助力了扶贫攻坚。但是在实际操作中,他深感设计扶贫应注重"社会性需求""人、物并重"及"多专业协同"。陈教授在采访中谈到,扶贫攻坚需要一大批有社会责任感、奉献精神和创新精神的高素质设计人才,有效为乡村发展赋能。

《设计》：您参与的"设计扶贫"项目持续了多长时间？您具体参与了哪些工作？

陈兴义：对设计教育工作者而言，不仅要有文化自信与文化自觉，更应该有文化先觉。如何从根上去了解我们的文化、热爱我们的文化、敬畏我们的文化、保护我们的文化，让我们的传统文化发扬光大，作为设计学院院长我一直在思考这一问题。中华民族传统文化源远流长，最悠远、最绵长的根在村落里，因此研究传统村落文化意义重大。2012年学院成立"中原传统村落建筑文化艺术研究中心"（简称中心）。中心以建筑学、城乡规划学、风景园林学、设计学、美术学等多学科为联合研究团队，主要开展以下七个方面的研究工作：①传统村落保护与活化研究；②传统村落空间整合技术与方法研究；③传统村落建筑装饰艺术与地域文化研究；④传统民间艺术及其应用开发研究；⑤中原传统文化创意产品设计研究；⑥乡土植物保护与开发利用研究；⑦传统村落气候适应性研究。团队对河南省列入中国传统村落名录的村落及全国上百个典型的传统村落进行调查研究，从此学院的科研重点转移向了乡村。

2013年党的十八届三中全会提出"建设美丽中国"的目标。同年，中央一号文件提出"加强农村生态建设、环境保护和综合整治，努力建设美丽乡村"。作为拥有建筑学、城乡规划、风景园林、环境设计、产品设计、视觉传达设计等专业的学院，如何为社会培养建设者是必须认真思考的问题。2013年启动了"美丽乡村行动计划"，学院充分发挥专业优势，带领学生深入乡村，开展村庄规划设计、环境设计、产品设计等，将课堂延伸到乡村。从此，在中原大地上飘扬起了"河南理工大学美丽乡村行动计划"的旗帜，学院"以设计服务乡村"的序幕从此拉开。

2018年党的十九大宣示中国特色社会主义进入了新时代，如何培养有社会责任感的新时代大学生成为学院探索人才培养方案的重要课题。

面对"三大攻坚战役",学院提出了"多专业协同、助力扶贫攻坚"设计扶贫活动。全院师生结合专业特点积极参与,从保护到活化、从文化到产业、从策划到规划、从设计到施工等多方位开展设计扶贫,取得了一系列的成绩。

总体来说,学院自2012年以来经历了传统村落保护、美丽乡村行动计划、多专业协同助力扶贫攻坚三个阶段。多年来的乡村工作,我们不仅在人才培养、科学研究、社会服务以及文化传承等方面取得了一系列的成绩,同时也锻炼出一支不被利益左右、乐于公益,不被定式约束、敢于创新,不被专业限制、学科齐全的"草帽教授"乡建团队。《中国科技报》以《河南理工大学:做好传统村落文化的守护者》为题报道了学院在传统村落保护与活化方面所取得的成绩。《大河报》以《留住乡愁古韵、传承民俗经典——河南理工大学建艺学院九渡村"美丽乡村行动计划"侧记》为题报道了学院"美丽乡村行动计划"为乡村所做出的贡献。人民日报海外版官方网站等媒体以《用红色基因激活乡村振兴的精神密码》为题报道了学院在"设计扶贫"方面所做出的成绩。《光明日报》以《"草帽教授"和他的乡村服务团》为题报道了"草帽教授"让贫困村发生"美丽蝶变"、让乡村吃上"旅游饭"、村落标志"擦亮"乡村振兴,深挖黄河文化蕴含的时代价值,寻找乡村振兴的支点来改善当地群众生活,让黄河流域人民更好地分享改革发展等内容。光明网、党建网、人民周刊网、新华网、中华风采网等媒体也对此做了报道,该文同时入选中共中央宣传部"学习强国"学习平台。

《设计》:在参与扶贫项目的前后,您对"扶贫"这件事的认识有什么变化?

陈兴义:设计界于2018年4月首次对设计扶贫做出正式回应,联合国工业发展组织与30多个国家和地区的设计组织、机构、企业以及大专院校在杭州良渚共同发布了一份《设计扶贫宣言》,正式提出充分运用和发挥独创、道德、情感、美学的设计力量，有效提升产业活力和生命价值。通过设计创新建设美丽乡村，改善人居环境；通过设计创新引导和培育区域特色产业，支持产业转型升级，开展面向贫困地区、弱势群体的精准设计扶贫；通过设计创新促进人与自然和谐共生，营造可持续发展的自然环境。2018年9月，工业和信息化部（简称工信部）在《设计扶贫三年行动计划（2018—2020年）》中首层次提出设计扶贫概念，提出以产品品质提升、居民生活条件改善、乡村特色文化产业发展、特色优势产业升级为主攻方向，充分调动设计行业组织和企业积极性、主动性和创造性，为贫困地区普及设计理念，提供设计解决方案，培育设计专业人才，激发发展内生动力。《设计扶贫宣言》与《设计扶贫三年行动计划（2018—2020年）》在很大程度上为设计扶贫指明了方向、明确了目标，近几年取得了一系列的成绩，助力了扶贫攻坚。在实际操作中，我深感设计扶贫应注重"社会性需求""人、物并重"及"多专业协同"。

设计扶贫应注重"社会性需求"。社会性需求是以人的需求为中心的需求系统，最高层次是人类的发展需求；次级层次是种族和国家发展的需求，发达国家需要解决社会和环境问题，发展中国家则主要解决经济发展问题；基础层次是人的需求，包括弱势群体的需求和普通人的需求。设计扶贫应注重以满足人类"社会性需求"为目标的社会性设计。帕帕奈克强调要为"真实世界"的真正"需要"而设计，而不能为"欲求"而设计。设计扶贫应以可持续性设计帮助贫困区域改善其社会经济与生存环境，在兼顾贫困地区社会资源有效利用、保护生态环境的同时，开发贫困地区产品，满足地方生态特色和生产的要求，为贫困区域的经济增长做出贡献。另一方面，应解决底层群体的基本需求和弱势群体的社会需求问题。将设计扶贫的切入点从"人的需求"上升到"社会性需求"层面，满足现实生活中社会群体的生存需求和社会可持续发展需求，真正实现"设计介入精准扶贫"目标。

设计扶贫应注重"人、物并重"。设计的本质是按照美的规律为人服务的造物艺术，是在人与物之间架设友好关系的桥梁。优秀的设计不仅拥有优质的功能和形式，甚至具有引领受众遵循良好消费观念、秉持正确价值观的社会功能。因此，对于"物"的专注决定了设计拥有极大的发挥空间，能为扶贫对象带来切实的帮助。在设计扶贫中，无论是乡村规划设计、建筑设计、环境设计、景观设计、产品设计等，都与"物"的设计有着直接而密切的关系。尽管在关于"物"的扶贫项目中，是在实实在在地改善扶贫对象的生活，但是设计在参与扶贫工作的过程中，加大对扶贫对象的精神贫困的关注，激发扶贫对象的积极、健康的生活观念，进而形成良好的社会影响，则是至关重要的。美国评论家罗伯特·休斯（Robert Hughes）所提出的"穷人没有设计"的观点是令人深思的。设计参与扶贫工作应建立在踏实帮扶的基础上，利用设计的专业特性对贫困区域和贫困群体"授之以渔"。党的十九大报告强调"注重扶贫同扶志、扶智相结合"。扶志就是扶思想、扶观念、扶信心；扶智就是扶知识、扶技术、扶思路。如果扶贫不扶志，扶贫的目的就难以达到；如果扶贫不扶智，就会知识匮乏、智力不足、身无长物，甚至造成贫困的代际传递。要从根本上摆脱贫困，必须"智随志走、志以智强"，实施"志智双扶"。"农民——特别是青年农民——是乡村改造的主力"，设计扶贫要注重启发教育农民，激发调动他们的主人翁意识，提高他们的自信心。

设计扶贫应注重"多专业协同"。扶贫作为一项庞杂的系统工程，不仅要解决贫困区域和贫困群体的生活水平落后及生活设施不足等问题，还要在推进经济发展、改善精神文化生活等方面发挥作用。因此，需要多专业协同，共同破解难题，提出解决问题的方法。

《设计》：在您看来，设计参与扶贫有什么独特的优势？

陈兴义："哪里有问题，哪里就需要设计"，但凡人们对美好生活有所向往，设计就有用武之地。扶贫攻坚需要一大批有社会责任感、奉献精神和创新精神的高素质设计人才，有效为乡村发展赋能。

设计师具有敏锐的洞察力与创造力，综合运用多学科知识，对自然资源、文化资源、人力资源等进行创造性重组，从而激活传统资源的开发；通过新观念、新技术、新材料的运用，搭建起新的生产消费系统，以实现生活方式构建和文化塑造，激活当地文化的内生动力。

就高校而言，作为科学技术与科技设计人才的聚集地，一方面，高校拥有一批设计水平高、创新能力强，且具有社会责任感与人文情怀的教师，拥有一大批具有强烈的创新意识与创新精神的热血青年，他们是设计扶贫的智力源泉与生力军，是扶贫攻坚战中不可或缺的力量；另一方面，设计扶贫与高校人才培养、科学研究、社会服务和文化传承等职能息息相关，是实现高校职能的重要的载体。

《设计》：参与"设计扶贫"对设计专业的学生来说有怎样的意义？

陈兴义：设计扶贫具有社会实践活动属性，有利于培养学生的社会责任感。十九大报告中指出："青年一代有理想、有本领、有担当，国家就有前途，民族就有希望。"新时代的大学生要担负起时代赋予的新要求，要自觉肩负起实现中国梦的社会责任。社会实践活动丰富学生的生活阅历，有助于学生准确认识社会；社会实践活动扩展学生的认知视角，为学生展现多维度的社会发展场景；社会实践活动激发学生的公民意识，坚定学生的爱国情怀。因此，社会实践是高校提高大学生社会责任感的有效手段之一。设计扶贫是专业实践与社会实践的有机结合，学生参与该活动，是了解社会、了解国情的过程，从而提高公民意识、大局意识以及国家观念,为毕业后成长成才奠定良好的思想基础。因此,设计扶贫对培养学生的社会责任感意义重大。

设计扶贫有利于提高学生的文化自信。大学生是实现中华民族伟大复兴的中坚力量,也是"四个自信"的主要践行者。因此,大学生必须将民族文化自信内化于心、外化于行。大学生的全面发展应该基于我国代代传承的民族文化,在大学生的内在要求中必须树立起文化自信的伟大旗帜。大学生的设计活动只有具备了文化自信,才有可能将中华民族的优良传统实实在在地运用到设计之中。中华民族的文明最初是在村落里育成的,中华文明的大树最绵长的根在村落里,难以数计的物质的和非物质的文化遗产在村落里。因此,中华民族文化的基因、根性和多样性在村落里。古村落是中华民族优秀传统文化的重要载体和象征。大学生深入乡村、参与设计扶贫是文化学习最直接的方式。冯骥才先生指出,文化学习最好的方式是体验,希望教育可以注意体验。设计扶贫正是文化学习潜移默化、循序渐进的过程,正是沉下心来,慢慢做、踏实做的过程。

设计扶贫具有专业实践属性,学生在该活动中,将所学的设计专业理论与设计扶贫实践相结合,深化了专业设计能力,提高了专业素养、专业水平和专业自信心。同时,学生们通过设计扶贫也更加广泛地接触到社会的不同人群,了解这些人群背后的故事和最真实的需求。

设计扶贫具有社会公益活动属性,学生参加这样的活动,服务他人、服务社会,有助于培养社会情怀;通过扶贫公益活动,在帮助他人、服务社会的同时,提升了自我价值,增强了自我存在感。

《设计》:"设计扶贫"项目对高校设计专业的教学是否有所启发?未来会否衍生出新的项目或发展方向?

陈兴义:"设计扶贫"实践告诉我们:扶贫攻坚需要一大批有社会责任感、

有奉献精神、有创新精神的高素质设计人才。"设计扶贫"项目往往具有综合性、创新性、公益性，这就要求设计专业的教学要注重拓展学生的知识面，让学生学会用辩证唯物主义的思想方法和工作方法，一切从实际出发，理论联系实际，从错综复杂的社会现实中寻找解决问题的突破口；要注重培养学生的创新意识、创新精神与创新能力，面对"设计扶贫"中的实际问题，创造性地提出设计方案，解决实际问题；要注重思想道德方面的教育，培养学生的社会责任感与奉献精神。乡村振兴作为国家战略，需要大量的专业技术人才，设计人才必将成为乡村振兴的生力军。因此，"设计＋乡村振兴"新工科的探索与建设是摆在设计院校面前的新课题。

《设计》：如何才能确保扶贫成果顺利转化和项目的可持续性？

陈兴义：在"设计扶贫"中，高校师生开展了一系列设计活动，形成了一大批设计成果，部分成果落地后有力推动了脱贫攻坚。如何让更多的设计成果落地？首先，设计人员必须深入乡村开展调查研究，掌握政策、了解民情、明确需求、摸清资源，创造性地设计出能"真扶贫"的设计成果，避免追求设计成果"高、大、上"；其次是积极引导扶贫对象"立志增智"，树立脱贫信心与决心，增长知识与才干，让他们了解设计的目的与意义，从心底里接受设计成果，并利用设计成果脱贫致富；最后要加强与地方政府沟通，积极促成投入少、见效快的项目落地，让大家看到设计给扶贫带来的社会效益与经济效益，以点带面，逐步将设计成果转化为扶贫成果。

《设计》：请您谈谈在设计扶贫项目进行过程中收获的感悟。

陈兴义：近几年在设计扶贫与乡村建设方面开展了一系列有益的尝试，下面谈几点体会：

现场指导施工

1. 树立文化自信，保护与活化传统村落

自2012年住房和城乡建设部等四部委联合启动了中国传统村落调查以来，特别是习近平总书记做出要"让居民望得见山、看得见水、记得住乡愁"的指示后，传统村落保护与活化在全国上下出现了前所未有的关注。近几年无论是在理论上还是在实践上都取得了可喜的成绩，但也出现了"乡村趋同化"等现象，令人担忧。

为什么会出现这些现象呢？对传统村落文化价值自信能力不足、对传统村落文化价值的发现能力不足、对传统村落文化价值保护方式不清楚以及对传统村落文化价值利用途径不清楚等问题，是出现"乡村趋同化"等现象的主要原因。

传统村落是一锅"老汤"，是人与自然在漫长的历史长河中慢慢熬出来的。这锅"老汤"的精华就是我们常说"文化"，一切从"老汤"里出来的东西，都带有"老汤"的味道，即传统村落文化。要保持"老汤"的味道，就必须保存"老汤"的精华。因此，要保护传统村落的价值，就必须保护传统村落的文化。

传统村落是一棵"老树"，根深叶茂，它的根深深扎在乡土里。传统村落的建筑是不同时代、不同风格并存的，但都有共同的文化基因，就如同老树既有老干，又有新枝，但都出自共同的根；传统村落是生产生活基地，不同于文保单位，它面临改善与发展，就如同老树需要培植才能枝繁叶茂一样。保护老树重在保护根，保护传统村落重在保护传统文化。根没了，树枯了；传统文化没了，传统村落的价值没了。所以，传统村落保护的核心是传统文化。

传统村落文化如何保护呢？首先要有"文化自觉"。所谓"文化自觉"，是指对自己文化的高度认同、乐于分享和积极传播的一种心理状况和行为积极性。同时，对外域文化持既积极扬弃、又努力包容其积极因素的文化态度和价值倾向。"文化自信"表现为对先进文化或优秀文化的一种自觉追求与大胆地推介。现在出现的"乡村趋同化"现象，就是一种典型的"文化不自信"，看不到自己村落文化的价值。

要保护村落文化，从操作层面上来说，必须有驻留或依托文化价值或精神的基础或场所，如文化产品、文化场所、文化遗迹、文化活动仪式、文化习俗、文化典籍、文化传说、神话构想等"文化形态"。同时要注重文化交流，特别是人与人的交流。通过人、产品和服务的交流，文化得到了传承。这也是我们一直强调的传统村落不能空心化。原住人没有了，在"老汤"里长大的人、被传统村落文化熏陶出来的"文化人"也就没有了，还谈什么村落传统文化交流呢？所以，留住村民也是传统村落保护的一个重要内容。

传统村落如何发展？这里要特别强调的是，保护传统村落绝不是原封不动。村落进入当代，生产和生活都要现代化，村落中的人们有享受现代文明和科技带来的便利与恩惠的权利。

传统村落与一般意义上的村落相比，在发展过程中有其自身的特殊性。它既肩负着保护传统文化的使命，又拥有优秀传统文化的优势。因此，一定要明白保护是为了村落的可持续发展，发展是为了更好地保护。以保护为前提的利用，不仅促进了村落发展，也推动了文化传承。

如何充分利用村落优秀传统文化与生态资源发展特色产业？如何结合现代科学技术，展示传统文化，建设特色鲜明的生态宜居家园？如何弘扬传统文化，构建社会主义新时代的文明乡风？这些都是在利用村落文化推动传统村落发展方面要研究的课题。

2. 激活闲置空间，重塑现代乡村公共空间

乡村公共空间是村民可以自由出入、进行各种社会交往活动的公共场所，具有愉悦身心、提供公共服务、促进社会整合等多重功能。乡村

公共空间对传承文化、维系感情、增进交流、提高人居环境质量等都具有重要作用，在新时期，对加强党建引领、培育社会主义核心价值观同样有着重要的现实意义。

在我国农村社会快速变迁的过程中，乡村公共空间正在逐渐消失，现有的公共空间的数量和质量远不能满足乡村生产与生活、精神与心理的需求。近年来，党和政府高度重视乡村建设，乡村公共空间建设迎了来新的机遇，开始进入发展的"快车道"，成为乡村振兴的重要表现。但繁荣的背后，一些乡村热衷于拆旧建新、照抄照搬，其结果不仅仅是加大了建设投资，而且随意拆旧会毁掉村落的文化，盲目抄袭会破坏村落的地域特色。不少乡村重形式、轻内涵，重建设、轻管理，导致乡村公共空间形同虚设，难以发挥其应有的作用。如何避免这些现象，是摆在政府和乡村面前亟待解决的问题。

乡村"空心化"严重，闲置、半闲置空间随处可见。村民闲置的住宅与宅基地占了乡村闲置空间的绝大部分比例，激活这类闲置空间对重塑现代乡村公共空间具有重要意义。闲置的住宅大多是新中国成立初期，甚至是民国时期或更早时期的建筑，建筑形式、建筑材料、建筑工艺等地域特色明显。这类空间多以庭院形态存在，虽然室内外空间相对较小，但若能处理好各庭院的交通联系，将独立的庭院组合成有机的整体，往往能构成意想不到的诗意空间。若能保持原有民居的外部风格，做到外朴内新，将这类空间改造为村史馆、老年活动中心等，漫步其中，如同徜徉在乡村文明的历史长河之中，让人既能沐浴传统文化，同时又能享受现代生活。在怀川大地的"滨水之乡"北西尚村利用闲置民居改造而成的北西尚村史馆、老年活动中心就是一个较为成功的例子。闲置的宅基地往往垃圾成堆、污水横流，随意散落在村落之中，成为乡村长期难以治愈的伤疤。河南省红色教育基地寨卜昌村将长期闲置的宅基地建成宣誓广场，目前成了党员活动的重要场所；北西尚村将闲置宅基地改造为临时儿童活动场地、村中绿地等，大大拓展了村民的公共活动空间。

乡村祠堂、家庙往往处于闲置、半闲置状态。这类建筑历史悠久，保留了中国传统建筑的特色，蕴含着中国乡村的传统文化，是乡村传统公共空间的重要组成部分。要使这类空间成为现代村落公共空间体系中的一部分，必须打破族群的约束，把封闭的祠堂向所有群众敞开，走"祠堂+文化"的道路，在"一堂多用、一堂多能"上做文章。依托祠堂建设一系列新时代文化活动场所，并不断融入文明教化、乡村治理等内涵，达到文化聚民、文化悦民、文化惠民的目的。"龙凤之乡"苏家作村的苏氏祠堂，通过增加孝道文化的内容，变成传统文化教育基地；寨卜昌村的王氏祠堂，增加王氏先辈为中国革命做出贡献的内容后，现已成为红色教育点，供游人参观。

3. 抓好"二馆一场"，构建社会主义核心价值观培育环境

社会主义核心价值观包含国家、社会、公民个人三个层面的价值要求：富强、民主、文明、和谐，自由、平等、公正、法治，爱国、敬业、诚信、友善。三个层面相互支持、相互渗透，共同构成一套价值体系。

核心价值观是社会共同体的思想基础和基本信仰，是国家和民族生存和发展维系的精神命脉和不可或缺的文化软实力，是影响人的行为以及社会稳定和发展的重要力量。社会价值观混乱将引发道德失范和越轨行为的泛滥，阻碍国家的发展。培育公民的核心价值观是规避价值混乱和社会动荡风险的一种重要的社会动员方式。世界上各国无不注重核心价值观的弘扬与培育，将核心价值观纳入国民教育中，使之在全社会普及与强化。

乡村作为我国社会构成的主体，正处于急剧转型时期，人口流动速度加快、社会经济结构的变动，人们的价值观、理想信仰也在潜移默化

地发生变化。对广大农民的价值引导、理想塑造不仅关系到"乡村振兴"战略的实现，同时也与建设美丽中国密不可分。因此，提升当代中国社会核心价值观话语影响广度，占领乡村思想阵地，培育乡村新时代价值理想，具有重大的全局意义和现实意义。

核心价值观的社会教化与制度规约的同频共振，是人的价值认同与行为习惯养成规律的客观要求。我国社会主义核心价值观的培育，一方面，应通过教育引导、舆论宣传、典型示范、文化熏染、礼仪宣誓等各类核心价值观的社会教化活动，提高社会成员的价值认知，使人们"有耻且格"；另一方面，应通过制度规约，通过行为规范及其对违法行为的惩罚，对社会成员构成强制作用，使人们"明理守规"。在广大乡村，核心价值观的社会教化更应结合乡村语境，融入乡村生活，提升乡土感染力，用身边的事教化身边的人。

充分发挥村史馆的作用。村史馆在展示乡村发展历史的内容上，应充分反映新中国成立以来，中国共产党领导中国农民解决"三农"问题所取得的巨大成就：社会生产能力越来越发达、社会财富越来越丰富——富强；政治越来越清明、人与人越来越平等——民主；人们的思想境界与道德水平越来越高——文明；人与人、人与社会、人与自然越来越友好相处——和谐。让广大群众充分认识到社会主义经济建设、政治建设、文化建设、社会建设和生态文明建设是全社会和每一个人都应该为之奋斗的目标，涉及生产生活的方方面面。在社会主义中国，人民群众既是革命、建设和改革的主体，同时也是共享革命、建设和改革成果的主体。国家的价值理想就是全社会和每个人价值追求的总目标。

充分发挥乡村荣誉馆的作用。爱国、敬业、诚信、友善作为社会主义核心价值观公民个人层面的内容，是每一个公民应该遵循的行为原则和道德准则。荣誉是社会、集体对一个人的道德行为所给予的社会价值的肯定，同时又是个人从这种社会肯定中获得的一种精神上的满足。通过乡村荣誉馆充分展示百姓的家国情怀、敬业精神，以及诚信友善的乡村风尚，可以增强百姓的荣誉感，扬正气、压邪气，确保社会正常有序运转，国家的各项奋斗目标平稳有序推进。先进模范人物是时代的先锋、社会的楷模，同时也是社会主义核心价值观的优秀践行者与代表。大力宣传先进典型，发挥先进典型的模范带头作用，既是开展思想道德建设的重要方式，也是大力培育和践行社会主义核心价值观的有力抓手。北西尚村的荣军堂与创业室就是很好的例子。

充分发挥乡村文化广场的作用。乡村文化广场应高度重视党建文化的引领，高度重视优秀传统文化的注入，高度重视社会主义核心价值观的传播。乡村广场具有公共性娱乐休闲场所的社会功能，广场文化活动多为群众自发组织，多以健身、休闲、娱乐为目的，具有较强的活力与较高的群众参与度。多种文化元素注入广场，将潜移默化地影响广大民众的精神世界，提高思想道德修养与文化素养。乡村文化广场应高度重视营造民主、自由、平等、开放的氛围。随着经济发展，社会生活节奏加快，发达的信息传媒在方便人们获取信息的同时，也改变了人们的交往方式，人情冷漠、邻里来往减少已成为不可回避的现实。民主、自由、平等、开放的氛围有利于参与者根据自己的喜好加入相应人群中，在相互交往的过程中，使心灵得到抚慰、情绪得到调节，也使人际关系更加融洽。太行山脚下的后岳村的"精忠"文化广场是一次有益的尝试。

4. 延续村落特色，建设美丽家园

村庄特色是综合各种因素形成的，来源于自然生态环境、历史文化底蕴与不同时期的产业特色。自然生态环境铺就乡村风貌的底色，历史文化底蕴造就不同的乡村特色，不同时期的产业特色则为乡村注入新的活力。

保留村落的自然之美、发掘村落的特色之美、开发符合人居环境特点的创造之美，构成"百里不同风、十里不同俗"的乡村差异性，打造各具特色的现代版"诗意栖居"，才能吸引外来人、留住本地人，真正把美丽写在乡村的土地上。

当前我国乡村风貌建设存在不少令人担忧的现象，主要表现为形式主义、拿来主义、功能主义和奇形怪状等，乡村风貌趋同化严重。具体有以下表现：乡村风貌"土气"化，把"乡愁"与破败的乡村和对贫穷落后的回忆等同起来，认为乡愁就是残垣断壁、坛坛罐罐、石碾马槽等；乡村风貌"白色"化，认为粉墙黛瓦才是美，不分村落地域、建筑年代、建筑形式、建筑材料，一律喷白，使村落的悠久文化与地域特色淹没在一片茫茫的白色之中；乡村风貌"涂鸦"化，认为五颜六色才是美，有一块白墙，就必须画一点东西，否则就不是美丽乡村，就没有文化；乡村风貌"复古"化，认为村庄风貌建设必须回归到百年前的模式，才算是协调统一，拆掉真古董，乱建假古董，花了资金，毁了历史，丢了文化；乡村风貌"城市"化，城市审美介入乡村，把乡村建设得像城市一样，追求高大上，乡村特色不复存在，乡村风貌破坏殆尽。

乡村建设应该是将现代的生产和生活需求融入传统的乡村风貌之中，用心保护乡村的自然环境和人文风貌，使自然环境、人文风情、村庄形态和产业发展相得益彰。

生态文明观是美丽乡村建设的归宿。美丽乡村建设必须把生态文明建设摆在乡村发展的突出位置，既要以生态文明理念为指导，又要以推动乡村实现生态文明建设为目标，保护乡村的生态环境，开发乡村的生态资源，拓展乡村的生态空间，努力引领乡村走向生态文明建设的新时代。

乡村风貌的背后代表的是文化，凝聚的是乡愁与记忆。注重文化传承、凸显人文内涵、弘扬传统文化应该成为美丽乡村建设的重要内容。一个乡村、一个地区最值得珍惜和骄傲的资源就是它的文化印记，这也是乡村建设最应该倚重和发扬的优势资源。建设美丽乡村，不仅是外在的美化，更应该是精神人文层面上的美化。美丽乡村建设应该围绕这些独特的优势资源做文章，在坚守中求新求变，要做到"既见新村又见乡音，既见新貌又留古韵"。

乡村空间是构成乡村特色的重要组成部分，是美丽乡村建设的主要内容。乡村空间无论是有形空间还是无形空间，都承载着不同时期的文化，记录着不同时期的历史，展示着不同时期的生活。因此，美丽乡村建设必须用心保留不同时期的乡村空间、用心设计新的乡村空间，让文化得以传承、让历史得以延续。不同时期形成的乡村空间，由于多方面的原因，大多杂乱无章，严重影响了乡村的形象。因此，美丽乡村建设必须用心梳理乡村的空间关系、用心处理好各空间之间的关系，变无序空间为有序空间、变无用空间为有用空间、变消极空间为积极空间。

乡土材料与传统工艺在延续乡村特色方面同样发挥着重要的作用。利用乡土材料营造乡村空间，是千百年来劳动人民在顺应自然、改造自然过程中智慧的结晶。因此，在现代乡村建设过程中，充分利用好乡土材料不仅降低了营造成本，同时也是朴素的绿色设计理念的延续。传统工艺不仅包含着劳动人民的智慧，同时也蕴含着我国传统文化与乡土特色。充分利用本地传统工艺与工匠，不仅可以激活当地的劳动资源，同时能达到传承传统文化与乡土特色的目的。

社会在发展、时代在进步，新时代人民对美好生活的向往就是党的奋斗目标。城乡差距在缩小、城乡观念在趋同，乡村已不是贫穷落后的代名词，新时代的"三农"正以崭新的面貌展现在世人面前。美丽乡村建设必须在文化建设上坚持文化自觉与文化自信，在空间建设上与现代生产生活相适应，在配套设施建设上与现代信息化社会相适应。同时，乡村建设在审美层次上也应与时代接轨，在设计理念上应坚持以人为本，建设"现代生活＋自然生态＋传统文化"的美丽乡村。

5. 打造乡村品牌，助力乡村振兴

产业兴则百业兴，产业强则百业强。乡村振兴要紧紧抓住产业兴旺这个"牛鼻子"，围绕产业兴旺下功夫，做大做强产业，打造乡村产业品牌，培育农业农村发展新动能，乡村振兴才有底气、才会硬气。"品牌"是具有经济价值的无形资产，通过对理念、行为、视觉、听觉四方面进行标准化、规则化，使之具备特有性、价值性、长期性、认知性的一种识别系统总称。产品的品牌需要经历营销定位、名称创意、标志设计、价值梳理、文案创造，最后再进行包装设计。这样的产品才具有生命力，才能真正让区域资源转化成产业，造就一个富裕乡村。近几年我们在美丽乡村建设中，通过资源挖掘、文化注入、产品设计，以及叫响口号、设计符号，同时协助成立公司、引导走向市场，努力打造乡村品牌，助力乡村振兴。

九渡村：太行山北麓的石头村落，2013年8月被列入"中国传统村落名录"。2015年10月在九渡村启动了"美丽乡村行动计划"，通过多专业协同，提出保护策略、制定发展规划、策划文创产品，同时凝练宣传口号、设计村落标志等一系列活动，努力打响"太行石头村，豫北小桂林"的九渡全域旅游品牌。目前民俗旅游、餐饮住宿、水上游乐、土特产品加工销售等旅游相关产业逐步形成，游客人数逐年增加，年接待游客达到4万~6万人次，户均收入在万元以上。

北西尚村：焦作城乡一体化示范区所辖的一个普普通通的村落，2018年通过一个多月的创建，一跃成为焦作市美丽乡村示范村评比第一名。团队应邀进入村落后，从卫生环境治理入手，发掘党建文化与乡愁文化。打造以文化广场、国学讲堂、党员活动室、便民服务中心等为主要内容的党建综合体；创建以村史馆、乡愁馆、老年文化中心、家风馆、荣军堂等为主要内容的乡愁文化体验区；提出"滨水之乡"宣传口号，设计村落标志。目前该村党建综合体已经成为全市美丽乡村建设示范点、党建示范点的亮点工程之一，多次受到市领导的肯定和赞扬；乡愁文化体验区已被列入焦作市首批19处社会资源旅游访问点。

寨卜昌村：中国古民居保护村落，晋冀鲁豫野战军第九纵队诞生地。长期以来村落环境不忍目睹，国宝级的民居无人问津。2018年团队进驻后，深入研究村落的传统文化与红色文化，认真梳理存在的问题，提出以传统文化"充满"古村落、让红色文化"入驻"古民居、让党建文化"串联"古民居的思路，凝练出"千年古村落，红色寨卜昌"的口号，设计出包含"古村落＋红色文化"元素的村落标志。经过一年的建设，如今的寨卜昌村已成为全市党建活动的必到之地、焦作市首批19处社会资源旅游访问点。2020年7月，寨卜昌村名列第一批省红色教育基地名单。

十二会村：太行山里的省级贫困村落，新中国成立前夕焦作市委所在地。2018年团队提出以红色文化活化红色村落的思路，在缺少资金来源的情况下，鼓励村民发扬艰苦奋斗的革命传统，自力更生整治环境，打造"党建文化园"，成立"十二会红色文化传播有限公司"，启动"不忘初心、牢记使命主题教育日活动"。如今的十二会村已成为焦作市红色教育基地。

乡村天地广阔，乡村建设任重道远。美丽乡村建设必须坚持"人民中心观、生态文明观、因地制宜观、综合治理观、城乡统筹观、文化传承观"的美丽乡村建设思想，久久为功、扎实推进，因地制宜、精准施策，通过美丽乡村建设推动乡村"产业兴旺、生态宜居、乡风文明、治理有效、生活富裕"，让乡村"香"起来！

艰难而荣耀 用设计专业能力创造社会价值
——封昌红谈"设计与扶贫"

HARD AND GLORIOUS TO CREATE SOCIAL VALUE WITH DESIGN EXPERTISE
——FENG CHANGHONG ON "DESIGN AND POVERTY ALLEVIATION"

封昌红

深圳市工业设计行业协会会长
河北工业设计创新中心主任
雄安新区未来工业设计研究院执行长

封昌红在工业设计领域深耕十数载,自执掌深圳市工业设计行业协会以来,在全国先后发起成立中芬设计园、河北工业设计创新中心、海峡两岸青年创业基地、深圳开放创新实验室、深圳创新设计研究院、中瑞设计港、雄安新区未来工业设计研究院、定州工业设计创新中心、江西红品创新设计中心、青岛工业设计创新中心、中国工业设计协同创新平台等设计创新载体。

始于让中国设计在全球发声这一初心,封昌红以"引进来,走出去"为路径、以"设计是产业链最高端引擎"为立足点,带领团队与全球30多个先进设计城市建立战略合作,组织承办全国大众创业万众创新活动周深圳主会场、深圳国际工业设计大展、河北国际工业设计周、金芦苇工业设计奖、第十二届全球微观装配实验室年会、伦敦百分百展中国馆、深圳国际创客周、中国(深圳)国际工业设计节、全球青年创新集训营(UNLEASH 2019)等高端国际化行业活动,引入全球顶尖设计创新资源,促进中国设计接轨国际,为深圳创造、河北智造注入工业设计创新思维,推动产业转型升级,为中国产品往品牌转变、中国制造往创造转变探索发展模式,让世界看见影响世界的中国设计。2018年封昌红前瞻性地提出"设计新生,和而不同"全新理念,并在2019年提出"城市共创,设计开窗"升级理念,主张以设计的力量打造一座有远见的城市,在全球设计界引起共鸣。

《设计》："设计扶贫联盟"是在什么时间以及怎样的契机下成立的？

封昌红："设计扶贫联盟"始于第五届深圳国际工业设计大展中一个工作坊的想法。因为十九大报告明确指出脱贫攻坚还剩下三年时间，我认为设计师除了创造产品的商业价值外，还有着沉甸甸的社会责任。设计师要思考，该如何在有限的三年时间里展现设计的担当。所以，当时工作坊的主题是"设计有爱，扶贫无界"，深圳很多知名的设计公司，我们副会长以上级别的设计机构，像洛可可、佳简几何、容一等的创始人来一起探讨，怎样用设计的力量为扶贫助力，做一些事情。我们还举了一个例子：那时候我们刚刚去河北，看到一些河北村庄里老人手工做的鞋子很精美，却只能卖 30 元。于是我主持了一次工作坊，组织选手分成四个小组来寻求解决方案，无论是改变鞋子的工艺材料，还是用全新的营销方式，让鞋子的价格从 30 元升值为 300 元。四组方案出来后，经过 PK 还进行了颁奖。经过了那次工作坊之后，大家纷纷产生了成立一个"设计扶贫联盟"的想法。中央赋予深圳的重要使命就是要做示范、做样板，所以才有了现在的深圳经济特区先行示范区的使命。因此，我们做设计一方面要先行，另一方面要示范。三年前我们提出"设计扶贫"的概念就具有示范意义。

那场工作坊之后，所有参与了活动的设计机构自然而然地就形成了联盟中的成员。随后我们开展了很多走进贫困山区、国字号贫困县的活动。比如邢台的临城，我们做了绿岭核桃，打造了一系列核桃相关产品；还有黄家土布，让五六十岁的村人把"非遗"手艺传承下来，提升了产品的附加价值，解决了当地上千贫困户的就业问题；清河羊绒虽有"世界羊绒看中国，中国羊绒看清河"的美誉，但当地其实还是以小作坊形式为主，我们帮助他们打造了区域品牌，这也是"设计扶贫"的一种特别好的方法和路径，从分梳、纺纱到织布、成品，再到区域品牌，我们

第五届深圳国际工业设计大展积极响应党的十九大报告中坚决打赢脱贫攻坚战的指示,贯彻落实动员全党全国全社会力量,坚持精准扶贫、精准脱贫原则,注重扶贫同扶志、扶智相结合的要求,首次设立十九大专题工作坊——"设计扶贫工作坊",根据贫困县的特色,通过调研分析和设计,为扶贫县提供解决方案。深圳市工业设计行业协会会长封昌红表示,设计师除了提升商业价值以外,还应该负有更大的社会责任和使命担当,希望通过这次大展,探索出深圳设计扶贫模式和路径,让精准扶贫结出硕果。

参与者热烈讨论、积极出谋划策，共同推动脱贫工作接轨创新设计文化，并成立了"设计扶贫联盟"。深圳的工业设计企业将联合起来推动扶贫工作，打响设计界扶贫第一枪。

做了全产业链的解决方案,让清河羊绒重新焕发活力,销售额在 1 年半的时间里增加了 180 倍。此外,深圳还对口扶贫广东河源、广西百色等地。

《设计》:从您的实践经验来看,如何才能确保"设计扶贫"项目的成果顺利转化且保障项目有可持续性?

封昌红:逐渐让设计这个工具在脱贫攻坚事业上发挥其专业能力的同时创造社会价值,这是非常光荣的事情。当然,开始的过程也是艰难的。最初我与河北的一些扶贫干部交流,他们更熟悉"产业扶贫"的概念,而并不理解设计能够通过哪怕些微的改变就让农副产品、"非遗"作品具有很高附加价值,就会问"设计扶贫是干什么的?"所以,"设计扶贫"概念的渗透就成了工作中的第一个难点,一方面要给各级决策者把概念讲透,同时还要培训拥有技能的手工艺人;第二个难点是"设计扶贫"相关政策的落地,因为设计首先就是一个全新的概念、全新的战略工具、全新的路径,对它的理解就非常难;第三个难点是可持续性,即在做好了一个项目之后,下一个项目如何在其基础上进行迭代,诞生新的项目,这就需要政府部门和相关机构与当地进行三级联动,才能保障可持续性。

《设计》:对于设计赋能,请您介绍下设计可以从哪些方面或环节进行赋能。

封昌红:我在这个领域深耕了 15 年,对"设计赋能"研究得比较多。我一直在想,设计即战略,设计即生产力,设计即竞争力,但是设计到底能为哪些领域赋什么样的能?这是我 15 年来思考得比较多的问题。终于在 2019 年,我理出了一条比较清晰的思路,设计应在三个领域赋能:首先,设计赋能产品;其次,设计赋能产业;再次,设计赋能城市。其实,在每一个领域里面,设计都有其使命和价值。设计赋能产品是最容易理解的。所有工业设计师、产品设计师都能定义一个产品,从 0 到 1 选用什么样的材料、风格,然后从 1 到 N,从 N 到品牌。这是一个产品线的逻辑和脉络。在赋能产品的过程中，一个原本10元的产品，通过设计让产品更有温度，就可能升值为100元。这是比较容易理解的设计赋能。设计赋能产业就是让这个产业有更加核心的竞争力，这也是我们三年多来在河北的探索成果。在深圳，关于设计赋能消费类电子或者传统优势产业，如服装、钟表、珠宝、家具等，我们都做了很多探索。三年来我们在河北做了大量的探索，基于107个特色产业集群，让设计的力量在每个集群中都能够发挥作用，串联产业链生态体系。以清河羊绒为例，从分梳、纺纱到织布、成品这四个步骤中，我们各选出一个龙头企业作为表率，再加上销售平台，在产品设计好之后卖出好价格，彼此之间形成一个生态体系，带动整个产业链的提升。设计赋能产业是对产业极大的推动力量，尤其在当今数字经济、5G时代下，以深圳为例，作为科技创新之城，深圳是中国第一个被联合国授予设计之都称号的城市，是全球范围内科技与时尚最有抓手的城市之一，如女装、珠宝、钟表、家具、消费类电子产品等，都是设计赋能产业所带来的特别核心的竞争力。尤其现在双区驱动深圳的时代背景，粤港澳大湾区和建设中国特色社会主义先行示范区的大机遇，吸引了全球的科技力量、设计创新力量，聚焦在以深圳为核心的领域，迸发创新的活力。第三个是略难理解的"设计赋能城市"概念，更多地聚焦人文关怀的层面，通过服务设计的加入，让城市更有温度。我们在雄安正在尝试从零开始"设计赋能城市"，在这个过程中，我们除了要让传统产业通过设计转型升级，变得更有竞争力之外，更重要的是希望以设计的力量让雄安这座城市有温度、有远见，这也是我们的使命。当然，最终的愿景还是全球设计雄安发布，就像国际工业设计周、雄安设计论坛、金芦苇工业设计奖，虽然聚焦的是未来设计，但核心还是要向世界发出中国设计的声音，提供一个创造历史、追求艺术，同时也是中西合璧、以中为主、古今交融的中国解决方案，——

中国高质量发展的雄安样板、雄安解决方案。我觉得身处在这个美好的时代，也赶上"特区""新区"这样的"双区"机遇，作为一个设计人，肩上的担子很重、使命感很强。我们希望设计能渗透到城市的各个角落，让百姓都能够感觉到城市真的变美了、方便了，更加发自内心地热爱这个城市。

设计人对城市的付出，让所有人对设计的价值有所认知，希望设计的力量能够让城市散发出人性的光芒，让城市熠熠生辉。

《设计》：您认为设计在扶贫的路上还能发挥什么作用？

封昌红：2020年是"脱贫攻坚"的收官之年，就要检验三年前提出的"设计扶贫"至今到底取得了怎样的收获。所以我认为，一方面要把过去三年走过的路，无论是经验还是教训，包括我们对日本"一村一品"项目的走访所得到的先进经验，总结起来，以展览、工作坊的方式进行分享；另一方面，收官不是结束，而是设计助力扶贫的新的起点，在已经取得的经验的基础上，我们要探索更直接、更有效、更容易推动的方法。目前看来，前三年的工作开展还是非常艰难，首先培训是一个难点，第二个难点是要做出成绩，第三个难点是要有可持续性。所以我觉得，2020年之后，"设计扶贫"应该到达一个新的起点，总结出一套方法论和路径。在"设计扶贫"这个领域，下一步我们要承担更大的责任，同时要拿出我们自己的一套模式来，无论是针对广东还是河北，都有价值。

《设计》：您如何评价"双区"时代背景下设计人的使命？

封昌红：在过去的15年间，我们在深圳实现了"让世界看见中国设计"的理想和目标，下一个10年，我们更大的志向、更坚定的信念和目标就是"让世界看见影响世界的中国设计"。我想，在这种"双区"发展的大时代背景下，一个是深圳经济特区，一个是有"未来之城""典范之城""千年之城"之称的雄安新区，都是设计人能够发挥自己力量的最好主战场。政府部门的高度重视，加上我们设计人的努力，在未来，我们美好的愿景一定会实现。

《设计》：请您分享几个参与过的"设计扶贫"典型案例。

封昌红：临城是河北省邢台市的贫困县，该县核桃作为邢台市的十大食品加工特产，一直面临着高产低卖的问题。河北企业将业务重心放在批发和代加工业务，缺乏设计研发和终端品牌能力，部分企业虽配有自己的研发和设计人员，但这些人员由于缺乏前瞻性的创新能力，无法对产品进行创新研发，导致产品附加值低、溢价能力差、缺乏市场竞争力。

工业设计的力量创造食品产业转型升级新价值。河北绿岭康维食品有限公司是全国唯一的核桃全产业链企业，绿岭核桃与朗图设计联手的绿岭核桃乳产品包装及品牌设计升级，以"品牌＋产品＋营销"的设计思维，强化企业优势建立竞争壁垒，打造"从种植开始，全产业链品质保障"的企业定位，对其进行品牌升级、品牌包装，并为绿岭核桃乳打造新产品线，开拓创新销售途径，进攻一、二、三线城市，开拓新市场，从而提升企业营业额和品牌影响力。同时，辅以热播电视剧和热门事件对产品进行事件营销，使新产品在3个月内销量突破6000件，以此给整体产业带来了发展新动能。

江西红品创新设计中心身处江西省丰城市，依靠设计的力量，充分调动行业积极主动性，推广工业设计，因地制宜，实施精准扶贫。联合设计公司整合丰城市洛市镇十件具有特色的当地农副业产品，对十个类别的产品整体打包设计，以罗山好礼为地域品牌，打造区域农产品品牌，大幅度为农民企业家创收，助推当地农村经济，助力打赢脱贫攻坚战。同时，深入上饶、九江、抚州、新余等地，与当地企业进行对接。江西奔步科技发展有限公司开发出全球首创竹键盘、竹鼠标等环保电子产品，但自身品牌意识薄弱，缺乏自主设计能力。在中心入驻设计公司介入后，经过前期市场调研，对企业产品进行全新定位，并打造了更符合时下市场流行趋势的全新系列产品，使企业大幅创收。

动员社会与高校设计力量，培育本土区域文创产品，塑造安新特色产业品牌价值。广泛搭建设计交流平台，组织开展设计交流及设计扶贫对接。利用白洋淀文化旅游产品创意设计大赛等相关平台，集聚设计创新资源，并动员社会与高校设计专业师生力量参与到设计扶贫的各项工作中。2019年4月22日—25日，雄安新区未来工业设计研究院与河北工业大学共同组织开展"传统文化与创意设计"课程。其间，师生们相继到安新芦苇规划馆、河北明珠白洋淀农副产品科技有限公司等地学习参观。河北工业大学的大学生们围绕"地域文化 × 设计再造"这一主题，结合安新地区的特色芦苇文化元素进行了创意设计。仅通过首届白洋淀文化旅游产品创意设计大赛与"传统文化与创意设计"课程两个项目，就成功设计研发出18款芦苇元素设计产品，内容涵盖编织包、一次性餐具、茶包、收纳板、苇编灯具、苇编眼镜、明信片、饮品包装、纸巾盒、芦苇镜等。这既培育了本土区域文创产品，也塑造了安新特色产业品牌价值，更通过在产品落地生产过程中引入当地劳动力，实现了设计扶贫，助力新区发展。

设计扶贫要坚持"在地、在场、在线"
——季铁谈"设计与扶贫"

DESIGN FOR POVERTY ALLEVIATION SHOULD INSIST ON "LOCAL, ATTENDANCE, AND ONLINE"
——JI TIE ON" DESIGN AND POVERTY ALLEVIATION"

季铁
湖南大学设计艺术学院院长、教授、博士生导师

  季铁,湖南大学设计艺术学院院长、教授、博士生导师,教育部工业设计专业教学指导分委员会秘书长、教育部新世纪优秀人才、2035科技部现代服务业发展战略研究专家、"新通道"设计与社会创新联盟发起人、湖南省工业设计协会副会长。先后组织或参与完成国家社科基金艺术学重点项目"全球化、智能化引领的非物质文化遗产创新生态体系建构研究"、国家重点研发计划"中国设计风格的经典文化元素及原型数据库研发"、国家科技支撑计划"基于湖湘地域文化的创意设计公共服务技术研究"、财政部文化产业专项"面向花瑶特色民族文化产品的创意设计服务平台建设与产业化"等一系列重大课题。

  2009年,在NOKIA中国研究院的支持下,湖南大学设计艺术学院于湖南省通道侗族自治县发起了第一期"新通道"设计与社会创新夏令营,项目的宗旨即通过设计介入,促进"非遗"贫困地区的文化传承保护和乡村振兴的平衡发展,至今已坚持10余年。"新通道"设计与社会创新项目丰硕的成果验证了设计能够达成优秀传统文化保护以及精神、经济双扶贫的目标,推动发展不平衡地区的特色文化产业发展。"面对老百姓充满希冀的目光,从精准扶贫到乡村振兴,我们最大的感悟是需要坚持'在地、在场、在线'。"季铁教授表示,"当'精准扶贫'即将取得历史性的成功,'美丽乡村'初见成效的时候,'乡村振兴'把我们的视野带向远方。"

《设计》：湖南大学设计艺术学院在设计介入扶贫方面是否有自身的地域特色？

季铁： 我们学院的设计扶贫工作起初就是在本省的少数民族地区展开的。2006年，我作为设计师筹建了湖南省第一个"非遗"博物馆——大庸博物馆，同期完成了NIKE委托的亚洲文化研究项目，并获得了全国室内设计大赛一等奖。在此期间，我走访了湘、桂、黔5个少数民族的50多个"非遗"文化村落，行程3万公里，被乡村文化的多样性和强大的生命力所吸引，并矢志守望田野。2009年，在NOKIA中国研究院的支持下，学院于湖南省通道侗族自治县发起了第一期"新通道"设计与社会创新夏令营。项目的宗旨即通过设计介入，促进"非遗"贫困地区的文化传承保护和乡村振兴的平衡发展，至今已坚持10余年；2013年，湖南大学正式开展定点对口湖南省隆回县（国家级贫困县）的扶贫工作，我院针对当地的花瑶文化展开了"非遗"的活态传承与开发，发起了"花瑶花"精准扶贫与文创公益项目，坚持至今，我们以湖南省通道县与隆回县作为长期的社会观察和"非遗"文创扶贫基地，每年再选一个具备独特自然生态环境、"非遗"文化资源丰富但经济发展落后的少数民族地区，做横向的生活方式、文化差异及社会创新方法比较研究。到现在为止，项目相继在重庆酉阳、四川雅安、新疆那拉提与喀什、青海玉树、内蒙古呼伦贝尔、云南香格里拉等地成功开展，积累了丰富的文化资源与实践经验。

《设计》：为利用工业设计提振和优化传统手工业，学院开展了哪些具体工作？

季铁： "新通道"设计与社会创新项目先后组织了来自湖南大学本校以及来自皇家艺术学院、香港理工大学、伦敦玛丽女王大学、米兰理工大学、清华大学、弘益大学等多个国家和地区学校的500多名师生，建设了一支由包括工业设计、建筑、环保、信息、影像、传播等不同专业的教授、

历届"新通道"设计与社会创新夏令营

博士、研究生、高级研究员组成的国际化、跨学科团队，开展实地田野调查等工作，与当地手工艺人和村民合作完成了大量的数字影像纪录、原生态音乐采集、旅游规划与景观设计、文创产品设计、儿童美术创作、App 与互动游戏开发、知识平台搭建与电商平台孵化、国际展览等工作，建立了国际化的创新网络和文化品牌，分享和传播不同地域文化的价值。项目至今总结形成了"基于社区和网络的设计与社会创新（DS-CN）"方法、特色文化产业的模块化设计、文化资源内生创意系统等工作方法，将地方文化资源转化为产业价值，参与式地促进了当地的文化与产业创新，与地方政府、企业、当地居民实现了良好的创新互动。

《设计》：学院的"新通道"项目开展了多长时间？截至目前取得了怎样的成果？

季铁：自 2009 年起至 2020 年，"新通道"项目已经持续开展了 11 年，取得的成果包括：

在精准扶贫方面，项目共筹集了 1000 多万元项目资金用于"文创公益与精准扶贫"，完成 7 个 "非遗" 传承基地及特色农业合作社的建设，孵化完成多家农村合作社及小微企业，帮扶 389 名贫困户成功"摘帽"，支持侗族文坡村和花瑶白水洞村成功"双百分"脱贫出列。

在学术科研方面，项目于 2012 年获得日本 G-Mark "社区研究奖"，为我国大陆第一个获此奖项的项目；于 2016 年在《国际设计学报》（*International Journal of Design*）发表第一篇我国大陆院校研究论文；2016 年、2017 年连续获得教育部直属高校精准扶贫和 "非遗扶贫" 典型项目第一名。

在社会效益方面，2016 年，教育部副部长朱之文和国家扶贫办副主任洪天云带领 44 个高校领导到隆回县扶贫基地召开现场经验交流会，对项目予以高度评价；2017 年，本项目重点支持的侗锦项目 "非遗" 传人粟田梅当选为十九大代表，获得社会与媒体广泛关注；2018 年，本项目在岳麓书院举行的成果展上，获英国皇室安妮公主高度评价并致感谢信和在皇室官网推介；2019 年，通过我们团队的参与，成功地将湖南省怀化市文化创意产业园转型升级为国家级文化和科技融合示范基地、国家级广告产业园区。

以上成果都验证了设计能够达成优秀传统文化保护以及精神、经济双扶贫的目标，推动发展不平衡地区的特色文化产业发展。

《设计》："设计扶贫"项目对高校设计专业的教学是否有所启发？未来会否衍生出新的项目或发展方向？

季铁：我相信学院多年来积累下来的"设计扶贫"实践经验对于高校设计专业的教学会带来很大的启发。2018 年，《面向国家战略的数字化与国际化设计创新人才培养体系》荣获国家级教学成果奖一等奖；2019 年，《面向乡村振兴的数字化与国际化设计创新人才培养体系》荣获湖南省教学成果奖一等奖。其中都将培养学生的社会创新与本土文化意识作为重点任务，提出构建基于地域文化的社会创新设计方法与知识体系、基于数字化的教学方法创新与地域文化再生系统，形成创新型的教学实践生态系统。

未来我们将围绕着"数字文化创新"，在文化与科技融合的大背景下，面向国家战略和产业需求，以中华优秀文化内容为核心，从文化资源与核心价值、文化大数据与智能设计平台、文化体验与产业应用三个领域入手，基于数字化技术与人工智能技术，构建协同式、智能化的文化大数据库和智能创新设计工具与平台，探索深度融合科技与文化的文物保护与文化传承新形态，打造多通道、沉浸式、交互式的深度文化体验，在文化旅游、艺术展演、文博展会等领域探索内容可视化呈现和服务集成，助力打造以数字文化为中心的新业态。

英国皇室安妮公主访问湖南大学并致感谢信

上 / "新通道"项目部分创新成果
下 / 高校师生、海内外设计师与手工艺人协同创新

《设计》：参与"设计扶贫"对设计专业的学生来说有怎样的意义？

季铁：近十年来，"非遗活化、精准扶贫、乡村振兴、城乡互动"等社会转型过程中"不充分、不平衡"的问题，都对设计教育的发展提出了新的要求，如何让处于不同生活条件、地域文化语境中的青年教师和学生关注到多元文化价值和发展不平衡的现实，并参与到新时代乡村振兴这一伟大的历史使命中去，是我们面临的重要挑战。

"新通道"项目通过确立新的人才培养目标、教学内容、教学方法与工具，建立有效互动、赋能创新的教育机制，引导大学生投入乡村振兴伟大事业，培养德智体美劳全面发展的社会主义建设者和接班人。在这个过程中，引导学生在文化实践中参与式地促进文化传承，提升了传统文化在当代大学生中的传播与扩散，加强了学生的美育与劳育，增强了学生对传统文化的自信和认识。学生在这个过程中也收获了颇多成果，通过课程设计、毕业设计产出了500余款文化创意衍生产品，连续在全国大学生工业设计大赛、首届"非遗"文创设计大赛、首届乡村振兴大赛等国内外竞赛拔得头筹。目前，该项目已成为高校实践育人的典型案例。

《设计》：在您看来，设计参与扶贫有什么独特的优势？从您的实践经验来判断，您认为"设计"之于"扶贫"还可以有怎样的作为？

季铁：在很多扶贫和乡村振兴的工作中都会出现主体偏离的问题，这大多是因为自上而下的政府主导、外部资源介入的方式不对所引起的。由于对乡村中的"人"的主体性激发不够，造成了乡村中的人成为被动改变的对象。乡村振兴中，人才振兴是关键，"赋能创新"是乡村振兴战略的首要任务。由于设计扶贫采取协同创新的模式，我们完全尊重当地人民的内生智慧，在尊重乡村、少数民族贫困居民的生活方式和文化的基础上，善用"他治"、尊重"自治"、推动"共治"，同时处理好文化"建设主体"与文化"创造主体"之间的关系。相比其他的输入型、被动式扶贫模式来说，设计扶贫更加能够调动乡村的内生动力，参与式地促进本土文化与产业创新。我们最终的目标是为乡村文化所有者赋能，激发乡村文化主体的文化自觉，实现其对乡村文化的主动传承，促成文化的内生性、创造性发展。

《设计》：请您谈谈在设计扶贫项目进行过程中收获的感悟以及经验教训。

季铁：面对老百姓充满希冀的目光，从精准扶贫到乡村振兴，我们最大的感悟是需要坚持"在地、在场、在线"。在地，即因地制宜，发现每一块土地的风景，从"人文、物语、社区"等不同的角度理解地方自然、生态与文化资源，搭建乡村振兴知识平台；在场，即身体力行，以设计的力量驱动地域再生的内生动力，有效联结内外部资源，形成互动赋能、融合创新的文化、产业和公共服务体系；在线，即民心相通，以数字化、智能化的方式创造更多共享与对话的机遇，在互学互鉴的过程中构建全球化的市场与文化传播体系。

从感怀乡愁到矢志守望，湖南大学的设计扶贫工作坚持寻找每一块土地的内生智慧，探索将地方文化资源转化为特色文化产业的路径，在互动参与和创新的过程中，以文化科技融合和设计驱动创新小规模、差异化、分布式、可持续的文化生产与传播模式，让乡土文化从本土走向国际，既能激励文化自信，也能丰富"中国故事"的内涵。

《设计》：2020年是工业和信息化部《设计扶贫三年行动计划（2018—2020年）》的收官之年，在完成"扶贫"的任务后，学院是否还有后续的行动计划？

季铁：当"精准扶贫"即将取得历史性的成功、"美丽乡村"初见成效的时候，"乡村振兴"把我们的视野带向远方。在设计扶贫工作完美收官之时，设计在乡村文化、"非遗"文化上还有很多探索性的工作要做。基于"非遗"不断适应文化发展与变化的动态属性，随着数字化与文化大数据建设、人工智能等新技术的涌现，技术创新为"非遗"文化的创意生产提供了更多的可能性，设计介入文化的研究将更加多元化，我们将开阔视野，将乡村振兴与科研教学紧密结合起来，形成互动赋能的良性循环。后续的行动计划包括以下三个方面：

基于武陵山区特色文化产业转型升级项目，按照"资源再生——转型升级——创新生态"的思路探索地域特色文化产业转型升级的新路线、新模式和新方向，形成因地制宜的特色文化产业与公共文化服务的发展路径。

基于国家社科基金艺术学重点项目"全球化、智能化引领的非物质文化遗产创新生态体系建构研究"，研究"非遗"的数字文化生态、活化知识体系、群智协同平台、数据进化方法、文化场景创新等，建设文化科技融合的"非遗"智能创新平台与"非遗"文化创新生态体系。

基于国家重点研发计划"中国设计风格的经典文化元素及原型数据库研发"，通过对文化原型的数字计算与设计应用，挖掘中国风格经典元素数据的多源采集、融合与共享方法，建立文化元数据聚合与管理的原型数据库，开发智能文化元素引擎系统。

《设计》：请您分享几个参与过的成功的"设计扶贫"案例。

季铁：我将分享三个案例。

1."梭说"文创公益品牌

该品牌致力于将传统侗锦手工艺以新的产品形式融入现代生活之中，通过国内外设计师与通道县当地织娘的协同创新，成功开发了侗锦围巾、包袋、抱枕、茶席等 90 余款产品。一方面，借助线上电商平台打开销售市场，进驻淘宝、微店、京东等电商平台；另一方面，开拓线下市场，积极将产品推介到国内外的重要展示平台。在数字化与智能化的时代趋势下，品牌从"手工织造"转型为"数字智造"，利用全彩织锦等数字化纺织技术，不断开发新产品，发现新市场。目前已带动通道县侗锦产业年产值突破 500 万元，超过 450 名侗族织娘通过设计赋能成功脱贫致富，带着"梭说"产品走出侗家，走上国际舞台。

2. 雅安"家园"系列锔瓷

该系列产品基于芒果V基金和湖南省工业设计协会联合等单位发起的"雅安地震灾后重建方案"公益项目，利用锔瓷和金缮修补术的手工艺，收集来自雅安地震灾区及全国各地的碎瓷片和砂器片，经切割打磨、拼接锔合，进行器型再造，赋予其全新的生命和审美意义，让其具有独具一格的观赏性和艺术价值，既是践行绿色环保设计，也是继承"非遗"手工艺，更是寄托了"复生美好、重塑希望"的美好愿景。2016 年，于长沙岳麓书院内召开项目发布会与拍卖会，并相继在米兰国际文化创客设计展、米兰世博会湖南周和威尼斯双年展等国际展览上展出，目前已在淘宝公益众筹平台上线。

3. 花瑶手工艺教育游戏应用开发

位于湖南省隆回县的花瑶族有着丰富的"非遗"文化资源，但落后的经济条件和教育环境导致当地儿童缺乏"非遗"美育资源，学习挑花手工艺困难，缺乏民族文化身份认同感和文化自信。项目通过设计协同实验和创新工作坊等设计方法，深入"非遗"手工艺文化传承地白水洞村，探索出教育游戏应用于"非遗"手工艺学习的设计模型，设计了《逻辑花瑶》教辅软件、《瑶趣》桌游、《花瑶历险记》益智图书等互动式儿童教育产品，旨在通过教育游戏的方式得出新的"非遗"手工艺的学习方法，平衡"非遗"手工艺学习的功用价值和手工艺品牌的市场流通价值，创造出以花瑶"非遗"手工艺学习为核心的花瑶"非遗"手工艺教育品牌。

雅安"家园"系列锔瓷展示及项目发布会现场

花瑶儿童教育游戏与益智图书

地域民族的传统文化的再设计
——兰翠芹谈"设计与扶贫"
REDESIGNING THE TRADITIONAL CULTURE OF THE REGIONAL NATION
——LAN CUIQIN ON"DESIGN AND POVERTY ALLEVIATION "

兰翠芹
北京服装学院服饰艺术与工程学院院长、教授、硕士生导师

兰翠芹,博士、教授、硕士生导师,享受教授级待遇高级工程师,北京服装学院服饰艺术与工程学院院长,北京大学工学院特聘专家,北京邮电大学特聘教授,中国工业设计协会设计标准分会理事长,北京市设计学会副会长;获得中国设计业十大杰出青年、国务院国资委先进工作者、国务院国资委青年五四奖章、中国轻工业联合会青年五四奖章、青岛市高新区劳动模范、安徽省技术领军人才等。主要研究方向包括创新设计、设计战略、设计管理,学术领域聚焦设计标准研究。擅长构建设计公共服务平台、创建设计体系、制定设计战略、研发创新产品等。起草了我国第一个国家设计标准。曾任海尔集团设计总监、中国家电研究院设计总监、中国工业设计协会运营总监等。

访谈中,兰翠芹教授就设计扶贫的模式与方法展开研究,结合丹寨设计扶贫实践案例和东乡设计扶贫实践案例,提出设计扶贫应基于地域民族文化研究上再创新,设计扶贫应为地域民族创造资源,提供可持续的经济发展模式。她谈到,设计扶贫应面向真实的乡村生活,重点关注如何赋予当地产品以精神层面的意义,注重伦理,引导一种"合理、适度"并且可持续的文化关系。

《设计》：您是在什么契机下开始参与设计扶贫工作的？具体工作是如何展开的？

兰翠芹：党的十九大以来，中国特色社会主义建设进入新时代。习近平总书记在十九大报告里提出："我国社会主要矛盾已经转化为人民日益增长的美好生活需要和不平衡不充分的发展之间的矛盾。"为人民美好生活而奋斗成为今后我国经济社会发展的重要战略目标。2020年是我国全面建成小康社会、实现第一个百年奋斗目标的特殊纪年，同时，2020年也是我国脱贫攻坚的一个重要纪年。全国上下在习总书记消除绝对贫困、改善民生、逐步实现共同富裕的目标要求下，聚焦脱贫攻坚战，实施精准扶贫。

我国工信部、文化和旅游部牵头发起"设计扶贫""文化扶贫"等一系列活动，发动社会各方力量，用设计手段帮助贫困人群提高生活品质、增加收入。如何看待设计扶贫的真正价值？尤其是面对地域民族的传统文化，如何引导当地的产品走出大山，走向更广阔的消费市场从而创造经济价值？这是设计扶贫必须回答的问题。2018年4月第二届世界工业设计大会发布了设计扶贫十大模式及十大措施，对设计扶贫的方法进行了归纳总结，面向全球发布了《设计扶贫倡议书》；工信部印发了《设计扶贫三年行动计划（2018—2020年）》；中国工业设计协会组织全国的设计力量进行设计扶贫活动，等等。此番种种都是期许以设计创新的力量助力脱贫工程。从中我们不难看出，无论是区域品牌构建还是传统文化的再创新设计，设计都在努力从传统文化中汲取灵感，运用设计的方法和手段，用商业的力量发掘贫困地区的资源，助力脱贫。近年来，设计界越来越关注贫困人口的脱贫行动，通过设计的方法帮助贫困人群脱贫也受到社会各界的关注，尤其是边远山区少数民族脱贫问题。设计能帮助他们升级产品，优化生存生活环境、带动旅游业发展、建立新的商业平台扩大消费等。然而，脱贫的范围并不应该仅仅局限于经济上的贫困，经济发展的同时，如何让贫困地区获得区域经济资源的可持续发展才是设计扶贫应思考的核心问题。当下，探索合适的设计扶贫方略尤显重要。

黄正泉认为，文化生态是社会和谐的基石，人类要构建自己的生存家园，生存家园即文化生态。文化生态促进社会和谐，作为人类生存的智慧而存在。因而，设计基于地域、民族文化的再创造活动一定不能脱离文化生态的核心，文化构建的主体——广大劳动人民的直接参与是文化生态重塑的关键。从事物质生产活动的广大体力劳动者，是直接解决人的需要与环境之矛盾的关键，也是创造与创新的主体。

我们在丹寨的设计扶贫行动中发现，地域和民族文化对设计扶贫的模式研究起到举足轻重的作用。比方说，在丹寨，苗族俗称"八寨苗"，有八个支系之多，虽然同处八寨，每个支系的文化都不尽相同。虽然八寨苗在历史进程中已经演进和遗失不少古代形制，但是苗族自古传承下来的风格在当代依然延续。从服饰制作工艺上来看，八寨苗的服饰特色各不相同，服饰和支系传承下来的文化紧密联系，每一种纹饰、每一种绣法、每一件配饰都有讲究。比如，丹寨南部的白领苗的蜡染和窝妥纹、岔河支系的银角装饰、雅灰支系的亮布工艺等，都与地域民族千百年来形成的生活方式紧密相关，设计不能过度创新。就其色彩来说，各民族统一色相，颜色的文化象征意义也各不相同。中华民族的色彩观念历史深远，自古有五行、五方、五色的传承，五行中的金、木、水、火、土对应西白、东青、北黑、南赤、中黄。这种对应逻辑一定程度上形成了我国色彩的时空关系，色彩文化的内涵变得更加复杂而意义深远。不同民族对色彩的应用不尽相同，民俗禁忌也不一样。设计在尊重当地历史和文化的基础上，建立全民参与的文化生态尤显重要。

同时，设计扶贫要以生态发展观为指导。自然万物的发展有自己的规律，我们在谋求发展时要遵守规律，发展要有约束机制。老子说："道生一，一生二，二生三，三生万物。"这里的"道"正是自然的力量。周尚意、孔翔和朱竑编著的《文化地理学》一书中提到："自然环境是人类赖以生存的资源，自然环境是文化生存和发展的空间，也是影响文化兴衰的重要因素。"人与环境的和谐共存体现了人类自古以来的生存智慧。我国很多少数民族身居高山之中，交通不便，一定限度地影响了与外界的联系，经济发展缓慢。也许，正是因为这种慢节奏的经济发展才使得当地的自然生态得以留存。面对这些地区的贫困问题，一定要研究恰当的方法，绝对不能以过度消耗当地的自然生态资源为代价。扶贫并不是简单的助力脱贫，而是帮助当地居民创造一种"造血发展"的机制，是能够生生不息地创造资源的机制。显然，地域民族的传统文化再设计正是这样一种创造性的方法。

设计扶贫不能单纯思考设计与商业创新。设计作为扶贫抓手，其本质是要创造资源。把设计作为和谐社会建设的一种力量是研究设计扶贫的理论支撑。通过设计进行地域文化与时代要素的重构，以一种符合时代需求的形式呈现。也就是说，在设计的过程中，将民族文化的核心要素通过设计方法进行转化、转换、融合、发展、创造，将民族文化调节到与时代同向而生的状态，在和谐发展的文化大生态下，促进贫困地区的经济、社会发展。

《设计》：通过设计进行扶贫，这一路走来，您和团队探索出哪些切实有效的扶贫模式？

兰翠芹：近年来，设计扶贫方兴未艾，我们能看到来自社会各个层面的参与者总结出了诸多方法，期望通过设计调动贫困地区民众的创造力，用设计的方法提供解决方案，针对传统文化、手工技艺、生产产业、生态环境进行创造性的设计活动，对接旅游、贸易资源，试图在贫困地区构建现代化的新型社会关系。正因为如此，我国发布的《乡村振兴战略规划（2018—2022年）》中着重强调了"产业兴旺、生态宜居、乡风文明、治理有效、生活富裕"的方针。设计扶贫，所要振兴的不仅仅是地方经济的发展，经济的可持续发展依赖的是千百年来形成的地域文化。彭妮·斯帕克认为，设计内在的多学科性导致它随时代而变的自我定义与经济界、技术界以及艺术和政治界关系紧密。不同于其他扶贫手段，在扶贫行动中，设计的职责就是创造生活价值，一方面参与生活方式，一方面连接消费。现代设计的表现语言复杂，设计的能量能够让日常事物发生改变，进而驱动消费模式的改变。设计扶贫的核心应聚焦文化的解构和重塑，帮助贫困地区人民获得独立的"造血"能力，而这种能力应该建立在人、产品和社会之间的关系自然和谐的基础之上。设计扶贫应面向真实的乡村生活，重点关注如何赋予当地产品以精神层面的意义，注重伦理，引导一种"合理、适度"并且可持续的文化关系。

伟大的中华民族在探索自然的过程中逐渐形成的生活方式和思想体系是民族文化的基石，孕育着民族精神和社会风尚，这既是精神财富也是物质财富。地域民族的文化符号从自然中来，是人类从自然中获得的启示，并在生产和生活中加以应用。我们在丹寨设计扶贫研究中发现，苗族的历史不仅汇聚了人与自然共处的文化，还凝聚了民族发展历史中的苦难、奋斗和憧憬。传说苗族起源于上古时代的九黎部落，因蚩尤之败而迁徙、流离。丹寨是从中原到西南大迁徙的落脚地，因而这里充满各种魅力传说。通常去苗寨旅游观光的游客，不仅惊诧于其服饰的美丽与精致，也惊诧于其民族于世代流传中对民族文化的坚守。在他们的服饰中，不仅有刺绣、印染等外在的美丽，而且每一种服饰的制式、工艺、图案都蕴藏着丰富的文化内涵。张明玲在其所著的《色彩文化》一书中提到:"川黔地区的大花苗白麻布裙上不同的横线就代表了苗族先民迁徙中历经的黄河与长江,花边的底色代表着洪水滔滔的黄河,有无数个代表马的花纹相互连成一片,横在河水之中,表示万马飞渡黄河。"历史被劳动人民以服饰的图案记录下来,这些象征符号是历史的积淀,在民族文化生态中尤为重要。少数民族的文化博大精深,因历史、地域民俗等生产生活的因素,使之更具魅力。而这些文化资源的呈现如何脱离地域局限而进入更加广阔的消费市场,让更多的人认知并自愿消费?显然,我们需要重新对文化要素进行研究、解构并重塑。通过创新设计让文化的要素创造价值,增加当地居民收入,在解决经济问题的同时也能保持文化的可持续性。

我们在东乡的设计扶贫实践中也采用了这种设计方法。此次设计扶贫活动可以验证文化是民族生活方式的文明积淀,丰富的文化基因正是可以挖掘和再创造的资源。大多数人可能并不知道,在我国黄土高原的尽头,生活着东乡一族。东乡位于甘肃省东乡族自治县,它是东乡族的发祥地,也是丝绸古道南路上的重要通道。在东乡县发现了多处马家窑类型的文化遗存,可见其深厚的文化历史和底蕴。但是,东乡县因地处偏僻地区,经济模式以农业为主,至今仍然是我国扶贫重点对象。我们刚接触东乡时,并没有想到具有典型马家窑文化遗存的地区竟然贫困至此,也是区位偏远、经济发展模式单一以及教育资源缺乏的综合因素所致。

《设计》:请您谈谈在东乡的设计扶贫实践过程中收获的感悟和典型案例。

兰翠芹:在田野考察中,设计扶贫团队主要考察了东乡族绵延至今的传统文化资源。东乡族刺绣就是当地重要的传统工艺,是当地生产和生活方式的重要呈现。刺绣是东乡妇女的主要生产方式之一,更是这个民族、地域的传统技艺与文化。然而,由于历史原因和地域限制,该项技能除了满足东乡人民的日常生活所需,也是东乡妇女在农业劳作之余不多的生活乐趣之一，但并没有形成规模性的经济收益。加上东乡绣并没有关于技艺传承的文献，多是靠东乡妇女代代相传至今，这也是刺绣技艺难以规模化发展的重要原因。东乡刺绣富有历史研究和文化传承价值，其源自东乡人民对生活的细致观察和体悟，来源于对地理空间和自然环境的真实反馈，表达了劳动人民对生活的美好向往和憧憬。她们常常采用写实绣法，图案、纹饰朴素自然、配色朴实，尤其是传统的剁绣技艺，让丝线在绣品正面形成凸起的连续纹路，图形立体感强、用色大胆。

在参与扶贫的过程中，我们接触到一位"90后"扶贫践行者——马萧萧，她是一名土生土长的东乡族自治县人。毕业后，她带着对家乡深深的热爱，回家乡创业，加入了扶贫大军。马萧萧成立刺绣工坊，聘请当地绣娘，通过刺绣技艺提升当地居民收入。在调研中，我们了解到东乡人均受教育年限为7.2年，有6.7万名农村妇女几乎没有上过学，她们"不敢出门、不能出门、出不了门"。马萧萧说："换位思考，如果是我过这样的生活，而且是一生，无法想象。"

马萧萧的扶贫之路遇到不少挫折。一方面，由于传统文化对妇女地位的限制等因素，让绣娘通过刺绣"抛头露面"改善生活状态并不十分现实；另一方面，传统刺绣图形、纹饰以及产品形式除了当地自产自销的需求之外，并不被东乡之外的消费市场接纳。结合马萧萧的扶贫实践经验，我们的设计团队意识到，我们所面临的问题是设计扶贫与商业创新如何突破传统文化的窠臼，既要在制度方面形成新的规范，又要在方法上有创新。

了解了东乡族的发展以及扶贫现状后，设计扶贫实践活动原本就有的责任感又增加了几分沉甸甸。参与的设计师们纷纷表示，一定要想办法通过设计帮助东乡人民，不仅仅只是帮助他们增加收入，而且要考虑如何帮助当地人民建立自信，让设计为他们提供能够持续"造血发展"

的经济模式。东乡人民囿于地理空间、生产方式以及生活方式,从地域民族文化切入,是唯一可以帮助破题的方案。于是,设计扶贫团队从传统文化解构再创新的视角入手,寻找帮助东乡脱贫的文化载体,由此形成了一套相对完整的设计转化路径。

《设计》:在涉及设计扶贫的话题中,您多次提及"文化要素"和"文化自信"。帮助贫困地区的群众树立自信、掌握"造血"能力,对扶贫工作的可持续性具体能起到怎样的作用?

兰翠芹:设计扶贫的路径有很多,关键是方法有效。从文化大数据到商业设计的路径中,最为重要的是文化要素的解构以及重塑。一方面要了解当下用户的需求,另一方面要研究市场需求以及商业模式,同时要对设计趋势有所了解,这三个要素缺一不可。也就是说,文化要素的解构必须基于以上三点才能做出有效的设计,才能让传统文化通过设计创造用户价值和市场价值。设计的主旨是创造生活价值,设计扶贫不仅仅是解决设计和商业连接的问题,工业革命之初明显的商业设计的呈现方式以及当下设计与商业创新的再次放大,现代设计从工业革命时期开始萌芽并发展至今,无数的案例能够很好地说明设计能够促进环境、经济、政治协调发展。在我国当下语境中解读设计扶贫,必须厘清是为"商业"而设计还是为"人民"而设计。当明确设计的主体为"人民",其价值必须同时满足物质和精神两个层面的需求。显然,设计作为扶贫的重要抓手之一,更应该讲究方法和策略,才能最大化地发挥设计与商业连接的作用,更好地实现脱贫目标。一方面,用设计的先进方法将文化要素通过产品传播出去;另一方面,通过设计不断创造资源,将当地的文化资源发掘、再创造,让地域文化成为源源不断的财富创造之源。

首先,设计扶贫最核心的目标是树立文化自信。

文化是一个地域、民族赖以生存的不竭资源。中华民族的文化基因

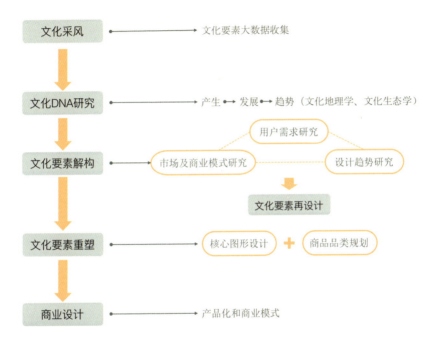

设计转化路径

是"守诚信",设计扶贫的出发点是"一切为了人民"。我们现在要解决"人民日益增长的美好生活需要和不平衡不充分的发展之间的矛盾",设计扶贫就是为人民服务,这是不可动摇的基石。显然,设计扶贫首先要讲好地域、民族的文化故事,让当地人民树立文化自信,才有动力发扬和传播文化,认识到民族文化的价值,才有动力寻求脱贫致富的路径。东乡族妇女带着设计作品在田间地头走秀,向养育她们的土地展示东乡文化再设计的成果。同样,她们的绣品可以被设计成服饰产品,走上时尚T台。显然,这就是文化自信的魅力。

其次,设计扶贫要着眼于地域、民族文化要素的时代性重塑。

贫困地域民族的生产方式与工业社会的生产方式有着极大的差别,加上地域民族上千年演进所形成的物质文化和非物质文化,多以聚焦当地人民的需求而沉淀。设计创造市场,必须具备量化生产和大众消费的属性,因此我们不能忽视设计和生产的关系,以及设计与消费的关系。设计扶贫就是通过设计让产品满足更多人的需求,从而创造更大的价值。从设计和生产、消费的关系来看,设计扶贫的方法要更加复杂化。设计扶贫既是当地文化生态建设的推动者,也是变革的引领者。要研究和提炼地域和民族文化的文化基因,将之解构为相关核心要素,让传统的技艺、图形、色彩等文化要素与时代性设计要素融合、重塑,才能让更多的消费者接受。否则,简单的文化符号的转译只能让这些产品依然停留在地域性的传统消费模式中。

最后,设计扶贫要创造资源,要以创造资源为引领。

民族文化的基因是人民世世代代生活方式的积淀,要将文化视为取之不尽、用之不竭的资源,就必须用科学的设计方法开发文化资源,尊重地域的、民族的自然生态、文化生态和社会生态。要探索一种可持续的开发文化资源的方法和工具,这也是设计介入扶贫的最重要、最核心的要素之一。

《设计》：2020 年是我国脱贫攻坚的一个重要纪年，在未来，您认为"设计"之于"扶贫"还可以有哪些作为？

兰翠芹：设计扶贫之路任重而道远，而且离不开地域民族文化支撑。2020 年的脱贫攻坚战对设计扶贫提出了更高的要求，设计师一定要牢记，人民才是创新的主体，是文化构建的主体。设计扶贫应着眼于扶持更多的本土"马萧萧"，在构建文化生态的基础上，通过设计的方法和手段引导人民建立可持续发展的生活方式，符合真实的、适度的、可持续的发展规律的文化生态重塑才是使少数民族贫困地区"脱贫不返贫"的核心。

上 / 传统东乡绣产品（图片来源：马萧萧绣坊资料）
下 / 马萧萧设计介入东乡绣，传统纹饰和物品的叠加（图片来源：马萧萧绣坊资料）

东乡绣文化解构重塑——设计扶贫新模式(图片来源:设计扶贫项目团队拍摄)

设计是扶贫攻坚系统工程的"协调人"
——马牧群谈"设计与扶贫"

DESIGN IS THE "COORDINATOR" OF THE SYSTEM PROJECT OF POVERTY ALLEVIATION "
——MA MUQUN ON "DESIGN AND POVERTY ALLEVIATION"

马牧群
兰州工业学院艺术设计学院院长、教授、硕士生导师

　　马牧群,兰州工业学院艺术设计学院院长、教授、硕士生导师。毕业于西北师范大学美术系,1992年起供职于兰州工业学院从事教学工作,1993年曾赴西藏参加援藏工作;2002年筹建兰州工业学院艺术设计系;清华大学美术学院环境艺术系国内访问学者;2013年任兰州工业学院艺术设计学院院长;兰州工业学院学术委员会委员;甘肃省青年美术家协会副主席;教育部职业院校艺术设计类专业教学指导委员会环境艺术专业分委员会委员;中国室内设计高级设计师;工业和信息化部中国电子视像协会中国数字艺术设计专家委员会高级专家委员。曾获甘肃省高校青年教师成才奖,中国室内装饰协会"中国室内设计教育贡献奖";甘肃省创新创业教育名师,甘肃省省级精品课程、甘肃省高校创新创业慕课主持人。

　　扶贫是一项高难度复杂且需创造性的工作,设计恰好能够起到"协调人"的作用,在政策、社群、机构和资本四方关系中,创造可持续的系统去运营。从产品到服务、从城市到农村、从商业到社会、从文化到价值,设计将会作为强有力的催化剂推动精准扶贫,修复贫困人群或贫困村落的弹性生态系统,建立协作式社会创新体系,有效为乡村发展赋能。而设计的实质就是解决问题,设计的潜力已被广泛理解,更多的扶贫开发工作等待着设计领域去探索、去尝试。

《设计》：您是在何种契机下开始参与"设计扶贫"项目的？

马牧群：兰州工业学院是一所 2012 年新升本的应用型工科院校。身在西部，参与扶贫工作是我们义不容辞的义务和责任。2015 年前后，我们学校有一位教授到定西渭源县挂职科技副县长。渭源县就是成语"泾渭分明"中渭河的发源地。定西是我国家最大的中药材产地，渭源县属于国家级贫困县，农民种植中药材能脱贫致富。她问我能不能帮忙为渭源县中药材种植户建一些电商网站，正好我们开设了"网页设计"课，就把这个题目布置给老师和同学们来做。2017 年、2018 年连续两届的毕业设计选题，我们有意识地引导学生做与扶贫有关的设计，包括从品牌策划、土特产、农产品包装到乡村旅游画册设计、农村电商网页设计等与视觉传达设计专业有关的所有项目。同时，国家级贫困县临夏州积石山县有两个乡是我们学校的对口帮扶对象，也需要我们开展工作。于是，我们开始逐渐深入地参与"设计扶贫"项目。

《设计》：您参与的"设计扶贫"项目持续了多长时间？您具体参与了哪些工作？

马牧群：从 2015 年到 2021 年已经持续了 6 年多时间。在这 6 年里，我们做了一些工作，付出了不少心血，也得到了一些认可。2019 届毕业设计时，我们参照甘肃省发展和改革委员会和甘肃省旅游发展委员会发布的"甘肃省乡村旅游 206（个）示范村"目录，要求学生给自己家乡的乡村旅游做设计，从全省 14 个地州市中遴选出 30 多个乡村。共有 47 组毕业设计关联到乡村一级的旅游宣传、景区规划、美丽乡村改造、土特产产品包装设计及文创产品开发等项目，涉及设计扶贫四大主要行动内容：提升贫困地区产品设计水平、提升贫困地区产品设计能力、改善贫困地区人民生活质量、推动乡村风貌改观升级。

同时，我们参与文化和旅游部的"非遗+扶贫"项目，与兰州交通大学的项目组一起为国家级非物质文化遗产"临夏砖雕""保安腰刀"提供设计服务。

《设计》：在参与扶贫项目前后，您对"扶贫"这件事的认识有什么变化？

马牧群：从学校层面来说，应用型本科强调服务地方经济，强调贡献度，强调不可或缺。作为应用性很强的艺术设计专业，实践环节是一项必不可少的教学内容，所以设计扶贫对我们设计专业可以说是一个大大的金矿，需要大家深度挖掘。社会有设计需求，我们也需要大量的真实项目来磨炼。2018年年底，工信部召开全国各省、市、区"设计扶贫"电视电话会议，进行相关政策解读、行动计划发布、特色案例示范。会上发布了设计扶贫十大模式及十大措施，推动设计扶贫工作全面开展。这个会议对我们启发很大，"设计扶贫"从一个口号上升到国家行动，我们开始从零散自发的形式转换为有组织、有意识、有规模地开展设计扶贫。

《设计》：在您看来，设计参与扶贫有什么独特的优势？

马牧群：这个问题我从两个层面来说明。第一，设计参与扶贫的优势。设计作为现代服务业的重要参与形式，可以说无孔不入。扶贫攻坚是一项系统工程，有大量的实际问题需要解决，而设计的实质就是解决问题，实现人民对美好生活的向往是设计师义不容辞的责任，所以广阔天地我们大有可为。

第二，我们参与设计扶贫的优势。我认为有三方面的优势。首先是历史地理优势。甘肃历史文化厚重，有8000年前新石器时代的大地湾遗址，有绚丽多彩的马家窑彩陶文化、齐家玉文化、河西走廊丝绸之路黄金段、佛教石窟敦煌莫高窟、天水麦积山石窟、临夏永靖炳灵寺石窟、有"中华道教第一山"崆峒山，有藏传佛教格鲁派六大寺院之一、被世界誉为"世界藏学府"的拉卜楞寺，有号称"中国小麦加"的伊斯兰教重镇临夏回族自治州。民族风情万种，有全国仅有的少数民族，如东乡族、保安族、裕固族。除文化多样性之外，自然景观也令人神往。甘肃拥有除海洋之外的所有自然风貌，被《孤独星球》评为亚洲十大最佳旅游地之首。兰州地处祖国陆地版图中心，深度贫困地区三区三州，是扶贫的难中之难、艰中之艰。其中，四省藏族聚居区之一的甘南藏族自治州和"三州"之一的临夏回族自治州，离兰州只有100多公里的路程。对于参与设计扶贫，我们有独特的优势。我们身在贫困地区，深知他们的需求，能很好地与当地人民沟通与交流，进行深度的开发与合作。其次是人才优势。我们的学生70%来自农村，大部分学生的家庭生活还不富裕，有改变家乡面貌的强烈内生动力。比如来自临夏回族自治州临夏县莲花镇的2020届毕业生崔巍同学，以设计扶贫作为毕业设计选题，为家乡的花椒做了一套产品包装设计，被当地企业采用并走上创业之路的事迹登上《新闻联播》头条。第三是专业优势。在学校层面，我们是应用型本科高校，从我们专业的特色来说，视觉传达设计专业、环境设计专业所有的课程都可以参与到设计扶贫当中。

扶贫是一项高难度、复杂且需要创造性的工作，而设计恰好能够起到"协调人"的作用，在政策、社群、机构和资本四方关系中，创造可持续的系统去运营。从产品到服务、从城市到农村、从商业到社会、从文化到价值，设计将会作为强有力的催化剂推动精准扶贫，修复贫困人群或贫困村落的弹性生态系统，建立协作式社会创新体系，有效为乡村发展赋能。而设计的实质就是解决问题，设计的潜力已被广泛理解，更多的扶贫开发工作等待着设计领域去探索、去尝试。

《设计》：从您的实践经验来判断，您认为"设计"之于"扶贫"还可以有怎样的作为？

马牧群：首先要明确扶贫是一项系统工程，设计扶贫不是万能的，我们更多的是在做锦上添花而不是雪中送炭的工作。目前主要做产品驱动和服务驱动两个层面，可以重新定义设计推动扶贫开发工作的能力，让越来越多的贫困人群受益。在宏观层面上，我们要利用制度优势，顺势而为、借势而为，利用国家宏观政策红利，如西部再开发、生态保护与旅游、"两山理论"、乡村振兴等。这些宏观的规划都要落地，变成一个个真实的设计项目，都需要我们参与其中。小康路上一个也不能少，同样小康路上设计师也不能少。

《设计》：参与"设计扶贫"对设计专业的学生来说有怎样的意义？

马牧群：参与"设计扶贫"对设计专业的学生和老师意义非凡，并且潜移默化、润物无声地改变着师生的思维和观念。特别是对学生，让他们通过做身边的一些真实案例，脚踏实地、扎扎实实地研究真实的需求和市场，实实在在地把用户思维、产品思维放进设计里，面对面和甲方交流切磋。"设计扶贫"使学生的设计作品更接地气，避免设计作品好高骛远、贪大图洋。特别是习近平总书记号召"把论文写在祖国的大地上"，使我们真切感受到必须俯下身子、静下心，脚踏实地地干一些工作。

《设计》："设计扶贫"项目对高校设计专业的教学是否有所启发？未来会否衍生出新的项目或发展方向？

马牧群：通过"设计扶贫"项目的参与，我们的设计专业教学改革得到了很大启发，并发生了一些显著的变化。首先，我们的毕业设计已经做到100%的真题真做、一人一题，不容许假设、虚拟的题目。通过大量真实案例的植入，避免闭门造车，避免"洗澡盆里学游泳"，改变传统的教学方式，努力提高每一门专业课的含金量；与教育部对一流本科专业、一流本科课程的要求做衔接，使我们的教学内容体现高阶性、创新性和挑战性。

  对于未来会否衍生出新的项目或发展方向这个问题，我想一定会发生的。设计扶贫不是简单地到村里做设计，而是设计师以敏锐的洞察力，以设计系统为载体，综合运用多学科知识，对现有资源进行创造性重组，从而激活对传统资源的开发；通过新观念和新技术的运用，搭建起新的生产消费系统，以实现生活方式构建和文化塑造，激活当地文化的内生动力。这些复杂的社会需求会演变成新的发展方向，它的复杂性远远超出我们的想象。数字时代，大数据算法将更加精准助力扶贫，在"互联网+"的加持下，交叉学科、边缘学科和新的商业模式混合后，新的化学反应一定会发生。数字信息可视化设计、UI 设计、新媒体、融媒体、VR/AR 等新技术、新工具也将给设计专业带来新的发展方向。

《设计》：如何才能确保扶贫成果的顺利转化和项目的可持续性？

  马牧群：首先，在思想认识上一定要把社会效益放在首位。要有情怀、有热情地投入设计扶贫当中，始终坚持扶贫设计的公益性，同时要保证设计作品的艺术水准、实用性和完整性，这样扶贫成果的顺利转化和项目的可持续性就水到渠成。相信在国家的政策支持下，如果有相关财力支持，加上高校产学研结合设计转化，再进行科学合理的商业运用，即设计扶贫项目需要政、产、学、研、商联合发展，一定能助力全面建设小康。

《设计》：请您谈谈在"设计扶贫"项目进行过程中收获的感悟以及经验教训。

  马牧群：做这项工作，我们认为是有意义的，通过我们的努力，能给一些人带来帮助和改变，我们的老师和学生也有极大的收获和成就感。其中最大的收获应该是深刻理解了"空谈误国,实干兴邦,行胜于言"。遇到力所能及的项目干就行了,在干的过程中不断解决问题、不断优化方案、不断锻炼队伍、让学生"在战争中学习战争"。

设计扶贫是一项系统工程,要提高效率,就要减少中间环节,直接找最基层、最需要设计服务的组织和企业。我们的做法是"主动出击,上门服务",在刚开始做的时候,以兰州为中心向四面八方辐射:向西我们找到了西固区"中国历史文化名镇名村"河口镇文化古街,设计旅游文化纪念品文创产品;向东为榆中县青城古镇提供设计公益服务,用建筑动画漫游的形式表现罗家大院、青城书院等古建筑的风韵,用 3D 打印技术研发出用传统建筑榫卯结构能拼装的文创益智玩具;向北在"玫瑰之乡"永登县为苦水玫瑰做包装设计;向南则为兰州七里河区的"中国百合之乡"西果园镇做有关"百合"农产品的包装设计。

通过发展产业的方式实现精准脱贫,外界的推动作用是必不可少的。这就需要把外在的推动力转化为内生动力,提高贫困地区自我发展能力和自我"造血"能力,这其中的关键就是搞好产业扶贫。但是,农村基础设施薄弱,面临缺少资金、技术、品牌、产业链等难题,特别是经营层面的问题、"变现难"的问题,这也是我们的难点和痛点,需要以更高的视角、在更大的平台上用智慧和毅力做超级文案、做全链整合,这也是设计存在的意义所在。

《设计》:请您分享几个参与过的成功的"设计扶贫"案例。

马牧群:2017 年,我们组织学生参与反映甘肃扶贫工作的本土电影《丢羊》的拍摄,动用我们实验中心所有的摄影摄像器材,包括轨道车、摇臂、斯坦尼康、无人机等设备。2018 年,该片获得第十七届中国电影华表奖"优秀农村题材影片"。这也是我们学生收获信心的一个项目。

2018 年,我们组建了校级科研平台——"丝路漆艺文创中心"和西部民族文化创意研究中心，专注"非遗+扶贫"和少数民族扶贫。甘肃东部和南部盛产漆树，年产大漆10万斤以上，我们通过漆画漆艺技艺的研培，做深、做长大漆产业链，增加文化附加值，提高了农民收入。思考文化扶贫，思考"非遗"传承与弘扬中华传统优秀文化的意义，让"非遗"活态传承，让传统手工艺活在当下，通过设计赋予"非遗"新生，在满足现代社会审美需求的同时也能为大众所用。我们可以帮助传承人、民间工艺美术师创造条件去接触新的信息、尝试更好的材料。目前已经累计培训农村贫困学生50多人次，2020年通过了甘肃省普通高校中华优秀传统文化传承基地的考察验收。

2019年，我们参与了天水市麦积区为残疾贫困户举办的赋能培训。我们选派老师和学生进行创意工艺品和漆画制作的培训，让残疾农民有一技之长，克服封闭环境，增加自信，融入社会。与青海藏文化博物院合作开发少数民族特色的文创产品，其中的藏香产品上市两年来一直在热卖。

最近的一个项目是以文旅振兴乡村旅游的临夏"河州小镇田园综合体"项目。经过前期的调研、探讨，以乡村旅游中的"临夏城市人文"为主题进行科学规划，将乡土文化、地域文化、历史文化、休憩文化融入河州小镇建设，打造集休闲娱乐、特色民宿、旅游观光、康养服务为一体的综合型乡村旅游产业。规划设计小组分为二维组和三维组，对河州小镇园区、行政楼及民宿进行建模规划，二维组负责园区地图、彩绘和LOGO的设计，三维组负责采集数据，制作CAD施工图和3D效果图。前期工作已经结束，目前正在做项目设计的深化。

"非遗"扶贫之国家级非物质文化遗产"临夏砖雕"

上／"非遗"扶贫之漆艺文创开发
下／设计扶贫之天水市麦积区残疾人赋能培训

设计扶贫成果展示

设计进化——从产品设计、产业设计到社会化设计
——汤健谈"设计与扶贫"

DESIHN EVOLUTION-FROM PRODUCT DESIGN, INDUSTRIAL DESIGN TO SOCIAL DESIGN
——TANG JIAN ON "DESIGN AND POVERTY ALLEVIATION"

汤健
中国工业设计协会设计扶贫研究院院长
中国工业设计协会城乡协同发展中心主任

汤健，中国工业设计协会设计扶贫研究院院长、中国工业设计协会城乡协同发展中心主任、纳帕花开生态设计联盟理事长、世界公益设计联盟联合发起人、CCAA 新农村文化建设委员会 / 专家委员。专注产业创新与要素融合，驱动区域经济可持续发展，在国内最早提出"产业旅游"并践行"产业平台+产业生态"的专业智库，也是中国创建并发布全域旅游发展指数的唯一机构。在产业生态化、生态产业化的创新实践中，推动众多产业领军企业实现转型升级与持续增长。目前正全面推动国家工信部《设计扶贫三年行动计划（2018—2020 年）》在我国欠发达地区的系统落地，通过全面赋能特色产区与龙头企业的创新能力，助力传统企业由生产型制造转型服务型制造，结合产业互联网+产业乡建+数字乡村的系统工作，推进区域经济动能转换，实现可持续发展。

扶贫攻坚作为一项国策，既要求解决当下脱贫的问题，更要解决产业发展、可持续发展的问题。汤健表示，扶贫工作的核心除了解决现实的农民收入增加的帮扶，更重要的是解决贫困地区的区域经济发展，特别是县域经济发展和贫困地区人们综合素质提升的问题。世界上最大的产业创新发展动能是人，是具有专业和综合性科学技术和人文素养的 T 型人才。汤健谈到，在设计扶贫工作中，非常注重在各个专业寻找具有丰富实践经验和领导能力的 T 型人才，组建老、中、青三代结合的组织形式，设定设计扶贫工作的具体工作目标，建设团队的工作精神、专业知识和专业技能的传承和发展系统。

《设计》：中国工业设计协会设计扶贫研究院是在什么时间以及怎样的契机下成立的？

汤健：中国工业设计协会设计扶贫研究院缘起：2018年4月21日，第二届世界工业设计大会在杭州良渚梦栖小镇召开。在这次大会上，联合国工业发展组织、中华人民共和国工业和信息化部、中国工业设计协会等共同发起《设计扶贫倡议》：通过国际合作，开展更大范围、更深层次的设计扶贫工作，充分运用和发挥独创、道德、情感、美学的设计力量。将消除一切形式的贫穷作为共同任务，在经济、社会、环境领域形成良性循环，有效提升产业活力和生命价值，促进繁荣并保护地球，为实现《联合国2030年可持续发展议程》目标做出贡献。

2018年8月13日，工信部办公厅正式发布《设计扶贫三年行动方案（2018—2020年）》；2018年11月26日，第二届中国工业设计展在武汉举行，同期举办了第一届"设计扶贫主题展"。就是在这次展会上，正式宣布成立中国工业设计协会设计扶贫研究院，同时赋予两大核心工作任务，从工业设计、产业设计及社会化设计出发：

（1）聚焦田园产业乡建发展。在工信部和中国工业设计协会的领导和政策支持下，运用设计、科技、商业、管理、数字化（信息化）、教育和金融的七大创新和赋能工具，帮助胡焕庸线（黑河—腾冲线）以西的经济欠发达地区，以当地优势品种产地、产能的田园产业创新发展为抓手。配合当地政府经济增长模型从土地财政向实体经济部门的产业发展的转型，以工业化、信息化、数字化、智能化的理念和方法，全力推动实体经济发展的跨部门、跨区域的产业政策、资源集成；帮助当地建立优势田园产业智慧服务平台，支持龙头企业做强做大，围绕龙头企业发展、企业服务与创新赋能，将其提升为全国性或区域细分产业的第一品牌，以此带动产业生态中的上下游企业和从业人员的发展和脱贫；以田园产业发展为核心，在村域、乡域、县域空间加速一二三产业融合发展，带动乡村振兴和城乡统筹发展。

（2）聚焦田园产业人才发展。在田园产业乡建发展中，我们发现在地级市、特别是县、区以下，产业发展所需合格的新农人、新零售、新服务、新设计、新创客的人才奇缺，怎样与当地政府的人社、职业教育、专业教育、科技、产业部门共同发起创新的E2B终身教育和职业生涯发展模型，并培养出合乎区域经济发展需求的合格的专业人才和综合性人才，成为我们的核心任务之一。

《设计》：您是从哪一年开始主持设计扶贫研究院的工作的？在参与"设计扶贫"项目前后，您对"扶贫"这件事的认识是否有所变化？

汤健：实际上在2018年4月21日，在杭州良渚梦栖小镇召开的第二届世界工业设计大会发表《设计扶贫倡议》之后，由中国工业设计协会刘宁会长推动，向协会全体会员倡议发起成立纳帕花开生态设计联盟，并以中国谋事设计实验项目——香格里拉纳帕花开的发起团队为主成立设计扶贫研究院的工作小组，开启了设计扶贫的工作局面。作为创始发起人之一，我也承担起作为首任院长的责任。

在2018年—2019年，我们组织开展了大量密集的扶贫地区政府的产业发展需求调查和服务资源聚集、匹配的工作，逐步认识到仅靠中国工业设计协会的力量，仅靠设计师的产品和品牌创意力量，甚至与供应链整合、新零售渠道融合，固然可以帮助部分扶贫对口地区的农民或手工业者带来一定的收入增加。但是，与在产业设计和区域经济发展的层面，和当地政府创造新的支柱型产业和真正实现一二三产业融合发展，把尽可能多的价值创造和价值实现留在当地，建立区域甚至全国细分市场的产业高地，形成产业发展门槛和可持续发展新动能的目标相比，仍有差距。

总结过去，我们发布了"设计扶贫十大模式及十大措施"，展望未来，我们梳理出设计扶贫的两大核心任务：聚焦田园产业乡建发展和田园产业人才发展。我们不仅要做西部和贫困地区政府产业发展和乡村振兴的智库，还要沉下去，做产业服务平台（生产性服务平台＋服务性生产平台）、产业发展示范区，以工信部和中国产业设计的力量为核心，集成和融合尽可能多的地方政府、地方政府融资平台公司、央企、社会力量，为贫困地区的产业发展、乡村振兴、人们富裕的总体目标而努力。

《设计》：设计参与扶贫有什么独特的优势？

汤健：在近三年的设计扶贫工作实践中，我不知道面临多少次，也不知道有多少人问我同样的问题：什么叫设计扶贫？这个设计，设计啥？怎么用设计去扶贫？设计在扶贫工作中到底有什么用？因此借此机会，我想跟各位读者解读一下，现代设计和设计扶贫的那些事儿。

现代设计作为一门学科，历经几十年的发展，业已完成从"造物"到"谋事"的转化，达成"谋事"和"造物"的统一和相对独立，就是既要"谋事"还要"造物"。

扶贫攻坚作为一项国策，既要求解决当下脱贫的问题，更要解决产业发展、可持续发展的问题。我们认为，扶贫工作的核心除了解决现实的农民收入增加的帮扶，更重要的是解决贫困地区的区域经济发展，特别是县域经济发展和贫困地区人们综合素质提升的问题。至少要求：专注在产品品种、品质、品牌、品位、品格不断提升的产品主义；坚持选定产业发展方向不放松，树立久久为功的战略定力和持续改进的长期主义；关注人的生态文明价值观的培育，创造价值能力的学习进步，创造机会公平的环境，关注自然生态承载能力的人文情怀；在阶段性和长期性、落差和平衡、所有和所用、优势和短板、部分和整体、计划和更新之间找到价值发现和实现的路径，然后，在真效果、低消耗、高效率、真优美的运行原则下达成目标。所有这一切都莫不要求设计思维、系统

第二届"设计扶贫主题展"

思维、数字化思维、目标聚焦、组织保障、机制支撑工作和设计师的全程倾力贡献和悉心工作,而产业系统设计师对产业、人才、文化在时间、空间、生态中的关系重构和匹配在其中具有独特的优势和不可替代的作用。

《设计》:2018年12月发布的 "设计扶贫十大模式及十大措施" 所涉及的领域跨度极大,协会如何调度各方资源保障各项工作顺利展开和落实?

汤健:"设计扶贫十大模式及十大措施"的内涵十分丰富,从造物、教育、区域品牌到特色产业培育,每一种模式的背后都是协会会员多年专业实践的结晶,有的模式或做法甚至涉及会员企业的专利或专有技术。从这个意义上讲,协会所做的主要是直接实施设计扶贫工作的广大会员的政府产业发展需求的连接方、公共关系协调方、支持方、赋能方和宣传推广方。

首先,通过调研、总结,从实践到理论地升华生产知识、方法和工具,并通过组织培训、实地研学等办法传播知识,推介专业服务商或团队,匹配各地产品和产业发展设计需求,实现精准服务,以切实解决贫困地区和贫困人口在脱贫活动中的实际问题。

其次,为在设计扶贫工作中的产品设计和产业设计服务下定义,定流程,定工作标准,甚至可以制定公益性项目的取费规则和标准合同版式。提供设计扶贫工作的常态化运行工作平台(包括但不限于知识管理、专家库、政策查询等),为服务工作建立评价机制,让公益活动和社会化企业走上有规则、有标准、讲效率、体验佳的正规化、体系化道路。

最后,在协会的领导下设计扶贫研究院,谋求根据贫困地区各级政府的具体需求共同建立在地公益性的产业创新发展智库,调查、研究区域产业创新发展核心问题。组织专家和企业家研究贫困地区和人口致贫的根本性、共性原因,建立地区经济发展共性问题的一揽子解决方案。

建设区域经济创新发展示范工程,建立工作模型和学习标杆。在国家主管部委、国际组织和广大优秀会员的帮助下,赋能地方经济创新发展,实现传统产业的转型升级和地方经济的高质量发展。

《设计》:"设计扶贫培训"包含哪些内容?预期达到怎样的效果?是否已有成功案例?

汤健:设计扶贫工作从 2018 年开展以来,从国家部委层面、省级经信系统层面、协会内部、扶贫机构等开展了不同主题、不同深度的设计扶贫培训。据不完全统计,截至 2020 年 10 月已组织开展培训班 15 期,培训学员 1700 余人次。其内容主要包括:"设计扶贫十大模式及十大措施"的具体内容与成果案例分析,特别针对各个地区的产业经济发展特性,我们在每个培训地区都安排了相应的行业专家与企业家,在技术、设计、市场与商业模式等方面进行针对性的重点帮扶。目前贵州正安 15 万亩的野木瓜项目、四川省南充的晚熟柑橘项目,在产品创新与产业平台创新方面都取得了丰硕的成果。

《设计》:您曾提到"人是无形的、可以无限发展的产品,动能非常强大",在设计扶贫工作中如何能激发这种强大的动能?

汤健:世界上最大的产业创新发展动能是人,是具有专业和综合性科学技术和人文素养的 T 型人才。我们在设计扶贫工作,非常注重在各个专业寻找具有丰富实践经验和领导能力的 T 型人才,组建老、中、青三代结合的组织形式,设定设计扶贫工作的具体工作目标,建设团队的工作精神、专业知识和专业技能的传承和发展系统。结合马斯洛需要层次理论,为每位工作伙伴制定团队和个人的需求满足机制,组成各种与工作相关的爱好者社群、社区,开展中等以上强度的活动。用事业目标激发潜能,用财务目标保持战斗力,用团队和社群活动丰富生活的宽度和深度,从而在工作中激发和保持这种自动自发的状态。

《设计》：从您的实践经验来看，如何才能确保"设计扶贫"项目的成果顺利转化且保障项目有可持续性？

汤健："设计扶贫"项目的成功与否，最终评价是商业上的成功。为贫困地区和人口创造财富。实现设计扶贫目标已经很难，保持持续不断的成功更难。这也是几乎所有投资人、经济体想要解决的核心问题。从我国百年老店的稀缺上我们可以得出结论：这个问题在我国还没有得到很好的解决。但这不妨碍我们讨论一下设计创新引导商业成功的机制。我个人的看法是：在不够强大时，跟随，微创新求生存和改善；在达到细分市场第一时，勇敢创新、领先半步。怎么理解这个"半步"呢？就是半步在现有市场里苦干，另半步勇敢跨入行业的未知地带，创造新技术、新商业模式、新产品，满足新场景、新需求。保持持续发展的动能，就是要勇敢走出去，离开舒适区，制造不平衡，在不平衡和再平衡之间不断螺旋抬升，提升产业创新和区域经济发展水平。

当然，发现和培养这种有意愿、自动自发跨出舒适区的人并共同成长的机制也格外重要。

《设计》：2020年是《设计扶贫三年行动计划（2018—2020年）》的收官之年，请您谈谈在设计扶贫项目进行过程中收获的感悟以及经验教训。

汤健：关于《设计扶贫三年行动计划（2018—2020年）》我们也做了很多的项目，大部分是同特色农业和传统工艺、古法生产工艺活化相关的。我的感悟是：做农业要有与自然、与时间做朋友的心态，因地制宜、顺势而为；做产品设计创新要研究人，尤其是现代人，定位准确的顾客、文化地理属性、生活场景，既要专业上跨界设计创新，也要精通制造供应链。设计师要进化到产品经理，要学会连接，协同赋能伙伴或被伙伴赋能，才能做出既叫好也叫座的商品。

在项目实践中，教训多过经验。我们也正在总结近两年的新经验，预计过些时候会整理发布。

我最大的信念就是设计扶贫工作不能停，这与扶贫工作阶段性成果的巩固、农业现代化的长期性、乡村振兴工作的可持续性密切相关。

《设计》：请您分享几个参与过的"设计扶贫"典型案例。

汤健：设计扶贫截至目前，已经对接 15 省市，累计收到超过 500 多项设计需求，全国有 300 多家设计企业和机构加入扶贫队伍，目前已经有 150 多个案例成果。设计扶贫也不断走入帮助区域特色产业经济实现可持续发展的深水区。我这里重点分享一下四川省南充的晚熟柑橘产业项目。

2019 年 9 月 27 日，"设计扶贫在行动"走进四川省南充，助力乡村振兴专题会议在南充高坪区召开，现场签约三项设计扶贫合作项目，涉及南充市柑橘产业、红薯粉深加工产业升级以及嘉陵区世阳镇民俗文化小镇提升项目。

既然选定的是一个覆盖全市三区六县超过 120 万亩以上的特色规模化产业，就不仅仅从单个种植企业的能力提升上切入设计扶贫工作导向，而是选择与供销社的职能和资源协同，打造服务整个柑橘产业链，创新价值系和合作生态圈。这就成了我们创建设计扶贫 2.0 样板的目标与初衷：一来可以把"设计扶贫十大模式"集总运用于一个区域项目进行融合性创新，二来从产品和品牌创新的设计创新，发展出一个基于产业创新的服务型平台，也是中国工业设计协会全国创新平台项目发展能力运用于设计扶贫工作的必然选择。

设计扶贫研究院的工作团队经过在南充的实际调研，以及与在地项目合作方的理念、意愿、资源、能力的匹配，进一步确认了柑橘产业的两个重点发展方向。

一是从线下的传统流程再造、作业升级入手，用生产型服务平台的集成创新来推动服务型生产、高质量发展和生态文明建设，推动传统农业转型升级到现代农业，实现农业现代化和区域经济发展，持续实现产业扶贫目标；同期开展数字柑橘产业服务平台的建设，推进了 B2B 数字商城、数字订单处理和供应链管理的底层架构工作；涉及柑橘供销物流园区管理和供应链管理系统、庄稼医院、智慧果园、柑橘田园综合体、柑橘创新开放大学、新橘农和新创客专业等管理系统，以及集产业景区游客、旅居者、新橘农、柑橘经销商、种植园主、生产型服务商为一体的社区、在地、移动（Social Local Mobile, SoLoMo）村集体经济社群、社区管理和客户关系管理（CRM）系统。

二是在条件具备的地方，实施一二三产业联动、城乡融合协同发展的乡村产业文旅、田园综合体项目。

2020 年春节后，在新冠肺炎疫情下，主要以远程工作模式开展工作。3 月底组建了南充在地工作小组进驻南充贴近服务，设计扶贫研究院在南充的扶贫模式——南充市晚熟柑橘生产型服务平台的建设，推进工作情况如下。

1. 平台建设目标

根据南充在地工作小组的调查研究，团队充分依靠项目合作方——南充市供销合作社下属南充供销投资集团的产业资源和产业实践，整合创新。通过深入柑橘产业领域的科技、设计、商业、教育、互联网、金融（六大创新方法）集成创新，抓住机会聚集各系统产业人才、复合产业资源，开发出"柑橘硅谷"——六区二平台新模型；帮助和带动南充区域柑橘产业发展成为乡村振兴和城乡融合发展的新标杆，推动当地政府把柑橘产业由单一鲜果销售目标，往三产联动、六产融合的创新模式上转化。

2. 平台组织形式

应南充在地项目方的要求，筹备成立了南充市橘农供销合作平台企业，并依托供销社和产业优势资源，组建了联合运营团队。

3. 2020年度持续推进的核心工作项目

1）橘农数字柑橘产业服务平台的建设。

2）建设南充城市柑橘生产性服务平台展示厅；新品种开发、认证、区域实验性栽种、栽培、植保、智慧果园、采摘、分选、包装、冷藏、物流、交易、品牌、渠道创新、大宗商品交易；生产投入品、技术服务。

3）南充城市柑橘类及其衍生品线下线上展厅建设。集成柑橘生鲜果品、生物功能性提取物、生物杀虫剂、精油、凝露、植物纤维、功能性食品、化妆品、消杀类产品，以及家庭护理类产品、美食、文化、伴手礼等衍生系列产品，并建立了网上商城。

4）筹办每月一期橘农柑橘大讲堂。与市农业局、供销社、商务局、经信局、发改委、科技局、科协、农科院、人力资源与社会保障局、教育局、市场管理局、文旅与体育局、文联、中柑所、西南大学、四川农科院、华中农大、湖南农大、浙江农大、浙江农科院等与南充柑橘产业发展相关的部门、机构联合主办。

5）承办南充2020年柑橘创新营销大会。

6）协助四川省社科院完成南充市"十四五"规划中柑橘产业创新发展部分的调研、撰写。

7）协助南充市顺庆区完成南充柑橘种业园区项目，包括：产业规划，深化可行性方案研究，项目分解与前策方案；子项目功能、空间、运营研究；力争成为园区指定运营方。

8）协助南充市供销社完成"南充柑橘流通服务产业园区"项目前策，

规划和运营系统。

9）推动O2O流通服务互联网平台、智慧冷链物流系统、新零售九大销售通路建设。

10）以柑橘（庄稼）医院为核心，协助市供销社分步建立南充柑橘技术社会化服务和农村商品流通服务县、乡、村三级网络。

11）协助市供销社和顺庆区组织部对口扶贫村"四方寨"开展以下工作：完成三产联动；城乡融合发展示范项目"肆芳田园综合体"方案制定和实施；落实柑橘创新开放学院田园实训基地。

12）推动完成南充中国柑橘创新开放学院的创建方案。

通过梳理南充晚熟柑橘产业创新发展的实际需要，聚焦产业工业化、信息化、数字化、智能化的要求，实现高质量发展目标。整理各系统从国家、省、市、县职能部门对柑橘产业发展的资金、土地、人才、数字化、技改、创新等各个方面的政策研究进行匹配。同步推动南充市政府农业产业引导基金、扶贫开发、政策性资金的合作，促成南充柑橘产业创新发展子基金的创建，利用数据技术、金融科技、利用产业政策、社会化资金，对产业科技、设计、商业、教育、互联网、金融创新和区域经济发展形成加成效应。为金融机构提供低成本、高效进入实体经济转型升级创新发展的通路，助推现代农业和乡村振兴发展。

2020年9月10日，工信部产业政策与法规司组织行业协会和工业设计力量赴四川省南充开展"项目跟进回头看"行动。我们团队深入总结汇报了设计扶贫南充晚熟柑橘产品、产业创新发展和乡村振兴融合发展的实践工作情况。国家部委、四川省工信厅、南充市相关领导对设计扶贫在南充晚熟柑橘产业上的落地成果给予了充分的肯定和支持。

《设计》：您认为"设计"之于"扶贫"还可以有怎样的作为？

汤健：从产品设计到产业设计、到设计产业的发展，对于中国扶贫乃至世界扶贫行动都大有作为。设计和扶贫都是人类活动，都是为了实现人类美好生活的追求。扶贫攻坚第一阶段工作是帮助处于贫困的人们满足基本生活需求。而设计在扶贫攻坚工作中主要是在最小资源消耗下的次优解，在满足基本功能需求的情况下，也满足基本的审美诉求，主要的需求是产品设计和市场推广，解决产品比较优势的问题。扶贫攻坚第二阶段工作是解决创新发展中的问题，解决产业系统竞争力的问题，需要产业设计，设计产业发展优势系统，实现高效率、良好体验、低成本。扶贫攻坚第三阶段工作是解决地区可持续发展、生态化、科学化、数字化发展的问题，需要设计产业体系的全面发展，实现高仿真，现实和虚拟世界的交互设计，模糊自然与人造、现实与虚拟，通过建立社会化设计服务体系，实现经济、智力和精神方面的扶贫。

"设计扶贫"是典型的"政产学研"协同创新项目
——王庆斌谈"设计与扶贫"

"DESIGN POVERTY ALLEVIATION" IS A TYPICAL COLLABORATIVE INNOVATION POROJECT OF POLITICS, INDUSTRY, UNIVERSITY AND RESEARCH
——WANG QINGBIN ON "DESIGN AND POVERTY ALLEVIATION"

王庆斌
河南省工业设计研究院院长,河南工业大学设计艺术学院院长、教授、博士生导师

  王庆斌,河南工业大学设计艺术学院院长,河南省工业设计研究院院长,教授、博士生导师。先后毕业于华东理工大学工业设计系、江南大学设计学院,主要从事于工业设计、工艺美术领域的教学、研究及设计。国家级一流本科专业建设点"产品设计"专业负责人,中国工业设计协会常务理事、设计教育分会副理事长,科技分会名誉副理事长,中国机械工业教育协会工业设计学科教学委员会副主任委员,中国机械工程学会工业设计分会理事,中国流行色协会理事和教育委员会委员。

  扶贫项目可持续性的关键是项目本身要具备多方面的"造血"功能。对于当地政府和企业来讲,扶贫设计要能够带来足够的社会和经济效益,以推动项目持续开展;对于设计方来讲,设计扶贫也不应是无止境的义务劳动,需要有适度的经费补偿才能确保项目的持续开展。王庆斌教授介绍,河南工业大学设计艺术学院在设计扶贫项目中,一是持续帮扶项目的顺利转化,确保项目的社会和经济效益;二是对扶贫项目进行合理划分,对民生项目采用公益性项目予以开展,对营利性项目采用学校横向科研项目予以开展,产出经费用来对师生进行适当的经济奖励与补偿。学院两项并举,保障了多方"造血"能力的形成,促进了设计扶贫工作的持续开展。

《设计》：您是在何种契机下开始参与"设计扶贫"项目的？

王庆斌：按照河南省委、省政府实施"校地结对帮扶"精准扶贫行动部署，2018年7月，河南工业大学与信阳市光山县正式结对帮扶。光山县是国家级贫困县，位于河南省东南部、鄂豫皖三省交界地带，是著名的红色革命老区，从这里走出了邓颖超、钱钧、邹善芳、吕清、尤太忠等一批新中国奠基人。对于省委、省政府交给的这项光荣的政治任务，河南工业大学高度重视，迅速行动，专门成立了以校党委书记、校长为组长的扶贫工作领导小组，设立了扶贫专项资金。经过校地双方的多次沟通，结合光山发展实际和学校优势资源，进一步明确了光山县在经济社会建设等方面的实际需求，成立了五个专项扶贫工作组，充分发挥学校的人才、科技、智力等资源优势，多方面、多渠道助力光山产业发展、人民增收。其中就有以设计艺术学院为主体的扶贫专项工作组。

作为设计艺术学院院长，在接到学校扶贫任务的时候，我就想到了2018年4月联合国工业发展组织与30多个国家和地区的设计组织、机构、企业以及院校在我国杭州良渚共同发布的《设计扶贫宣言》。其中，"以设计尊重并发扬多元的人文生态，推动健康的产业生态和营造可持续发展的环境生态"的表述给予了我很大的启发。经过我与光山县有关方面的多次沟通，根据光山县的具体需求和设计艺术学院的专业特长，决定带领学院师生根据工信部印发的《设计扶贫三年行动计划（2018—2020年）》中提出的相关要求，践行设计扶贫，探索有中国特色的设计扶贫路径。2018年11月1日，我校与光山县人民政府签订了《设计扶贫提升企业创新驱动协议》，为充分发挥设计创新在提升产品品牌形象、产业转型升级、乡村振兴方面的作用，集中全院之力开展助力光山打造农产品特色品牌、助推光山建设美丽乡村群落、全设计领域开展"设计光山"主题设计等一系列"设计扶贫"行动。

《设计》：您参与的"设计扶贫"项目持续了多长时间？您具体参与了哪些工作？

王庆斌：从 2018 年 11 月 1 日我校与光山县人民政府签订《设计扶贫提升企业创新驱动协议》开始，我带领设计艺术学院团队一直在践行设计扶贫。从对接光山县政府、了解光山设计需求、谋划设计扶贫布局、指导扶贫项目设计，到跟踪设计扶贫成效、总结设计扶贫经验、推广"设计扶贫光山模式"，我都参与其中，虽然付出了诸多艰辛，但收获了更多的成果。

《设计》：在参与扶贫项目前后，您对"扶贫"这件事的认识有什么变化？

王庆斌：变化有三。一是通过设计扶贫更加认识到了扶贫工作的重要性。扶贫是我们党和政府解决贫困问题，促进社会稳定、和谐发展的一项重大政策。扶贫解决了贫困人口的温饱，赢得了人心，坚定了人民群众跟着中国共产党走共同富裕道路的决心。同时，扶贫也加快了贫困地区的发展，在国家和省市政府的重点扶持下，在各类企事业单位和社会组织的帮扶下，贫困地区获得了外部资金、人才、物资和科技等方面的援助，加快了基础设施建设、优化了地区经济结构、调整了产业布局、创造了良好的经济效益，对促进社会稳定发展和精神文明建设起到了关键性作用。其中，设计扶贫在帮助贫困地区提高基础设施建设水平、促进地区经济结构调整、调整产业布局、助力企业转型升级、加强地方文化建设等方面都大有可为。

二是通过设计扶贫更加认识到了扶贫工作的持续性。2020 年 3 月 6 日，习近平总书记在决战决胜脱贫攻坚座谈会上指出，"脱贫摘帽不是终点，而是新生活、新奋斗的起点"，要接续推进全面脱贫与乡村振兴有效衔接，推动减贫战略和工作体系平稳转型，统筹纳入乡村振兴战略，建立长短结合、标本兼治的体制机制。习近平总书记的讲话给我院设计扶贫工作指出了工作的方向与重点。持续帮扶光山县支柱产业科学发展和龙头企业升级转型才是实现光山振兴的根本。为此，设计艺术学院制订了新的设计扶贫计划，在疫情缓解后，立即委派专业教师对"光山十宝"的品牌和包装应用情况进行跟踪咨询，指导品牌营销与包装使用；委托视觉传达设计专业负责人带领专业师生组建"艺心益农"设计兴农大学生创新创业团队，持续跟进光山农产品品牌规划与包装设计促进光山农产经济；委派专业教师到光山支柱企业河南三元光电科技有限公司、河南省联兴油茶产业开发有限公司、河南省正礼生态农业开发有限责任公司等多家企业指导品牌规划、产品规划、市场营销、产品设计和包装设计，助力企业转型升级。

三是通过设计扶贫更加认识到了扶贫工作的扩展性。学院设计扶贫"光山模式"的成果与成效多次被人民网、央广网河南分网、《郑州日报》、《东方今报》、搜狐网、大河网等多家媒体报道，设计扶贫的"光山模式"引发了社会强烈反响，河南省多市、县、乡政府到学校交流学习、发出邀请、诉求帮扶。

2019年12月，受河南省兰考县政府邀请，我带领教师团队一行到兰考实地调研，对接设计助力兰考乡村振兴相关工作，帮助兰考县在产品研发、品牌规划及设计、包装设计及市场推广、文创产品开发与设计等多个方面打造兰考品牌，提升兰考企业形象、品牌识别度和产品竞争力。

2020年1月10日，学院又与卫辉市顿坊店乡人民政府签署了"设计助力乡村振兴"战略合作协议，以设计推动当地企业转型升级，提升产品设计能力，促进文旅产业发展，改善人民生活质量，帮助乡村风貌改观升级。

《设计》：在您看来，设计参与扶贫有什么独特的优势？

王庆斌：关于设计扶贫的优势，在2018年12月工信部召开的全国各省、市、区"设计扶贫"电视电话会议上就有明确的解读。会议上明确指出,设计扶贫是设计师以敏锐的洞察力,以设计系统为载体,综合运用多学科知识,对现有资源进行创造性重组,从而激活传统资源的开发;通过新观念和新技术的运用,搭建起新的生产消费系统以实现生活方式构建和文化塑造,激活当地文化的内生动力。因此,借由产品驱动和服务驱动两个层面,可以重新定义设计推动扶贫开发工作的能力,让越来越多的贫困人群受益。

《设计》:从您的实践经验来判断,您认为"设计"之于"扶贫"还可以有怎样的作为?

王庆斌:我院在"设计光山·设计扶贫"行动当中,围绕五个方面开展设计扶贫工作。一是结合当地农产品特色,打造"光山十宝""光山十小宝""光山味道"等系列特色农产品牌及包装,提升当地农产经济;二是帮助光山龙头企业开发产品、进行产品规划和品牌设计,助力企业转型升级;三是开展美丽乡村景观环境设计,提高光山基础设施建设水平;四是围绕光山历史文化特色开展文创产品设计,打造光山文化品牌;五是开展文化宣传设计,加强光山精神文明建设。

《设计》:参与"设计扶贫"对设计专业的学生来说具有怎样的意义?

王庆斌:参与"设计扶贫"对设计专业的学生来说具有许多积极意义。其一,参与设计扶贫可以巩固学生的共产主义理想。设计扶贫是设计类学生最好的思政课堂,通过参与设计扶贫,学生可以更为深刻地认识到中国共产党坚持以人民为中心的发展思想和带领全体人民走上共同富裕的决心,可以树立党在青年学子心中的崇高形象,可以引导学生树立共产主义远大理想和中国特色社会主义共同理想,增强学生的中国特色社会主义道路自信、理论自信、制度自信、文化自信,立志肩负起民族复

上 / 带领教师团队赴光山县进行调研
下 / 学院设计的"光山十宝"系列特色农产品环保包装

兴的时代重任。其二，参与设计扶贫可以培养学生团结奉献的精神。设计扶贫项目多为团队协同项目，可以培养学生沟通协作、团结奋斗的处事能力；设计扶贫项目中有诸多社会公益项目，可以培养学生关心社会、无私奉献的情怀。其三，参与设计扶贫可以锻炼学生的专业实践能力。每一项设计扶贫课题都需要先了解帮扶地区的具体现状、发展需求和实施条件，再结合自身专业知识开展创新设计。通过设计扶贫项目的实践，既锻炼了学生的系统思维能力，也提高了学生的动脑与动手能力。

《设计》："设计扶贫"项目对高校设计专业的教学是否有所启发？未来会否衍生出新的项目或发展方向？

王庆斌："设计扶贫"项目是典型的"政产学研"协同创新项目，十分契合我院目前推行的"导师工作室教学模式改革"。我院的"导师工作室教学模式改革"旨在探寻更为适合设计学类专业的教学模式、教学规律和教学方式的改革，以期通过这种教学改革加强教学团队的建设和发展、增进教师与学生的互动，促进各年级学生间的交流，形成教师教学科研有团队、有方向，学生学习实践有团队、有指导的良好氛围，实现以"教学＋教研、科研＋实践"的方式提高教师的教学能力、教研水平、协同指导精神，提高学生的专业素质、实践水平和协同合作的能力。我院现有产品设计、环境设计、视觉传达设计、动画和数字媒体艺术5个专业，一共下设12个导师工作室开展教学与科研工作。各工作室结合自身教学和科研特长，针对不同类型的扶贫项目开展设计工作，将设计扶贫项目转化为科研项目、课程项目、课外实践项目和毕业设计项目，由专业教师指导学生共同完成，使每个工作室都成为一个师生共创的设计扶贫团队，取得了非常理想的效果，两年来共计完成设计扶贫项目244项。2019年10月，我院"设计扶贫"系列成果作为河南省脱贫攻坚典型项目唯一代表，受邀参加了2019世界工业设计大会暨国际设计产业博览会，并受到了河南省工信厅有关领导的肯定和赞赏。

《设计》：如何才能确保扶贫成果顺利转化和项目的可持续性？

王庆斌：扶贫成果顺利转化是设计扶贫工作的重点，只有形成成果转化，才能实现设计扶贫工作的价值。为保证扶贫成果顺利转化，我院主要从以下几个方面形成抓手：一是抓设计调研，每个设计扶贫项目开始之前，我院都会组织师生团队到扶贫地区调研，充分了解当地的地理环境、人文历史、经济现状、产业结构、生产能力、生产工艺、产销渠道等，使每一项扶贫设计都能够目标准确、有的放矢；二是抓设计质量，在设计过程中建立交流评价机制，以专业为单位组织教师对项目进行交流点评，确保设计质量；三是抓设计沟通，在设计过程中与地方政府、生产企业保持紧密沟通，及时了解设计需求的变化，及时调整设计方案；四是抓跟踪服务，设计交付后，学院还会组织师生持续跟踪项目的建设与生产，在项目落地过程中不断指导、不断优化；五是抓社会评价，对推向市场的项目及时整理市场反馈信息，根据各方评价不断优化和改良设计。

在一系列的设计扶贫、乡村振兴实践中，学院成立了"设计扶贫研究中心"，开展跟踪服务和设计研究，凝练、摸索出了一套独具特色的设计扶贫"光山模式"：以县域政府和高校为主导，充分调动高校师生的设计热情，培养农户的创新意识，提升县域企业的设计能力，推进乡村生产、生活、生态整体设计提升。

扶贫项目可持续性的关键是项目本身要具备多方面的"造血"功能。对于当地政府和企业来讲，扶贫设计要能够带来足够的社会和经济效益，以推动项目持续开展；对于设计方来讲，设计扶贫也不应是无止境的义务劳动，需要有适度的经费补偿才能确保项目的持续开展。对此，我院在设计扶贫项目中，一是持续帮扶项目的顺利转化，确保项目的社会和经济效益；二是对扶贫项目进行合理划分，对民生项目采用公益性项目予以开展,对营利性项目采用学校横向科研项目予以开展,产出经费用来对师生进行适当的经济奖励与补偿。学院两项并举,保障了多方"造血"能力的形成,促进了设计扶贫工作的持续开展。

2019年年底,河南省工信系统扶贫工作推进会在商丘市睢县召开。我作为河南省高校唯一一所受邀高校代表参加会议并做了《发挥设计创新优势助力脱贫攻坚与乡村振兴的有机结合》典型发言,详细介绍和汇报了我院在设计扶贫"光山模式"的经验做法、成效成果和有关建议。

《设计》:请您谈谈在"设计扶贫"项目进行过程中收获的感悟以及经验教训。

王庆斌:在我院的设计扶贫过程中,既有艰辛的付出,也有满满的收获。我们既感受到了地区政府和企业的真诚与渴望,也感受到了学校的支持与鼓励,更感受到了师生的努力与奉献。师生们的积极参与才使得设计扶贫工作"为有源头活水来"。

我院在设计扶贫工作中之所以能够取得如此成绩,秘诀之一就是认识到学生就是源源不断的智慧泉,要充分发挥学生的创造力。为全面发挥设计创新资源优势,我院在2019届毕业设计中设立了134项结合光山设计扶贫的毕业设计课题,师生团队结合光山的实际情况,从光山的农产品包装和品牌、美丽乡村、文创旅游商品、文化宣传等方面进行全方位的设计服务。2019年6月,2019届毕业生离校之前,学院专门举办了《设计光山·设计扶贫》设计扶贫主题成果展,同期举办了"光山县美丽乡村"设计方案评比和"设计扶贫"专题研讨会,取得了"多赢"的效果,不仅锻炼了学生的专业能力,发挥了学生的创造能力,而且提升了光山形象和当地农产品品牌价值,取得了良好的社会影响,受到人民网、大河网等多家媒体的报道。

参加设计扶贫毕业设计课题的学生说:"在接到老师发布的光山扶贫设计任务的时候,既惊叹于当地丰富的物产,又痛心当地这么好的产

在河南省工信系统扶贫工作推进会上做报告

品却因为缺乏品牌力、包装简陋而不能走出光山、走出河南,这太可惜了。一定要通过我们的创新设计让光山的产品走出河南、走进全国的千家万户!"

结合"光山模式"的成功经验,学院持续通过毕业设计环节开展乡村振兴的实题实战。受地方政府委托,在 2020 届毕业设计中完成了"邓州乡村振兴""兰考特色产业提升""卫辉乡村振兴"三个地区的专项毕业设计课题共计 109 项,并于 2020 年 6 月举办了专题设计成果云展览。设计成果接连落地,使助力乡村振兴的设计帮扶不断深化。

《设计》:请您分享几个参与过的成功的"设计扶贫"案例。

王庆斌:光山县是全国重要商品粮生产基地和农产品产区,但多为分散的加工作坊和农户分散生产销售,品质不稳定,品牌散乱,包装五花八门,很难形成稳定的经济产业。如何助推光山传统农业在新时代焕发新活力、实现新发展,是光山设计扶贫需要解决的第一件大事。

根据现实问题,2018 年 10 月,在多次沟通的基础上,学院与光山县电商办合作,由电商办整合生产管理,统一进行质量把控,我组织老师成立了专项农产品包装设计团队打造品牌包装,提升品牌影响力。为了走进中南海展销和销售旺季,光山县希望 20 天以内完成 16 款产品的设计、印刷和制作工作。由于时间紧、任务重,我从学院抽调了 3 位设计经验丰富的副教授,用 2 天时间紧急设计出了 3 套方案报光山县委审核,最终确定了光山人文系列包装方案。该套方案建立了"光山十宝""光山十小宝""光山味道"3 个系列的光山特色农产品品牌体系。3 个系列的包装分别采用光山山水、光山县志、司马光砸缸作为主要创作素材,统一了色彩、图案、文案和版式,使此套包装既体现了产品属性特征,又宣传了光山文化。该套方案在表现产品特征、宣传光山文化的同时,最大限度地节约了后期方案深化制作的时间,为按时完成设计制作任务打下了基础。

在深化设计和印刷制作过程中,团队教师带领10余名学生连续工作15个小时,用1天时间完成了16款包装的深化设计和文案工作。在校友企业的帮助和支持下,团队用了5天时间完成了打样、校对、结构调整、审核、制版、调配纸张的工作,后续印刷、制作和物流也仅用了6天时间。经过19天的连续努力,首批1.6万套包装成品运抵光山,保障了光山特色农产品的及时上市。该系列特色农产品在走进中南海展销会上现场热销6000余套,受到了中央办公厅的表扬,并在之后的线上线下销售中持续热销。截至2020年7月,"光山十宝"系列特色农产品年销售激增10倍以上,销售收入近5000万元,稳定并提升了光山县农产品经济体系,促进了农户的增收脱贫。

2019年9月17日,习近平总书记考察光山时参观了环保简约包装的"光山十宝"等特色农产品,对包装设计成果给予了肯定。他强调,要注意节约环保,杜绝过度包装,避免浪费和污染环境。习近平总书记的肯定,使设计艺术学院师生受到极大鼓舞。目前,我院正在抓紧时间进一步优化"光山十宝"系列产品的网销产品包装设计,积极落实总书记提出的设计要求。

2020中国（郑州）产业转移系列对接活动上河南工业大学设计艺术学院与兰考县人民政府签订《设计扶贫提升企业创新助力乡村振兴协议》

"非遗"活态传承：重链手工艺和现代生活需求
——章莉莉谈"设计与扶贫"

THE LIVING INHERITANCE OF INTANGIBLE CULTURAL HERITAGE:
RE-LINK CRAFTS AND MODERN LIFE NEEDS
——ZHANG LILI ON "DESIGN AND POVERTY ALLEVIATION"

章莉莉
上海大学上海美术学院教授、博士生导师

章莉莉，上海大学上海美术学院教授、博士生导师、上海公共艺术协同创新中心（PACC）副主任兼运营总监、上海市"非遗"保护工作专家委员会委员、光明日报"非遗"传播专家委员会委员、上海"非遗"保护协会常务理事、上海市群众艺术馆理事会理事，出版《地铁空间设计》等十余本专著及教材。目前致力于"非遗"活态传承与跨界创新实践，推进上海对口援建地区的"非遗"扶贫工作；负责上海大学承办的中国"非遗"传承人群研培计划，以及上海大学传统工艺工作站等项目执行。2018年获文化和旅游部"全国非物质文化遗产保护工作先进个人"称号、2018年"中国非遗年度人物"提名，获2019年"中国传统工艺振兴活力非遗致敬人物"称号。

《设计》：您是在何种契机下开始参与"设计扶贫"项目的？"非遗"是不是都带有扶贫的性质？

章莉莉：记得是2014年年底，我们开始策划"羌绣传承与创新设计"活动。2015年1月，上海公共艺术协同创新中心（PACC）推出"羌绣传承教学活动"，邀请四川省阿坝州的"90后"羌绣传承人张居悦到PACC驻地交流，展开了一系列研究生课程、沙龙活动等。研究生们初次感受到传统工艺中蕴含的美和力量，被羌绣自然纯真的生命力所吸引，对其中的图案、针法、色彩感到新奇。我们为张居悦梳理出羌绣最具识别特征的"转转菊"和"羊角花"，这两个图案成为她日后创作的基础。这次活动帮助她找到了"羌绣文创"开发的大门，产品在网络销售量很好，自然而然地带动了当地羌族妇女增收，成了名副其实的"羌绣网红"，随后在当年北京双创会上，她受到了李克强总理的接见。

2015年4月，PACC携手公益项目稀捍行动，合作继续推出"羌绣传承人与设计师跨界交流系列活动"，根据教学目标，首次启动了法国设计专业研究生、中国设计专业研究生、"非遗"传承人共同交流创作的"羌绣工作营"。这两次活动成为日后五年里我们不断升级迭代的"设计师与'非遗'传承人创界创新教学"和"国际创新设计工作营"的1.0版本。我们当时的目标是"为传统羌绣走进现代生活找到出路"，借助10位著名设计师的视野和创意，让更多年轻人喜爱"非遗"，同时为设计学科注入中国能量。"羌绣工作营"跨界孵化出一系列当代羌绣作品，其中一件"大山之托"法式羌绣大礼服，耗时两个月，通过协同合作方式，最终在法国巴黎高定时装周上发布展出，赢得了国际时尚圈对中国传统刺绣的关注和喜爱。

由此回头看来，我从事设计扶贫工作是从"非遗"传承的角度切入的，从帮助大山、高原、边疆等贫困地区的"非遗"传承人提高眼界、提升能力开始,通过高校设计教学等创新模式,吸纳更多的设计师和品牌共同介入,找到"非遗"新品孵化模式,让传承人与设计力量保持长期合作,得到更多订单和发展机会。

《设计》:您参与"设计扶贫"工作多长时间了?具体开展了哪些项目工作?

章莉莉:从 2014 年年底到现在,算起来有五个半年头了。其间共计举办 11 次整建制非遗扶贫教学班,为贫困地区传统工艺带头人培训和基础人才培养提供了保障,包括 4 次青海果洛研培班、3 次新疆地区研培班、1 次四川阿坝研培班等。

不过,真正将工作重心聚焦"'非遗'跨界创新设计"助力精准扶贫,要从 2017 年年底的"贵州遵义扶贫研修班"开始。之前的 18 个班更多聚焦传统工艺振兴方面,从这个班开始,我们集体思考如何让传承人回到家乡带动增收。因此,之前 18 个班的综合创作目标是设计制作好作品供展览、传播,而这个班的目标是设计有市场、能销售、好制作的产品,供贫困地区传承人通过传统工艺技能带动就业增收。扶贫班围绕"赤水竹编""遵义藤编"项目展开,在综合创作课程期间,设计师与学员们合作完成了竹编礼服、竹编皮带、藤编旅行箱等新作品。

课程结束后,我们为推进"赤水竹编""遵义藤编"跨界设计项目进行了四次回访,可谓是"四渡赤水"。通过组织学员与品牌企业牵手合作的方式,不断研发"非遗"跨界新产品。这里介绍其中两项"非遗+老字号"跨界扶贫案例。

第一项是 2019 年 11 月在进博会期间推出的"凤凰自行车 + 遵义藤编"合作项目,在进博会展览期间,受到了公众和媒体的高度关注和热议。当时 PACC 和上海东浩兰生集团共同策划这次跨界项目,采用遵义藤编制作自行车的前车篮和后书报架,形成了田园自然风的城市自行车。2020 年传承人马毅通过半年时间,终于带领当地人完成了首批藤编前车篮的生产制作，8月凤凰自行车线上平台正式发售了藤编自行车。

第二项是2020年4月在上海"五五购物节"期间推出的"哈氏食品+赤水竹编"合作项目——"竹报平安"上海派点心竹编礼盒篮，受到了市场强烈的反响和好评，目前已完成两批订货。竹编礼盒篮的制作由当时的研修班学员、传承人卢华英牵头，带动当地贫困户参与制作，通过两批订单的生产制作，在整合生产线和提高量产能方面有了很大的进步。

这两个项目通过策划设计组织，将老字号企业的发展与"非遗"扶贫结合起来，为老字号提供更多文化内涵，同时通过老字号企业的订单，带动当地家境贫困的手工艺从业者增收就业。2020年9月推出了格萨尔"英雄史诗"限量钢笔套装，这是果洛非遗"格萨尔文化"与英雄钢笔跨界创新扶贫新模式；下半年还逐步推出果洛牦牛绒家居系列产品、赤水竹编文具系列产品等。

《设计》：上海公共艺术协同创新中心是一个怎样的机构?

章莉莉：上海公共艺术协同创新中心是上海市教育委员会设立的，以高校知识服务社会、带动产学研协同发展的教学研发机构，围绕整合传统文化资源和当代文化资源，以培养创新教育人才为目标。近年来在"非遗"手工艺传承与创新、城乡公共艺术研究与实践、展览策划设计与运营等方面进行实践探索，推动文化艺术的创造性转换与创新性发展。

《设计》：在参与扶贫项目前后，您对"扶贫"这件事的认识有什么变化?

章莉莉：我是通过学校承办中国"非遗"传承人群研修研习培训计划的教学组织和实践，开始有机会与来自全国各地的传承人接触。其中有很多传承人来自中西部地区，包括贵州、云南、四川、青海等，那里民族文化资源丰厚，地理环境多为高山和高原，分布着很多贫困县和贫困村。

通过一个月的"非遗"研培教学，学院师生和传承人逐渐成为密不

上 / 赤水竹编"竹报平安"点心礼盒篮
下 / 遵义藤编凤凰自行车篮

可分的创作团队，我们可以很真实地接触到少数民族的文化习俗，以及他们珍贵的传统工艺。在暑期里我们对"非遗"学员进行回访，走进山区、高原、盆地，走进贫困学员生活与工作的空间。正是如此，我们才真正地理解了他们的处境，懂得了他们的需求，深入思考如何帮助他们用自己的传统技艺和勤劳双手来改善生活。

传承人们往往由于缺乏与外部沟通的途径和技巧，无法为自己的手艺找到市场渠道。于是，在研培班结束后，我们的工作实际上并未停止过：组织学院师生、设计师、品牌企业、社会团体协同合作，通过现代设计帮助传统工艺走进现代生活，对接合适的市场渠道，慢慢找到传统工艺在现代市场上的新用途和新价值。"扶贫要扶志"，有了市场需求和稳定订单，传承人通过手工技艺创作增加收入，也不知不觉地提升了自己的精气神和文化自信。

《设计》：在您看来，设计参与扶贫有什么独特的优势？

章莉莉：设计是人类组织社会资源，通过新产品、新模式、新渠道等让资源产生更多社会价值的创造性行业。设计介入传统工艺的扶贫路径，发挥了中国传统文化的力量，让传承人受益。设计在其中扮演了一个重要的社会角色，就是连接传统文化与当代文化，让传统文化的"创造性转化和创新性发展"这一目标成为现实。

我觉得，一个从事设计行业的人，需要有"一颗中国心"和"一双国际眼"。学习西方的设计历史、设计理论、设计方法、设计流程等技能知识，最终是为当代中国社会发展服务的。我们不能在学习西方设计体系中迷失方向，因此，我认为设计师应当有"一颗中国心"。

此外，设计所包含的不仅限于视觉范畴，有时候更倾向于解决一个社会问题。设计是现代社会发展的重要环节。面对社会发展亟待解决的瓶颈问题，设计一套现实有效的文化模式、制作流程、营销链条、传播方式等,以整合视觉为主导,并以听觉、嗅觉、味觉、触觉等体验为延伸方案,用来推动社会进步,是现代社会对设计更广泛的理解。"设计扶贫"正是用创意人力资源,在人类特定的历史阶段,帮助社会整体发展的有效方式。

对"非遗"传承来讲,设计还有一个重要的意义,就是让年轻人喜欢"非遗"。通过设计将传统工艺在过去比较保守的面貌,在保留其核心技艺的同时,与现代生活需求结合,形成符合现代审美的传统工艺新产品,让手工技艺得以保留的同时,让贫困地区的"非遗"从业者增收。我们为青海省果洛州创作的"格桑花"藏银锻造服饰系列,就吸引了许多时尚年轻人的目光,传统也可以成为时尚生活的一部分。

《设计》:您所帮扶的"非遗"项目涉及众多不同的工艺形式,您如何做到在如此差异化的工艺门类中切换自如?

章莉莉:近年来我所接触的"非遗"项目,都属于"传统技艺"或"传统美术"类"非遗"项目,比较熟悉的是染织绣类、竹艺木雕类、金属锻造类。虽然这些"非遗"项目所涉及的材料和工艺不同,但是都有传统文化的基因和手工艺的共性。不同类型的"非遗"项目,都可以与现代工业制造相结合,升级迭代,形成新一代文化产品。不同类型的"非遗"项目之间也可以相互结合,并进行改良提升。

如何做到切换自如,我想那就是永远保持一种学习的状态。作为高校教师,我和学生接触得比较多,教学相长是很自然的互动状态。"非遗"传承人来到高校,教和学的角色关系同样是实时切换的。在讲座授课时,传承人是学生;在综合创作时,传承人是老师和学生的双重身份。我从他们身上学到了传统工艺的基本规律和特征,我想很多跨界设计师也是同样的。当然在设计阶段,传承人可能就是学生和合作者的角色。

五年来我们培训了 600 多名"非遗"传承人,从他们身上学到了多种传统工艺基本知识。看得越多,就理解得越深刻,加上这几年的调研和实践,指导跨界设计的能力就自然形成了。

总结起来,跨界融合、保持学习、心态开放,永远是创新设计的重要前提。设计师们只有掌握了传统工艺的技艺特征和基本规律,才能有效地进行设计创作。我们组织设计师培训课程,就是为了让设计师了解"非遗",懂中国文化,传递"非遗"之美。

在我国相关法律中,将"非遗"划分为十大门类。在联合国教科文组织发布的《保护非物质文化遗产公约》中,将"非遗"划分为五大门类,"传统技艺"或"传统美术"属于"非遗"项目,另外还有民俗节庆、文学、音乐、戏曲、医药、体育等。2018年我们与徐俊导演共同策划创作了《白蛇惊变》"非遗"跨界音乐剧,将不同门类的12项"非遗"融入当代音乐剧,加上《白蛇传》本身也是我国"四大民间传说"之一,属于民间文学类的"非遗"项目,这是真正打通了各类"非遗"的一次整合创作。

《设计》:做设计师和传承人之间的"翻译",最大的难点是什么?

章莉莉:我的确经常穿梭在设计师群体、传承人群体、学生群体、品牌群体之间,每个群体之间的协作都是跨界的。怎么理解呢?就是每个群体都有自己的专业优势,对专业之外的领域可能只有初级认知。所谓"跨界",就是突破群体的专业优势和认知边界,在未知的新领域创造新的可能性和发展空间。

设计师群体一般生活在大城市,而我们所帮扶的"非遗"传承人群体大多在偏远民族地区。试想,不同的生活环境、不同的民族文化、不同的受教育程度,导致大家的审美、意识、思想都是有所差异的。所以,设计师与传承人的合作中,常常发生一些有趣的理解偏差,或者审美偏差,或者文化偏差,有时候甚至语言也不同。所以,"翻译"的任务就是帮助他们相互理解，理解对方的创意、思想、顾虑、难点等。"翻译"的价值往往体现在一个跨界项目受到阻碍时，通过有效"翻译"推进项目顺利完成。从一定意义上来讲，跨界项目的成功完成，是两种文化交融的一个成果表现。

我是上海人，设计专业出身，为了更好地理解"非遗"项目和传承环境，我们在承办文化和旅游部"'非遗'传承人群研修研习培训计划"的同时，经常在寒暑假期间回访传承人，来到他们家乡，考察当地的"非遗"项目，走访了青海果洛、贵州赤水、四川阿坝、新疆喀什等贫困地区。五年来我乘飞机约有 100 次，考察了 30 多个城市和地区，从西南边陲小镇到 5000 多米海拔的高原牧民贫困村，我理解了中国的自然和文化之博大深远，也成为我做一个称职"翻译"的基础。

《设计》："手艺的温度"及产品个性化是"非遗"产品的重要特点，这是否意味着"非遗"与工业化的结合是完全不可能的？

章莉莉：传统工艺的手工制作，与现代社会的工业化生产，通过设计是可以有效结合的。在这几年"非遗"跨界创新实践中，我们组织"非遗"传承人和设计师牵手合作，创作了 600 余件作品，从中归纳出"非遗"走进现代生活的三种类型。

第一种是手工艺制作比例相当大的"非遗"作品，可以理解为"高级定制"，用于展览展示和走秀展演，不受人工制作时间和投入成本的限制，如我们研发的"千里江山"缂丝服饰系列、"芙蓉花"蜀绣服饰系列、"大山之托"羌绣法式礼服等。第二种是手工制作占一部分比例，适合小批量制作的"非遗"产品。例如，东阳竹编传承人与荷兰设计师共同创作的"竹灯"系列。第三种是"非遗"文创产品，面向公众的"非遗"普及和传播，通常将"非遗"经典纹样提炼出来进行设计应用，采用工业化生产，价格亲民。这三种类型都有各自的用途和价值。

《设计》：如果一项传统手工艺已经到了需要"抢救"的地步，是否意味着时代已经不需要它了？那么"抢救"的意义是什么？

章莉莉："抢救"的意义在于保护人类文化的"多样性"。联合国教科文组织曾发布《文化多样性宣言》，特别强调了保护文化多样性的重要意义。世界是处于动态发展中的，复杂多元又相互依存，多样性是判断其成熟度和生命力相当重要的指标之一。在全球化和信息化趋势下，城市的多样性在消失，人类文化的多样性在消失。上海的石库门、北京的四合院，越来越少。民族服饰、食物、习俗等，伴随着物联网发展，也在慢慢消失。

有一个关于传承和"抢救"的故事。2016年织绣研修班上有位黔东南苗绣传承人，她的奶奶是苗族国家级"非遗"传承人，于是家里珍藏着许多老绣片，有些绣片上的苗绣针法已经失传了。这位传承人曾耗费三年时间，摸索复原了老绣片上的一种针法。这个故事感动了我们，于是邀请设计师团队共同创作了"幸福鸟"苗绣礼服和女靴。这是苗族文化中浴火重生的凤凰形象，鸟身上的纹样正是用这种失传又复原的针法绣制的。设计师每月定期向传承人下订单，这样也逐渐让更多的苗寨姐妹学会这种针法，从而不断传承和使用。

《设计》："非遗"活化的最有效手段是什么？如何才能确保扶贫成果顺利转化和项目的可持续性？

章莉莉：我们通常的表述是"'非遗'活态传承"，"非遗"是人类传统生活的组成部分。要振兴传统工艺，就要让传统工艺和现代生活建立联系，回到现代日常生活，才有生命力。

要让"非遗"得到可持续发展，就要理解参与"非遗"传承的整个生态圈中，不仅有传承人群体，还有欣赏它、消费它、使用它的公众群体。公众是市场，也是土壤，让"非遗"拥有成长的能量。

现代设计能帮助传统工艺转化形成产品进入市场流通，帮助传统工艺实现当代再现。在"非遗"和设计之间，需要有一批跨界的专业人才。一方面，传承人在向工作坊和微小企业方向发展；另一方面，设计师和品牌帮助传承人进行创作和对接市场，面向高校师生、设计师、策展人、经营人才的"非遗"知识培训，帮助其进入"非遗"保护的语境和队伍中。目前，越来越多的企业和品牌聚焦"非遗"项目，紧缺"非遗"相关的跨界人才。

"非遗"经纪人，或者说是"非遗"中间商和运作组织，是目前"非遗"生态链中缺失的，也是急需的新兴行业。它们将链接起非遗和市场的两端，既懂"非遗"保护，又懂市场规律。"非遗"生态圈需要多层次、多样化的"非遗"中间商。城市手工爱好者群体，对现代"非遗"保护传承也具有特殊的意义。他们来源于公众，喜爱中国传统工艺或国际手工项目，大多数利用业余时间进行手工创作。出于兴趣爱好、缓解压力或提升生活品质等原因，他们通过工作室、手工课程、手工产品等方式相互交流，形成了独特的文化圈层。

行业的转型升级、新兴职业和群体的诞生、跨界人才的需求等，都是"非遗"能量循环中生态链自我修复的一种表现。就像在艺术生态圈中，出现了艺术经纪人、专业画廊机构、艺术品拍卖企业等链接艺术和市场的中间环节，成为艺术市场繁荣兴旺的重要因素。

《设计》：参与"设计扶贫"对设计专业的学生来说有怎样的意义？对高校设计专业的教学是否有所启发？

章莉莉："设计扶贫"项目能帮助高校莘莘学子理解"什么是社会责任感"。通过与贫困地区的传承人接触，走进当地，给予帮助，相互合作，获得成果，这一系列过程，就是一次深刻的社会教育。当然，设计专业给予了高校推进"非遗"传承和增收扶贫工作一个有效途径。可以看到城市和乡村的生活差异，对塑造健康开朗、积极向上的心态很有帮助。很多青年设计师从中获得了对人生的新定义、对东方文化的理解。

"非遗"承载着中国文化基因和核心能量。现代教育中"重知识、轻文化"的现象，可以在这一过程中得到平衡。高校师生有机会接触到多民族传统工艺和文化习俗，就是一次新文化趋势的开始。西方有"文艺复兴"，现代东方期待在新时代下的"文化复兴"。

《设计》：您为自己规划的下一个"小目标"是什么?

章莉莉：这些年来，我一直在从事"非遗"和设计之间的实践探索，就像在快速奔跑，不知不觉中，就在记忆里存放了许多人、故事、案例、感悟，总想有时间写下来。从2015年到2020年，是我国"十三五"建设发展的五年，也是"非遗"得到全面发展和普及的重要五年。我希望尽快将这几年在"'非遗'活态传承和创新设计"的实践经验整理出来，带动更多热爱中国传统文化的设计师，成为专业的"非遗"跨界设计师。